させるのだ。

――ブルース・クリステンセン（ＰＢＳ全米公共放送網社長）

スティーブン・コヴィーは我々の社会の中にある基本原則について、もっとも明確なイメージを与え、それらが我々の現実認識をどう形づくるかを教えてくれる。読んだ人は誰もが、この本を自分たちの人生に変化を与える分身にすることを切望してやまないだろう。

――ジェイク・ガーン上院議員（元宇宙飛行士）

素晴らしい仕事だ。コヴィー博士は優秀なビジネスマンの習慣を合成して、パワフルで使いやすいプログラムを示した。私たちは今、アメリカの心を開く青写真を手にしたのだ。

――チャールズ・ガーフィールド（『Peak Performer（ピーク・パフォーマー）』著者）

目次

第2部　マネジメントと組織の成長

Preface

はじめに

原則中心のアプローチ

A Principle - Centered Approach

私は、よくセミナーで、参加者が抱えている最も難しい問題を一緒に考えたり、自分にとって最もつらい問いかけを思い浮かべてもらうようにしている。こうした問題を考えるとき、いやおうなく今までの方法では解決できない摩擦やジレンマに直面する。たとえば次のような問題を考えるときである。

・いつも仕事の危機感とプレッシャーにさらされ続けているのに、どうやって仕事と私生活のバランスをとればいいのか?
・他人が力を発揮して成功するのを見て、どうしたら心から喜べるのか?
・社員に効率的に仕事をしてもらうためには、自由と権限を与えることが必要であるが、同時に彼らの管理も怠ることはできない。どうすればいいのだろうか?
・これまで社員たちにいくつかのセミナーを受講してもらったが、その後も積極的な姿勢は見られなかった。総合的な品質管理とたゆみない改善の原則を、あらゆるレベルにおいて全社員に浸透させるにはどうしたらいいのだろうか?

私生活や仕事で現実の課題に取り組んだときに、あなたはおそらくこういった問題を考えたことがあるのではないか。あなたはこの本を読むことによって、効果的なリーダーシップの基本原則を理解し、こうした問題も解決できるようになるだろう。

「人に魚を与えれば、一日食べさせることができる。だが魚釣りを教えれば、一生食べさせることができる」

原則を理解することで、先に述べたような問題や、他の困難な問題を解決するパワーを得るようになる。しかし理解できなければ、行き当たりばったりのやり方で、生き方や問題解決にあたろうとするようになるだろう。

私の著書『7つの習慣』が出版されて以来、多くの素晴らしい人に接する機会に恵まれた。彼らは会社組織やそのサービス、製品の質を改善し、さらに自らの生活の質を向上させようとしていた。しかし悲しいことに、多くの人々はさまざまな誤った方法で人間関係を改善し、目標を達成しようと真剣に取り組んでいたのだ。

こうした誤ったやり方は効果的な人の習慣とは逆の習慣を映し出している。実際、私の息子で『7つの習慣　ティーンズ』の著者ショーン・コヴィーは、それを「非効果的な人の7つの習慣」と呼んでいる。

・反応的になる（自分を疑い、他人に責任転嫁する）。
・はっきりした目的を持たずに活動する。
・緊急事項を優先する。
・Ｗｉｎ-Ｌｏｓｅを考える。
・まず相手に自分を理解してもらう。
・勝てないなら、妥協する。

・変化を恐れ、改善を先送りする。

効果的な人が成長の連続体にそって進んでいくとき、まず私的成功を収めてから公的成功を得るように、私的な失敗は厄介な公的失敗を導く。非効果的な人は退行の連続体にそって、効果的な人とは逆の進路をたどる。つまり、誰かが自分の基本的ニーズや欲求を満たしてくれるべきだと考える依存状態から、闘争か逃走しかない反依存状態へ、そして破滅的なやり方で他人と協力していく共依存状態へと移行していくのだ。

さて、どうしたらこのような悪習を断ち切り、新しい習慣を身につけることができるのだろうか？どうすれば過去の引力から逃れ、自分自身を再生し、私生活や組織の中で価値ある変化を生み出すことができるようになるのだろうか？

こうした問題に答えるために書かれたのが本書である。第一部では、個人や人間関係の問題に効果性の原則をどう適用していくのかを述べる。そして第二部では、マネジメントと組織において、この原則をどう応用していくのかを述べることにする。

我々が直面するさまざまな問題

まず私生活や仕事の中で誰もが直面する問題をとりあげてみよう。その後、原則中心のソリューションを示してみたい。

・崇高な目的の名のもとに強引なやり方を正当化する人がいる。そして「仕事は仕事」だとか、「道徳」や「原則」はときには利益のために犠牲にしなければならないと言う。こうした人は家庭での私生活の質と、職場でのサービスや商品の質との関連を見落としている。そして組織内部の人間関係や政治的環境と、それとは離れた外部での市場のおかげで、彼らは好きなように人間関係を利用して成果をあげることができると思っている。

・私はあるプロのフットボール・チームのコーチから、シーズンオフにやるべきことをやっていない選手の話を聞いたことがある。「ブクブクに太った体でキャンプに来るやつがいるんだ」と彼は言った。「おかしなことに彼らは私の目をごまかし、母なる自然の法則をあざむいておきながら、チームの一員として良いプレーができると思っているんだ」

・「社員の多くは優れた能力、創造力、才能、指導力、知恵を持っているが、今の仕事ではそうした能力が十分発揮されていないと感じる人はどれくらいいますか？」と、私がセミナーで聞くと九九パーセントの人がそう感じると答える。言い換えれば、会社の最大の財産が無駄に使われ、まずい人材管理によって会社の足下が揺らいでいることに誰もが気づいているということだ。

・得てして我々は大金を稼ぐ人をヒーローに祭り上げる。そして俳優、芸能人、スポーツ選手などのヒーローが独自のやり方で目標を達成できると語るとき、特に社会的規範にそったことを言っている場合、私たちは彼らに耳をかたむける。

・子どもと真剣に向き合うことを避ける親たちは、一般的な方法で子どもに接しておけば、ごまかせると考えている。大声で怒鳴り、ドアをバタンと閉めて終わりにする。そして子どもたちが心の穴を埋めようとしてセックス、酒、ドラッグに走るのを見てショックを受ける。

・私がある経営者に、社員全員で六ヶ月かけて会社のミッション・ステートメントをつくるように勧めたところ、彼は「分かってませんね、スティーブン。それぐらいこの週末にサッとつくり上げてみせますよ」と言った。このように大切な物事を週末の数日間で片づけてしまおうとする人がいる。こうした人は、結婚生活を立て直す、息子との冷めた関係を修復する、企業文化を変えるといったことを週末の二、三日でやろうとするが、そんな短い時間で簡単にできないこともあるのだ。

・多くの親は十代の子どもの反抗や拒絶を自分への攻撃ととらえる。なぜなら彼らは子どもが受け入れてくれることを当然だと思っており、なれあいの状態にあるからである。つまり理解しあっていることを確認するために、また生産的な関係を持てないことを隠すために、お互いの弱点を必要とするようになっているのである。

・マネジメントでは、あらゆるものが数字に置き換えられてしまう傾向にある。七月は経営者にゆだねられていたものが、一二月には会計監査員にゆだねられる。そして数字は年末には見栄えよく細工される。本来正確で客観的であるべき数字なのに、主観的な仮定に基づいたものになってしまっていることをほとんどの人は知っている。

・アメリカではシンボリックな「母親とアップル・パイ」の決まり文句で飾られた「やる気を起こさせる」耳に心地よい話に、ほとんどの人はうんざりしている。求められているのは内容とプロセスである。人々は一時的な痛みを解決するためのアスピリンやバンドエイドを求めているのではなく、慢性的な問題を解決し、その成果を維持したいと思っている。

・あるセミナーで幹部経営者たちに講演したとき、彼らはＣＥＯに「無理矢理送りこまれ」て「難しい話を四日間もじっと聞いていなければならない」ために苦しんでいた。彼らが属する温情主義的で依存的な体質の企業は、このようなトレーニングを投資ではなく、経費であると捉えてしまう。そのような会社では社員は物として扱われている。

・学校で生徒は教えられたことを答えるように求められる。つまり教師は講義に基づいた試験をする。生徒はその仕組みを見抜き、パーティーを楽しんで勉強は先送りにし、一夜漬けの知識で単位を取る。そして生徒の多くは人生においてもその手の近道があると思っているのだ。

非効果的な習慣は、その場しのぎの応急処置的な考え方を好む現代の社会環境に根ざしている。学校では毎日勉強しなくても一夜漬けで試験をパスできただろうが、そんなことが農場でも通用するだろうか？　二週間も牛の乳しぼりをさぼっておいて、ある日いきなり農場に行って大量に乳をしぼることができるだろうか？　春に種蒔きを忘れ、夏は遊んで暮らし、秋になって必死に土を耕せば収穫を得ることができるだろうか？　こんなばかげたやり方を笑う人たちも、いざ学習の話となると別で、十分な教養を身につけることができなくても、詰め込み学習で単位や学位を取って自分が望む職を得ようとする。

ソリューション――自然の原則を中心に置く

こうした問題は通常のやり方では解決できない。簡単で即効性があり、自由で楽しい方法は農場では通用しない。なぜならそこでは自然の法則や支配的な原則に従わなければならないからだ。原則に基づいた自然の法則は、たとえ私たちが知らなくても、また従おうとせずとも適用されるのだ。

時を経ても変わらないのは農場の法則だけである。私たちは土を耕して種を蒔き、雑草を抜いて水をやり、ゆっくり成長と発展をうながし、成熟に至らせるという手順を踏まなければならない。アイデンティティーの危機をむかえた十代の若者を助けたり、結婚の危機を救ったりするようなときにも、応急処置は通用しない。心の中に入って行って、成功の方程式とポジティブな考え方を使ってパッとすべてを直すことなどできない。収穫の法則には逆らえないのだ。自然の法則や原則を変えることはできない。それゆえにこれらの原則を人生や人間関係、経営契約や組織の中心に置くべきなのだ。

人格に欠陥があり、能力も疑わしいのに、人をうまく操って自分にしたがわせようとしたら、いずれ失敗するだろう。巧みな話術や善意を持っていても信頼関係がほとんどなかったり、あるいはまったくなかったら、永続的な成功の基礎は築けない。しかし、マネジメントと指導の原則を学べば、人の才能とエネルギーを解き放つことができるようになり、最高の基礎を築くことになるのだ。

私たちは変化や進歩は内側からではなく、外から来ると思いがちだ。心の内に変化の必要性を感じても、基本原則に忠実になろうとするのではなく、新しいスキルを学ぶことを考えるのが普通だ。しかし大きな前進は古い考え方からの離脱から生まれることが多いのだ。これはパラダイム転換と呼ばれている。

原則中心のリーダーシップでは新しいパラダイムを取り入れる。それは動かすことのできない原則を、私生活や組織および社員の中心に定めるというものである。本書ではこれらの原則が何であるか、なぜ原則を中心にする必要があるのか、どうやったらそれが可能となるのか、という問題を扱う。

私たちの効果性は、破られない原則によって示される。これは物理の世界での引力がそうであるように、人間の世界に実在する変えることのできない原則である。これらの原則はあらゆる文明社会の中に織り込まれ、長期の繁栄を誇るすべての家系や団体の基礎を成している。

原則は人間や社会によってつくられたものではない。それは人間関係や組織に関する万能の法則であり、人間としての条件、意識、良心の一部を構成している。公正、公平、正義、正直、誠実、信頼という基本原則をどれだけ理解し、調和して生きるかによって生存と安定へと向かうか、あるいは破壊と滅亡へ向かうのかが決まってしまう。

私の経験から言って、人間は正しい原則に基づいた人格を持つ人を本能的に信頼するものだ。このことは長期的な人間関係によって証明される。長期にわたって積み上げてきた信頼性の結果である信頼関係が、テクニックよりも重要であることを私たちは知っている。信頼度が高ければ、コミュニケーションは容易で時間もかからない。間違いをおかしても、こちらの真意を汲み取ってくれるだろう。しかし信頼度が低ければ、コミュニケーションには時間がかかり、疲労ばかりが増すような非効果的で非常に困難なものになるだろう。

個性主義的な方法を用いるのは比較的簡単である。新しいスキルを身につけ、言葉使いを改め、人間関係を円滑にするテクニックを習得し、身なりを整え、自尊心を高めればいいだけだ。しかし習慣を改め、徳を積み、基本原則を学び、誓いと約束を守り、勇気を出し、相手の信念や感情を心から思いやるといった優れた人格を持つことは難しい。しかしながらこれは私たちの成熟度を測るものさしなのだ。

自分自身を尊重しながらも、高い目的と原則に自分を従わせることは、崇高な人間性におけるふたつの矛盾した側面であり、有効なリーダーシップの基礎を成すものである。

コンパスによるリーダーシップ

正しい原則はコンパスのようなものである。コンパスは方角を知るための計器で、いつも行くべき道を指し示している。私たちがその見方を知っていれば、雑音や誤った価値観に惑わされたり、だまされたりすることはなく、道に迷うこともない。

原則は自明であり、ほかの承認を必要としない自然の法則である。それは不変であり、動くことはない。そして流動するこの世界の中で、正しい方向を教えてくれる。

原則はどこでも、どんなときでもあてはまる。それは価値、考え、規範、教えといったかたちで現れ、人々を高め、心を満たし、鼓舞し、パワーを与える。歴史を見ても、人や文化がどれくらい正しい原則にそっているかによってその繁栄の度合いが決まってきたことが分かる。衰退する社会の根元には、正しい原則に反する愚かな行いが見られる。社会が正しい原則に忠実であれば、どれほど多くの経済破たん、文化摩擦、政治的争乱、内乱などが回避できただろうか。

原則中心のリーダーシップは、自然の法則に背けば必ず酬いを受けるという現実に基づくものだ。私たちが信じようが信じまいが、この法則の有効性は何世紀にもわたる人間の歴史の中で証明されてきた。この実証済みの原則にしたがえば、人間はもっと効果的になれるし、組織はもっとエンパワーされるのだ。この原則は個人や人間関係の問題に、簡単で即効性のある解決法を提供するものではない。この根本的な原則は常に活用されることで行動の習慣となり、個人、人間関係、組織を抜本的に変える力となるのである。

原則は価値観と違って、客観的で外的なものである。それは条件によらず自然の法則にしたがって作用する。一方、価値観は主観的で内的なものである。価値観は地図のようなものである。地図は場所そのものではなく、場所を記し、示すものだ。価値観や地図は正しい原則――場所のリアリティー、ものごとの本当の姿――に忠実であればあるほど、正確で有用である。しかし場所が常に変化するとき、マーケットが常に変動するとき、どんな地図も時代遅れになってしまう。

価値観に基づいた地図が役立つこともあるが、原則中心のコンパスがあれば、非常に有益なビジョンと方向性を得られる。正確な地図は素晴らしいマネジメントのツールであるが、正しい方角にセットされたコンパスはリーダーシップとエンパワーメントのツールとなる。コンパスが正しい方角を指すとき、針は自然の法則と一致していることを知らせてくれる。もし地図によるマネジメントにばかり囚われていると、あてもなくさまよいながらチャンスを浪費し、多くの貴重な資源を無駄づかいすることになってしまうだろう。

私たちの価値観は文化的背景の信念を反映していることが多い。私たちは子どものころから、文化、個人的発見、家族の歴史などの影響を受けながら、価値観の体系を発展させてきた。それは私たちが世界を見るときの眼鏡になっている。そしてこの眼鏡を通してどのように世界を見ているかによって、評価、選択、判断、行動の基準が決まるのだ。

よく見られる反応的なパターンは、価値観によって仕切られた部屋の中で生きる人々だ。こうした人々は、配偶者、親、子ども、経営者、共同体の指導者など、その役割に期待される行動をとる。そしてこの部屋ひとつひとつが独自の価値体系を持っているので、反応的な人は、そのときどきの役割や環境によって異なる価値観にしたがって生きようとしたり、対立する複数の期待像に応えようとしたりする。

自分の価値観を正しい原則にそったものとするとき、人は古い認識やパラダイムから解き放たれる。

真のリーダーの特徴は、自分の価値観、認識、信念、行動がどれくらい正しい原則にそっているか調べるために、眼鏡を外して客観的に自分のレンズを分析するような謙虚さを持っていることである。そして、ずれ（偏見、無知、誤り）が見つかれば、より偉大な英知にそうように調整する。このように不変の原則を中心に置くことは人生に普遍性と力をもたらすのである。

4つの要素

自分の人生の中心に正しい原則を置くことが、豊かな内的パワーを発達させる鍵となる。この力が自分の目的や夢を達成する源になるのである。生活の中心は自らを安定させ、導き、力を与える。車輪の軸のように、中心はすべてをひとつにまとめて融合する。中心は個人の、そして組織のミッションの核となるものである。文化の土台となり、人々が共有する価値観や社会構造、システムを統合している。

自分の生活の中心に置くものが何であれ、それは個々の生命維持システムの根源となる。そのシステムは大別すると安定性、方向性、知恵、そして力という4つの要素から成っている。原則中心のリーダーシップと生活は人間の内的な力の根源であるこれら4つの要素を育み開発していく。

原則以外のもの（たとえば仕事、遊び、友だち、敵、配偶者、家族、自己、宗教組織、お金、など）を生活の中心に置くと弱点が生まれ、生活は不安定になる。たとえば社会通念を中心に置くと、自分をコントロールし行動の指針を決定する権限を、周りの状況や他人の意見に与えてしまうはめになる。

人生における原則中心

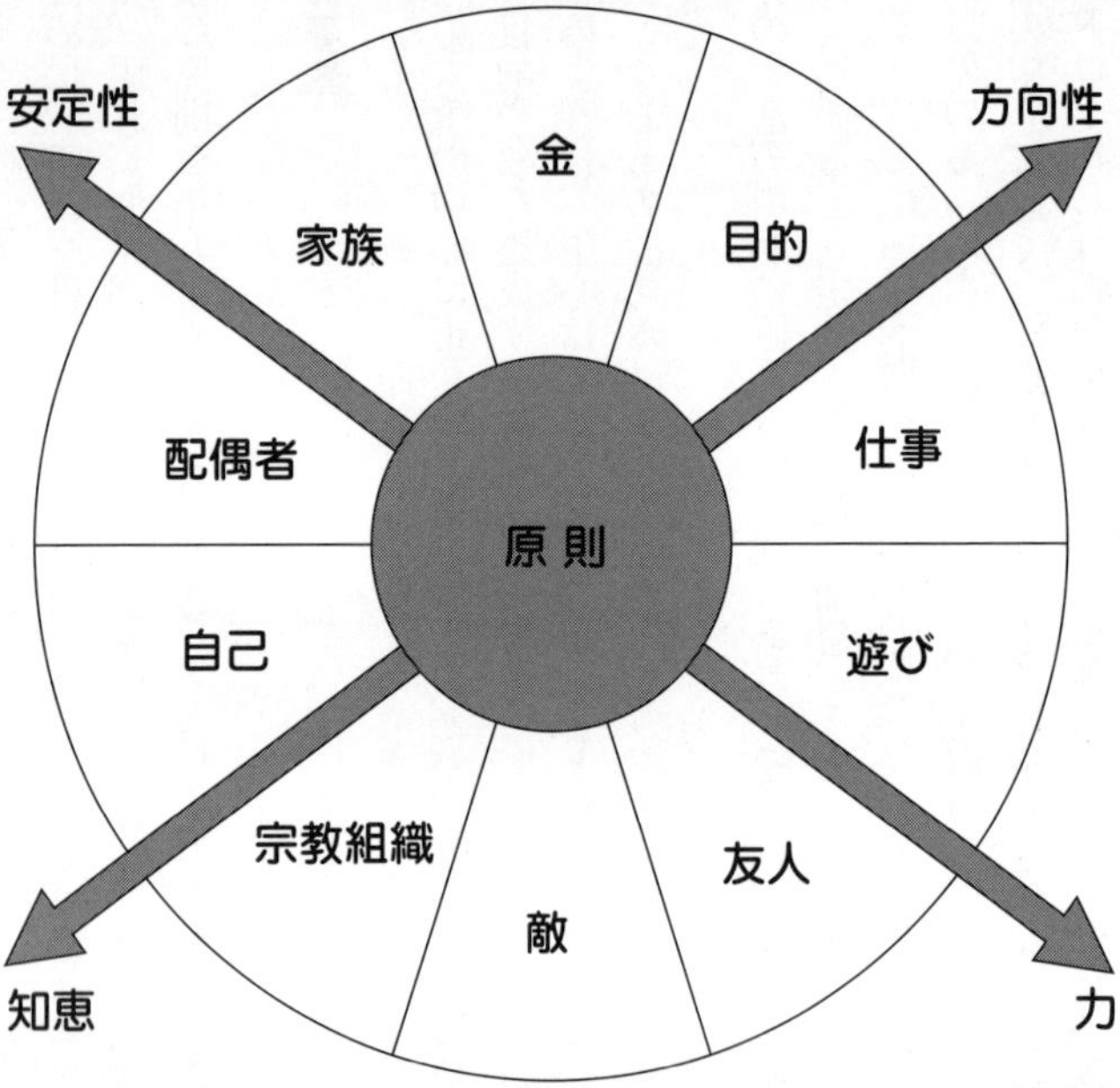

安定性と自尊心を欠くと、精神的にも感情的にも他人に依存した人間になってしまう。知恵が欠落している場合、過去と同じ過ちを何度も繰り返してしまい、不安定な生活を送らざるをえない。方向性の欠如は流行への依存やひとつのことをやり遂げられない意志薄弱な性格を生む。力が弱いと受動的になり、環境や気分に左右されやすい。

しかし正しい原則を自分の生活の中心に置けば、私たちの生活はバランスがとれ、統合され、体系化され、しっかりと安定したものになるだろう。つまりすべての行動、人間関係、決断の基盤を得ることができるのだ。また、自分の肉体、時間、才能、お金、所有物、人間関係、家族など、生活のすべてを奉仕に役立てようとする意識を持つようになるだろう。奉仕者として、それらを良い目的のために使う必要性と義務を感じるようになるのだ。

原則を中心に置くことにより、安定性は外的な変化や比較、他人からの批判にはびくともしないものになる。それは私たちをミッションの発見へと導き、自分の役割を明確に知る手助けをしてくれる。主体的な人間として、目標を定めたミッション・ステートメントを書くことが可能となるのだ。人生での経験から、失敗を成功への糧とし、常に人間として成長していこうとする知恵を身につける。コミュニケーション能力を伸ばし、ストレスや悪状況に制限されることなく他人と協力関係を築き上げ、その恩恵を受けられる力を持つことができる。

安定性――「安定性《セキュリティー》」とは自己の価値感、アイデンティティー、精神的な基礎、自尊心、そして個人の力のことである。もちろん安定性の度合いは人ぞれぞれであり、成熟度合いを連続体として考えることができる。高いレベルにあれば、深い内的な安定性と自尊心を持つが、連続体の低い位置にいる個人はとても不安定であり、人生におけるすべての紆余曲折から大きな打撃を受けるだろう。

方向性――「方向性《ガイダンス》」は私たちを導く人生の指標である。それらの多くは、私たちの決断や行動を支配する規範、原則、基準から生まれる。この内的な指標は良心として私たちを常に見守っている。方向性の連続体の低いところでは、外的要因への強い依存や、自己中心主義、世俗的な楽しみ、社会生活のスタイルなど、自分が中心に置いているものへの情緒的な依存体質が見られる。連続体の中間あたりでは社会的良心――慣例、伝統、人間関係を中心に置くことによって育まれた良心――の発達が見られる。連続体の最高点にあるのは崇高な良心であり、そこでは私たちを奮い立たせる源――原則に中心を置いたコンパス――から方向性を得ることができるのである。

知恵――「知恵《ウィズダム》」とは優れたものの見方、バランス感覚、そして原則が物事にどのように適用されているのか、それぞれがどのような相互関係を持っているのかということを鋭く見通す力のことである。知恵は判断力、違いを見分ける認識力、理解力から成っており、それぞれが分かちがたく結びついて、ひとつの全体を構成している。知恵の連続体の最も低い位置にあるのは、不正確な地図であり、結果的に矛盾し、ゆがんだ原則に基づいて思考する原因となっている。一方、最も高い位置にあるのは、正確で完全なコンパスであり、生活のあらゆる物と原則が正しく結びついている。低い方から高い方へと成長していくにつれ、現実（あるがままの姿）に対する敏感で実践的な理解力はもちろん、理想（あるべき姿）を感じ取る能力も増してくる。また知恵には純粋な喜びと一時的な快楽を区別する能力も含まれる。

力――「力《パワー》」は行動する能力であり、目標を達成する力と勇気、選択や決断をするアクティブなエネルギーである。また、深く身についている習慣を乗り越えて、より優れた効果的な習慣を身につける能力のことでもある。力の連続体の底辺にある個人は、まったく無力で精神的に不安定であり、過去に起こったこと、あるいは現在起きていることに支配されている。すなわち、他人や外部の状況に大きく左右され、自分では身動きがとれない状態にある。他人の意見や指示がすべて自分の行動に反映されるので、達成感や本当の喜びを味わえない。一方、連続体の高い位置にいる人々は、ビジョンと自己抑制力を持ち、外的な状況に左右されるのではなく、自主的な判断に基づいた生活を送っている。彼らは事を自分から起こす人間——主体的な人間なのである。彼らは永遠の原則や普遍的な基準に基づいて、状況に対する自分の反応を選択する。そして自分の行動や考えはもちろん、その態度、気持ち、感情に対しても責任を持つのである。

これら4つの要素（安定性、方向性、知恵、力）は相互に関係している。安定性と明確な方向性を持つことにより真の知恵がもたらされ、知恵は目的に向かって突き進むパワーの原動力や触媒となる。4つの要素の調和によって、気高い、バランスのとれた、美しく一体化された人格が形成されるのである。

企業における原則中心

「原則中心リーダーシップ」では、『7つの習慣』で提唱している原則やそれに関連する法則を取り入れ、実際の活用法とプロセスを紹介していく。「原則中心リーダーシップ」で紹介するのは基礎的な原則とプロセスであり、それらが本質的で真の企業変革を可能とするのである。

ひとたび原則を中心に据えて物事を考えるようになれば、自分が他人に接する態度は、自分が他人から受けたいと考えている待遇と同じでなければならないと悟るだろう。あなたの競争相手は、常に

企業における原則中心

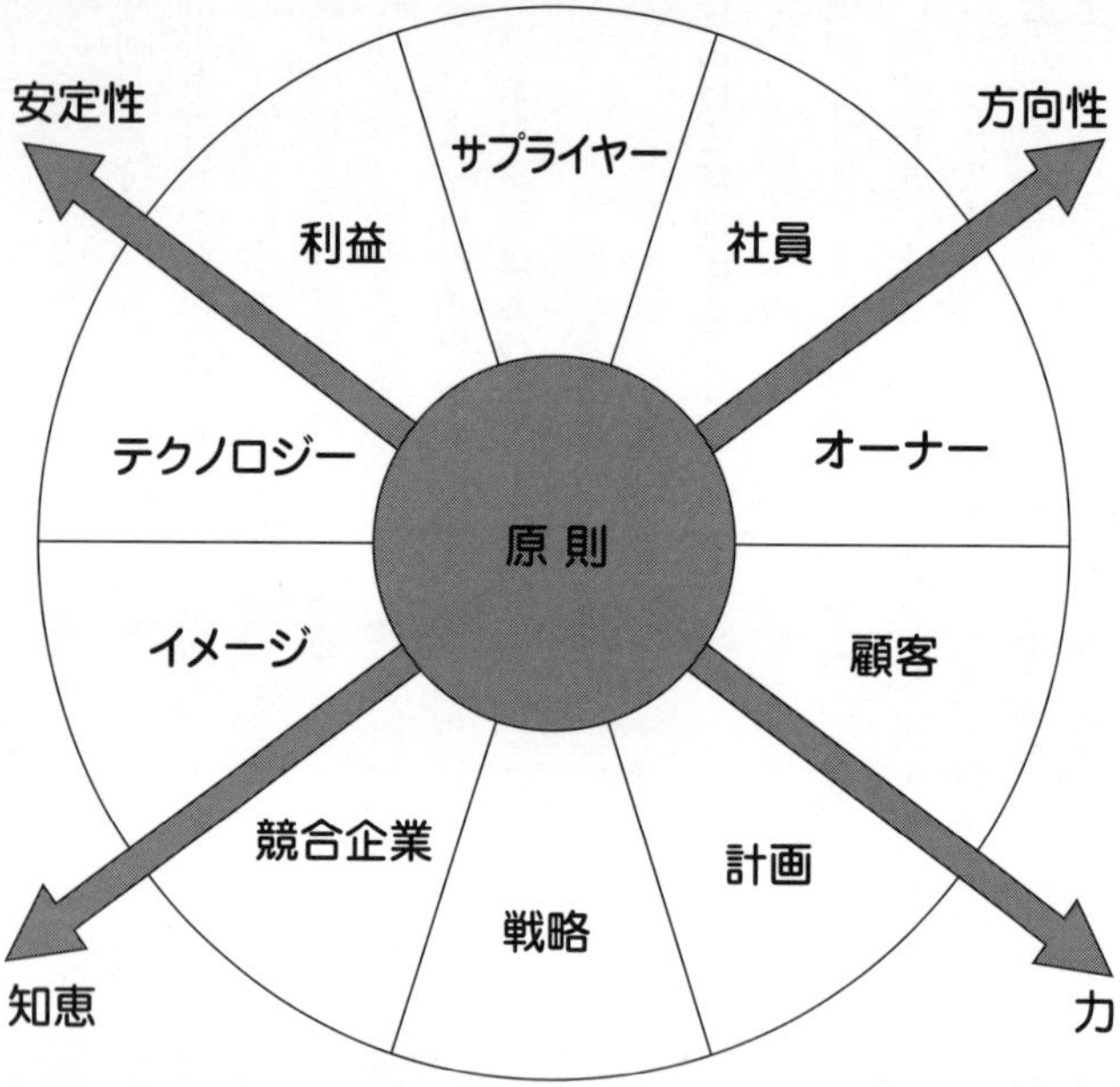

あなたを学びへと導き、磨き、弱点を教えてくれる得難い友人なのだと気づくだろう。原則という最強の錨とコンパスを携えて進むあなたは、ライバルや外的条件によって決して脅かされることのないアイデンティティーを築き上げ、たとえ荒れ狂う海のような変革の真っただ中にいるときでも、未来へのビジョンを描き、進むべき道を決定していく力を持てるはずだ。それはあなたが内側からエンパワーされているからだ。

利益、サプライヤー、社員、オーナー、顧客、計画、戦略、競合企業、イメージそしてテクノロジーといった要素をそれぞれ断片的に、中心に置いていた旧来の企業組織のパラダイムは、原則を中心としたパラダイムと比較すると大変不安定である。前述の個人の場合と同様に原則を中心とした企業は安定性（セキュリティー）、方向性（ガイダンス）、知恵（ウィズダム）、力（パワー）、いずれの要素においても、そうでない企業より高い成果を上げているのだ。

たとえば組織の安定性が、単にそのイメージや資金力からのみ判断されたり、ライバル企業との比較や顧客の個人的意見によって左右されるのであれば、その企業のリーダーは日々のニュースや出来事に振り回されて過剰反応をしたり、反対に萎縮してしまい何もできなくなってしまうだろう。さらに彼らはビジネスと自分の人生をゼロサム・ゲームとして考えるようになる。他人の成功に絶えず脅かされ、その功績を嫉妬する。その一方、ライバルたちの失敗にほくそ笑む。このように、自身の安定が他者の弱さの上に成り立っているという考えを持つ人は、実は、他人の弱点に自分をコントロールするエンパワーメントを与えているにほかならない。

本当のエンパワーメントは、原則と実践が組織内の社員一人一人に理解され主体的に実行されたときにはじめて生まれるのである。実践とは「何をするか」であり、一〇〇の状況があれば一〇〇通りの方法がある。そして原則とは「なぜそれをするか」であり、実践や実行の源、理由となる要素である。社員が与えられた仕事における原則を理解していなければ、状況の変化や他の実践方法をとる必要に迫られたときに効果的に対応ができない。現場の社員教育は、特定の実務のスキルやその実践方法（ハウ・トゥー）を修得させることなどが中心に行われている。しかし、その根底にある理由、すなわち原則を伝えずに実務方法のみを教えれば、自主的に考えようとせず、リーダーや他者の命令や指示に依存した社員を生み出すことになるのである。

原則中心のリーダーは、自然のシステムに基づいた「種を蒔き土を耕す」といった農場の法則を能力として発揮し、他者との人間関係はもとより、契約と合意、マネジメント・プロセス、ミッション・ステートメントにおいてもそれを自分のパラダイムの原則として取り入れていく能力のある人間であろう。

目指すべきは、他者を裁くのではなく、よき指導者になること。批判するのではなく、模範となることなのである。

第一部 個人と人間関係の効果性

Personal and Interpersonal Effectiveness

序　章
Introduction

私は長い間、人間の成長のためのアプローチとして、日々一歩一歩進んでいく、自然で連続的なやり方を提唱してきた。「自由で簡単、気楽に素早く」結果を出せると謳《うた》うプログラムや商品は、――体重を減らすものであれ、スキルを習得するものであれ――すべて正しい原則に基づいたものではないと私は感じている。しかし人々の購買意欲を刺激するために、どんな広告にもこれらの謳い文句がひとつやふたつは使われているのが現実である。そのため、私たちの多くが人間成長のための方法として「即効性のある」やり方に惹かれるのも無理はない。

この章では真の人格とスキルの発展は、自然の法則と実証された原則にのっとったものであることを示したい。この原則を守れば、過去と決別し、古い習慣を断ち切り、パラダイムを転換し、真に偉大な人格と効果的な人間関係を築くための力を手に入れることができるのだ。

もちろん私たちは他人と接触せずに一人で孤島に住んでいるわけではない。家族の中に生まれ、社会の中で育つ。学校に通い、組織の一員となる。そして職に就けば、頻繁に人と交流し、うまく付き合うことが必要になる。人間関係の効果性の原則を学習し活用できなければ、私たちの成長は停滞するか止まってしまうだろう。

したがってこの章では他人との信頼関係を築き、これを維持するためのスキル、態度、方法についても述べてみたい。実際、ある程度自立できるようになると、次は他人との効果的な相互依存を目指していかなければならない。そのためには、主体性を発揮し生産的になるための取り組みの中で、感情移入と相乗効果を実践していくことこそが必須なのだ。

ジレンマを解決する

歴史上、最も重要なブレークスルー（突破）はすべて、古い考え方、古い規範、古いパラダイムとの決別であった。原則中心のリーダーシップはブレークスルーのパラダイムである。これは現代生活における古典的ジレンマを解決するための新しい考え方なのである。

・とぎれることのないプレッシャーと危機の中で、個人の目標と仕事の目標とのバランスや家庭と仕事のバランスを賢明なものに変え、これを維持していくにはどうしたらいいのだろうか？
・恐ろしいほど複雑な世の中で、どうしたら一貫性を持つことができるのだろうか？
・予期せぬ突然の変化によって、優れた地図（戦略とプラン）でさえ役に立たなくなる現代の荒野で、どうしたら方向感覚を失わずにいられるのだろうか？
・どうしたら非難と自己正当化ではなく、同情と理解をもって人間の弱さを見守ることができるのだろうか？
・どうしたら偏見を捨て、尊敬と探求の精神をもって他人の学習と達成を促し、長所をのばすことができるのだろうか？
・どうしたら人格と能力と信頼によってエンパワーされ（あるいは他人をエンパワーして）、問題を解決し、好機をつかむことが（表面的なエンパワーメントに陥ることなく）できるのだろうか？
・どうしたら変化と進化への強い熱意を持つことができるのだろうか？

・多元性と多様性の価値を認め、尊敬の念を持って相手を賞賛できるような人間になるにはどうしたらいいのだろうか？
・何からはじめたらいいのだろうか？　どうしたら心のエネルギーを充電して学習、成長、進歩への情熱を持ちつづけることができるのだろうか？

この第一部を読めば、効果的な自己リーダーシップの基本原則を理解できるようになるだろう。そして、こうした問題や他の困難な問題を自分自身の力で解決することができるはずだ。

4つのレベルと4つの原則

原則中心のリーダーシップは4つのレベルをインサイドからアウトサイドへと進んでいくプロセスをとっている。レベル1――個人（自分自身との関係）、レベル2――人間関係（自分と他人との関係および相互作用）、レベル3――マネジメント（他人と仕事をする責任）、レベル4――組織（社員を組織化する必要性――社員を採用し、訓練し、報酬を支払い、チームをつくり、問題を解決し、構造、戦略、システムを統合する必要性）。

ひとつひとつのレベルは「必要だがそれだけでは十分ではない」、つまりすべてのレベルを、各レベルの法則に基づいて実践していかなければならない。この第一部では最初のふたつの原則に焦点を当てて話を進めていきたい。

原則中心リーダーシップの
４つのレベルと基本原則

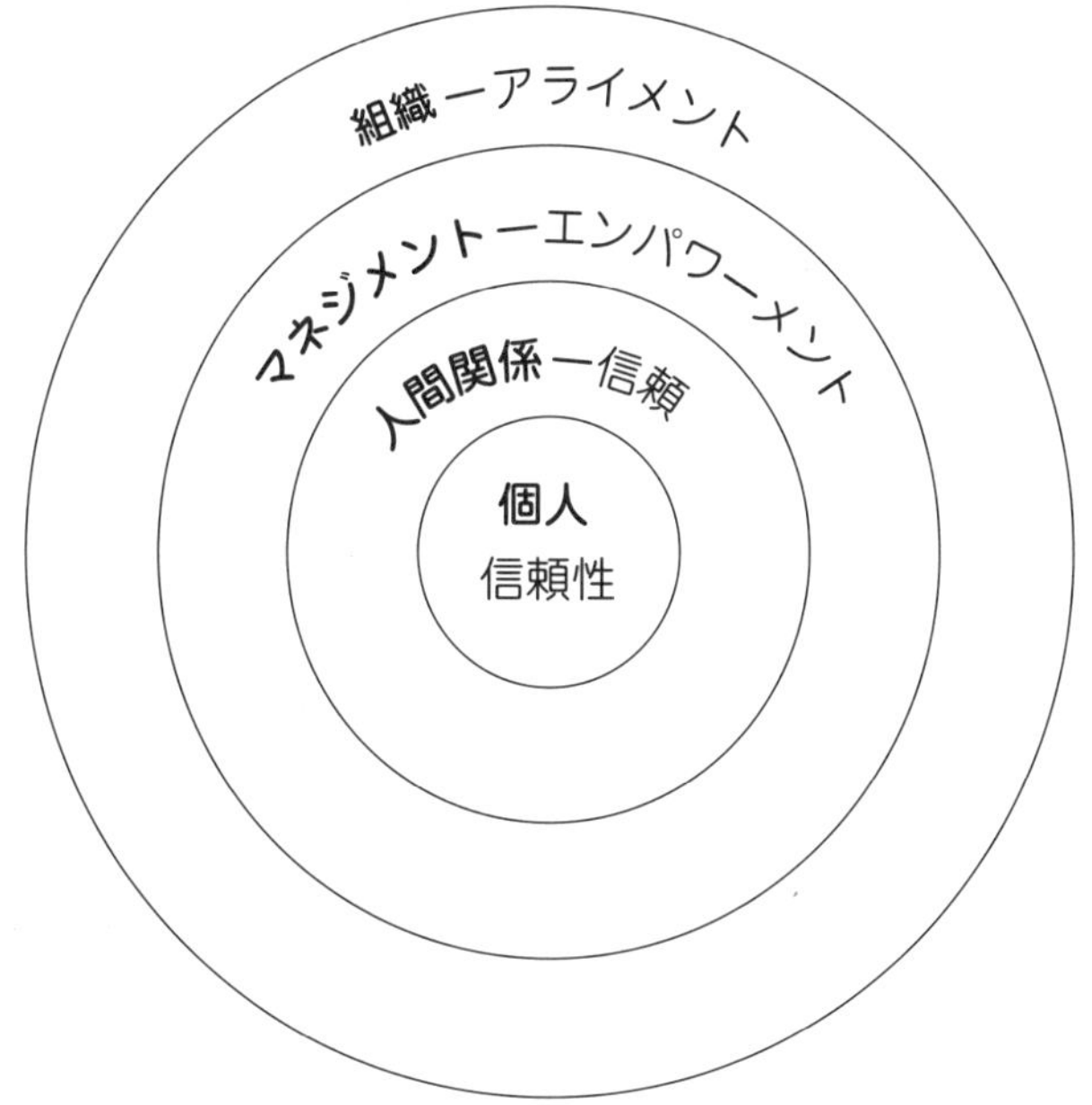

・個人のレベルにおける信頼性——信頼性は、人格と能力に基づいている。もし人格が信頼されていても、能力に不安があれば信頼を勝ちとることはできないだろう。多くの誠実で素晴らしい人々がしだいに職場での信頼性を失っていくのは、彼らが組織の中で「時代遅れ」になっていくからである。人格と能力の両方が備わっていなければ、人は信頼されないし、賢明な選択と判断を行えないだろう。だから職業において意味のある成長を続けなければ、信頼性あるいは信頼を勝ち取ることはできない。

・人間関係のレベルにおける信頼——信頼性は信頼関係の土台となる。信頼とはいわば二人の人間の間の信頼口座である。この信頼口座、つまり信頼残高によってＷｉｎ－Ｗｉｎの実行協定を結ぶことが可能になる。もし二人の人間が互いの信頼性に基づいた信頼関係を築いているなら、明確なコミュニケーション、感情移入、相乗効果を生み、そして生産的な関係を結ぶことができるだろう。もし片方に能力が足りなければ、訓練して上達すれば補うことができるが、人格に欠陥がある場合は、安定した心を築き、スキルを改善し、信頼関係を立て直すと誓い、これを守らなければならない。

信頼関係があるかないかは、ビジネス、産業界、政府、教育の場で、人間関係がうまくいくか、そして最終的に成功を収めるかどうかの鍵になるのだ。

Chapter 1

第１章
原則中心のリーダーの特徴
Characteristic of Principle-Centered Leaders

研究と観察、そして自分自身の奮闘の歴史から、私は原則中心のリーダーに備わる8つの明確な特徴を発見した。それは効果的なリーダーの特徴であるだけでなく、私たちの成長のサインでもある。ここではそれぞれを手短に論じていくことにしよう。

学び続ける

原則中心の人は、常に経験から学んでいるものだ。彼らは本を読み、訓練の機会を求め、講習に参加し、人の言葉に耳をかたむけ、目と耳を通して学ぶ。好奇心旺盛で、しょっちゅう質問をする。常に能力、つまり実行のための能力を高める努力を怠ることはない。新しいスキルを身につけ、興味の対象を広げていく。そして知れば知るほど、自分の無知に気づかされる。つまり自分の知識の領域が広がると、その外側の無知の領域もまた広がるのだ。この学習と成長のエネルギーは、ほとんどの場合、自然に発生し、大きくなっていく。

誓いを立てて、約束を守ることは、自分の能力を早く高めることにつながるだろう。そのために、まず自分の中で小さな誓いを立てよう。そして自己のコントロール能力が少し高まったと思えるまで、この約束を守り続けよう。それができたら今度は次のレベルに挑戦しよう。新しい誓いを立て、このレベルのコントロールを確立するまで誓いを守るようにしよう。それができたらまた次のレベルに進んでいこう。誓いを立てて実行する。これを繰り返すことによって、あなたの自己の価値観が高まっていくだろう。つまり自己コントロールの意識が高まり、次のレベルをマスターできるという自信が増してくるのだ。

これらを実行するときは、すべてのプロセスに熱意を持って真剣に取り組むようにしよう。なぜなら、もし自分で誓いを立てて守らなかったら、自尊心が弱まり、ほかの約束を守る能力も低下してしまうからだ。

奉仕の精神を持っている

原則中心であろうとする人は、人生をキャリアではなく、ミッションと捉えている。彼らはその成長のエネルギー源によって奉仕への精神に満ち、いつでもそれを実行できるよう準備している。実際、彼らは毎朝起きると、奉仕の精神で身をつつみ、他人のことを思いやり、実際の行動を起こそうとする。

私がこの奉仕の精神を強調するのは、実際に何かに貢献することなしに、原則中心になろうと努力しても成功しないと信じるようになったからである。つまりこれを知的もしくは道徳的訓練のようなものとしてやろうとしても、責任、奉仕、貢献の精神を持たず、骨を折って押したり引いたりするものがなければ、無駄な努力に終わってしまうのである。

ポジティブなエネルギーを放つ

原則中心の人の表情は、明るく陽気で朗らかである。その姿勢は楽観的で積極的、そして前向きである。その心は情熱と信念、そして希望にあふれている。

このポジティブなエネルギーは、いわば彼らを包むオーラや人をひきつける磁場のようなものなのだ。それは周りの弱く否定的なエネルギーに影響をおよぼし、ポジティブなものへと変えていく。そして他の弱いポジティブ・エネルギーも引き寄せて強くする。強い否定的エネルギーの源に遭遇したときは、そのエネルギーを中和するか回避することが多いが、ときにはそれを放置して、汚染地域からただ単に立ち去るだけのこともある。彼らは否定的エネルギーがどれほど強力か知っていて、対処するにはタイミングとユーモアのセンスが必要であることを知っているのだ。

自分のエネルギーの効果を知り、それを放射し、コントロールする方法を理解しよう。そして混乱や争い、否定的なエネルギーがうずまく中で、平和と調和を生み出し、破壊的エネルギーを消去・逆転させる努力をしてみよう。この特徴と次に述べる特徴を合わせれば、「自己達成予言」というポジティブ・エネルギーの内容が分かってくるだろう。

他人の能力を信じる

原則中心の人は、否定的行為や批判、人間の弱点に過剰に反応したりはしない。他人の弱点を見つけて自分が強くなったような気になることもない。だからと言って、それを見落としているわけではない。弱点には気づいているが、実際の行動とその人の可能性は違うものだということを知っているのだ。彼らはすべての人々の隠れた可能性を信じている。自分の幸運に感謝し、当たり前のように哀れみを持って他人の行為を許し、水に流す。恨みを抱くこともない。人にレッテルを貼って分類したり、偏見と固定観念で人を判断したりはしない。むしろ彼らはドングリにカシの木を見ている。彼らはドングリがカシの大木になるために必要なプロセスを知っているのだ。

昔、私と妻は、自分たちや周りの人間によって息子が貼られたレッテルのことで悩んでいた。それは息子の行動からして当然のものであった。しかし私たちは息子の可能性を思い描くことによって、しだいに彼を違う目で見るようになっていった。そして彼の秘められた可能性を確信したころには、古いレッテルは自然に消え去っていた。そして、一晩で彼を変えてしまおうなどとは考えなくなった。私たちは、彼の才能と可能性はしかるべきときがくれば開花すると知っていたのだ。そして本当にそれが現実となったとき、私たち家族も含めて周りの人間は驚きを隠すことはできなかった。しかし息子の力を信じていた私たちは、けっして驚くことはなかった。

まさに論より証拠である。私たちは秘められた可能性を信じようとしなければならない。これが機会と成長の環境をつくりだすのだ。自己中心の人は、鍵は自分自身、自分のテクニック、他人に対する自分の行為の中にあると思っている。それでうまくいくときもある。もし鍵が自分ではなく、他人の中にあると信じれば、あなたは肩の力を抜き、受け入れ、肯定し、起こるにまかせるだろう。どちらにしても自己達成予言であることに変わりはない。

バランスのとれた生活を送る

原則中心の人は、質の高い雑誌や本に目を通し、最近の事件や出来事にも通じている。彼らは社交的で、友人はたくさんいるし、数人の親友を持っている。知的な面でも活発で、いろいろなことに興味を持っている。ものを読み、観察し、学ぶことを忘れない。また、年齢と健康の許す範囲で、いつも体を鍛えている。人生を大いに楽しみ、愉快に過ごそうと努力する。健全なユーモア精神を持っており、自分を笑い飛ばすことは多いけれど、他人の苦労を笑うことはけっしてない。自分に誠実であり、自身への正常な関心を持っているのだ。

彼らは、自分自身の価値を明確に感じることができる。それは自らの勇気と高潔さによって導き出されるものであり、自分を誇示したり、有名人の名前を借りたり、財産、資格、肩書き、過去の実績などの優位性を必要としたりはしない。人と話すときには隠し事などせず、気取ることなく、率直で、人を操ろうなんてことは考えない。また、何が適正かという感覚が発達しており、誇張するくらいならば過小評価の過ちをおかしたほうがいいとさえ思っている。

また、彼らは極端論者ではないし、何でもすべてか無かでは判断したりはしない。善か悪か、一方か両方か、というようにすべてをふたつに分けようとは考えず、連続体、優先順位、階層の観点から物事を判断するのだ。また、区別する力を持っていて、それぞれの状況で類似性との違いを感じとることができる。これは状況によって違う倫理を用いたりするということではない。彼らは絶対的な基準を十分心得ていて、勇敢に悪を批判し、正しいものを支持する。

そして、彼らは状況に応じた行動と態度をとる。穏やかで節度があり、賢明でバランスがとれている。たとえば、彼らは仕事中毒でもなければ、宗教的狂信者、政治的狂信者でもなく、過度のダイエットや暴飲暴食などに走らず、快楽中毒でもなければ、断食を行う殉教者でもない。また、自分の計画やスケジュールに盲従することはない。ばかばかしい間違いや社会的な失態でいちいち自分を責めることはない。過去や未来について思い悩むこともない。現在を賢明に生き、慎重に将来の計画を立て、柔軟に現在の状況に対応する。自分のミスをすすんで認め、時に意図的に忘れる。そして、自分の影響のおよぶ範囲の中にあることを喜んで行う姿勢やユーモアのセンスを見れば、彼らが自分に誠実であることがよく分かる。

彼らは何かしらの脅迫や自分自身を憐れむような殉教者的精神で自らを操る必要がない。他人の成功を心の底から喜び、人の成功で自分が何かを失うなどと考えたりはしない。賞賛と批判をバランスよく行い、過剰反応したり狂乱状態になることはない。彼らは失敗の彼方に成功を見ている。彼らにとっての本当の失敗とは、そこから学ぶことが何もできないような経験のことなのだ。

人生を冒険ととらえる

原則中心の人は人生を満喫する。彼らの安定は外からではなく内面から来ているので、物事や人を分類したり、定型化して、確実性や安心感を得ようとする必要がない。彼らは顔なじみに新鮮な気持ちで接し、見なれた光景をはじめてのようにながめる。彼らは地図にさえのっていない場所を歩く勇敢な探検家のようでもある。探検の途中、何が起こるか分からなくても、それが成長をもたらすエキサイティングな旅であり、必ずや新しい場所を発見し、新しい貢献ができると信じているのだ。そして、ホームキャンプや居心地のいい場所をたくさん確保し、守られながら無難に過ごすことに安定を見いだすのではなく、自発性、知恵、創造力、強い意志、勇気、スタミナ、生まれつき持っている知性に安定を見いだす。

彼らは人に会うたびに新しい発見をする。人に興味を持ち、質問をし、熱心に耳をかたむける。人の話を聞くときはしっかりと聞き、人から学ぶ。過去の成功や失敗で人を判断したりしない。彼らは人を実物以上に見たりはしないし、政府の高官や有名人に圧倒されることもない。また誰かの信奉者になることを拒否している。基本的に彼らは冷静で、何事にも対応することができる。柔軟性こそが彼らの譲ることのできない原則である。彼らは真に豊かな人生を送っているのだ。

相乗効果をもたらす

相乗効果とは、全体が各部分を足し合わせたものよりも大きくなることを指す。原則中心の人は相乗効果をもたらす。彼らは変化を起こす触媒となり、自分が関与するほとんどの状況を改善していく。そして一生懸命に、かつ賢く働く。また驚くほど生産的であり、しかも新しい創造的な手法をとる。

チームで活動するとき、彼らは自分の強みを活動に活かし、弱点は他人の強みで補おうと努力する。成果をあげるために何かを任されることは、彼らにとっては自然で簡単なことである。なぜなら彼らは他人の長所や能力を信じているからである。また他人の方がある面では優れているという事実に脅やかされることがないので、他人をしっかりと観察する必要性を感じることもない。

原則中心の人は、交渉相手と敵対関係にある状況で話し合いをするとき、その人間と問題を分離して扱う。地位をめぐる争いよりも、相手の興味や関心事に焦点をあてようとするのだ。しだいに相手はその誠実さに気づき、創造的な問題解決のプロセスに参加するようになり、相乗効果的な解決策に到達することができるだろう。それはほとんどの場合、最初の提案よりもはるかに優れており、両者とも得るものの少ない妥協案のようなものとは反対なのだ。

自己再生

最後の特徴は、定期的に人間の4つの特性――肉体、知性、社会・情緒、精神――を磨いている点である。

彼らは、バランスがとれた適度な有酸素運動を定期的に行っている。これは心臓や血管を鍛える運動であり、大腿筋などの筋肉を使って心臓と肺を強くするものである。これは持久力、つまり身体と脳が酸素を消費する能力を高める効果のほかにも、いろいろと頭と体のためになる運動である。柔軟性を高めるストレッチ体操や、強さや筋肉を鍛えるための負荷運動も有益である。

また知的側面は、読書、創造的な問題解決、文章を書くこと、そして想像力を高めていろいろ思いを巡らすことによって鍛えている。感情的側面の向上のためには、辛抱強くなり、人の言葉を相手の身になって聞き、無条件の愛を与え、自分の人生や決断や反応に責任を持つなどの努力を行う。

毎日一時間こうした努力をすれば、生産性や生活の質、満足度や睡眠の快適さ、深さにいたるまで、その日の残りの時間すべてを向上させることになると私は信じている。

刃を研ぐ、つまりこの4つの側面を磨くときほど、大きな利益をもたらす時間はほかに考えられない。もしこれを毎日実践すれば、人生が向上していく衝撃をすぐにでも体験できるだろう。

この活動には毎日行っているものもあるだろうし、新たに生活に組み入れなければならないものもあるだろう。もちろん少し時間はかかるが、長い目で見たとき、それは膨大な時間を節約することになるのだ。私たちは、のこぎりを引くことに忙しすぎて、刃が研げないということなどけっしてない。それは運転するのに忙しすぎてガソリンを入れる暇がないと言っているのと同じだ。

この活動を朝早く行えば、それは一種の私的な成功であり、その日の公的な成功もほぼ手に入れたようなものであるということに、私は気がついた。だが、もし最小の努力しかせず、この活動の一部あるいはすべてを無視すれば、私的成功を失い、外の世界のストレスと圧力に押し流されてしまうだろう。

この自己再生原則は、力強い自制力と奉仕の精神を備えた、強く健康的な人格を徐々に育んでいくだろう。

Chapter

2

第2章 7つの習慣再考

Seven Habits Revisited

人間独特の7つの性質

ここでは、それぞれの7つの習慣に関係する人間特有の能力や性質を確認していくというやり方で『7つの習慣』を振り返ってみよう。

第一、第二、第三の習慣に関係するのは、基本的な第一段階の能力である。それが発揮されれば、第四、第五、第六の習慣の実践を通して、次の第二段階の能力が授けられる。そして第七の習慣に関係する能力が、成長と発展のプロセスを更新する。

第一段階の能力は、①自己認識あるいは自覚、②想像力と良心、③自由意志あるいは意志の力である。第二段階の能力は、④豊かさマインド、⑤勇気と思いやり、⑥創造力である。そして7つめの能力は自己再生である。これらすべては人間にしかない能力で、動物はこうした能力をひとつとして持っていない。またこれらはすべて低次元から高次元への連続体上にある。

・「第一の習慣――主体性を発揮する」に関係するのは、「自己認識」あるいは「自覚」――自分の反応を選択する能力である。連続体の最下部にいる非効果的な人は、いつも他人や出来事や環境を非難して、責任を転嫁する。何でも、誰でも、自分以外のもののせいにすれば、自分には責任がなくなると考えているのである。もし私があなたを非難したなら、実際にはあなたをエンパワーしたことになる。つまりあなたの弱さに力を与えている。そうすれば、あなたに問題があるという認識を支持するための証拠をつくりだすことができるのだ。

7つの習慣　成長の連続体

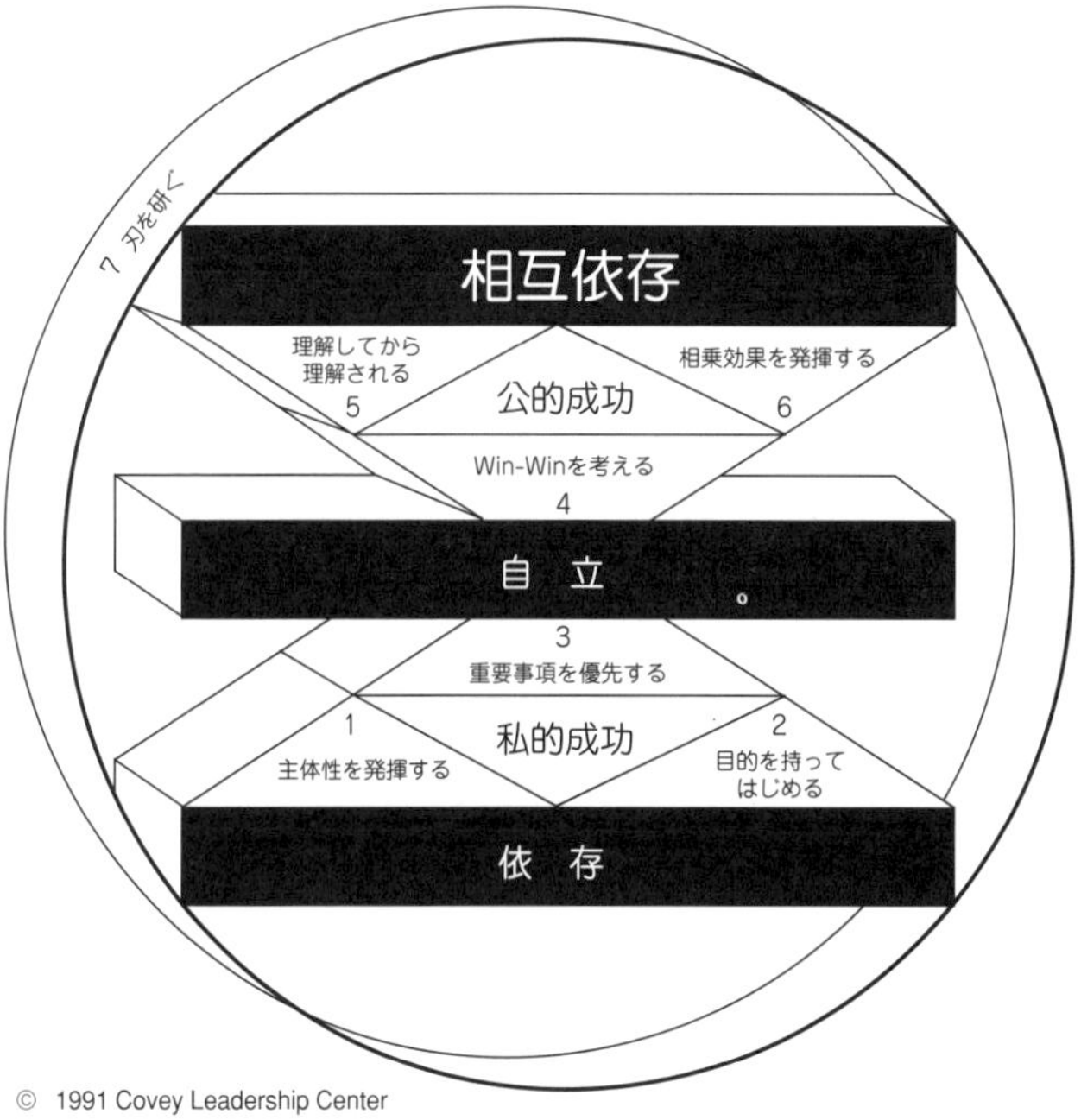

© 1991 Covey Leadership Center

一方、効果性の連続体の最上部にあるのは、自覚である。「私は自分の性分を知っている。また自分の中にあるプログラムや脚本を知っているが、私はその脚本ではない。私は脚本を書き直すことができる」という認識である。あなたは、あなた自身が人生を変える創造的な力であることを知っている。あなたは条件や環境に左右されたりはしない。どんな状況に対しても、誰に対しても、あなたは自分の反応を選択することができる。あなたの身に起こったことと、反応の間には選択の自由がある。その自由を活用すればするほど、自由の範囲は広がる。影響の輪がおよぶ範囲内で行動し、選択の自由を活用するうちに、しだいにあなたは「過剰反応者」（刺激と反応の間にほとんど隙間がない人を指す）であることをやめ、遺伝的影響や育ち方、幼児体験、環境とは関係なく、落ち着いた責任感を持つ選択者になっていくだろう。反応を選択する自由には、成長と幸福をつかみとる力が備わっているのだ。

想像してみてほしい。あなたの会社のすべての社員が「品質は私から始まる。私は精選された原則と価値観に基づいて、自分自身で決定しなければならない」という信念を持って、積極的に仕事に取り組んだら何が起こるだろうか？　こうした自主的な行動をはぐくむのが主体性である。そして主体性によって、感情よりも価値観が優先されるようになる。これは感情を受け入れないということではない。「私はいらだっている、怒っている、動揺している。こうした感情を受け入れ、否定したり抑圧したりしない。しかし私は何をすべきか知っている。私には責任がある」という具合に感情を受け入れながらも価値観を優先するということである。これが「主体性を発揮する」という原則である。

このように、あなたはどんな条件や状況に対しても、自分には反応を選択する力があると自覚することで、被害者のレベルから自己決定の創造力のレベルへと連続体の階段を上っていくことができるのだ。

・「第二の習慣――目的を持ってはじめる」に関係するのは「想像力」と「良心」という能力である。プログラマーがプログラムを書くように、与えられた時間、能力、道具を使って自分が何をするのかを決めよう。「私の小さな影響のおよぶ範囲内で、私は自分がこれからやることを決定する」。連続体の最下部にあるのは、目標、目的、改善の努力に対するむなしさである。もしあなたが完全に被害者であり、それが自分の身に起こったことの結果であるなら、実際問題、何ができるというのだろう？　そんな人は、いつの日か自分をとりまく状況が好転し、環境が変わって、日々のパンと、もしかしたらそれ以上のものが手に入るかもしれないと思いながら、人生をさまよい歩くしかない。

一方この連続体の反対側にあるのが、希望と目的の意識である。「私は頭の中で未来の姿をつくり出す。私にはそれが見える。それがどんなものであるかを想像できるのだ」。動物にはこれはできない。動物は冬に備えて本能的に木の実を集めるが、木の実を作る機械を創造したり、「なぜ私は木の実を集めるのだろう？　なぜ誰かを雇って木の実を集めさせないのだろうか？」と考えたりはしない。そのような疑問を抱くのは人間だけである。人間だけが別の方法を想像し、それを良心的に追求するのだ。

良心を持たずに創造力を使ったら、生活のバランスを失うことにつながる。それでは創造の才能がつまらないものと引きかえになってしまう、つまり物や社会的な見返りを得るために、創造力を使ってしまうということだ。その結果、生活のバランスは完全に失われてしまう。こうした人々は口ではバランスのとれた生活について語るかもしれないが、実は彼らのモットーは、浜辺の砂の上に書かれているのだ。

アカデミー賞をとる作品は、ほとんどが創造性と良心を表現しているということを見ても、このことを再確認させられる。たとえばケビン・コスナーの『ダンス・ウィズ・ウルブズ』もネイティブ・アメリカンを美しく表現したものであった。アカデミーは映画産業の巨大な影響力を知っていて、その創造力は社会的責任を負わなければならないということを理解しているのだ。

ここで、このふたつの人間独特の能力を使う訓練をしてみよう。今日の午後職場に行ってみると、あるいは夜家に帰ってきたら、そこがひどい状態になっているところを想像してみよう。家はめちゃくちゃで、誰もやるべきことをやってない。約束はまったく守られていない。あなたは疲れ果て、打ちのめされている。

さてこの状況に対して自制心を発揮し、落ち着いた賢明な態度で対応している自分を想像してほしい。相手にどんな効果を与えるだろうか？　あなたは彼らを責めたりせず、黙々と作業をはじめる。しかも明るく楽しく仕事をかたづけていく。その行動は相手の良心に訴えかけ、彼らは自分から仕事をやりはじめるだろう。

あなたはまさに今、ふたつの人間にしかない能力――「想像力」と「良心」を使ったのである。あなたは記憶にたよらなかった。もし記憶や過去にたよっていたら、落ち着きを失い、他人を裁き、状況を悪化させていただろう。あなたは自分の過去に縛られてしまうのだ。しかし想像力はあなたに未来を指し示す。あなたの可能性は無限だが、どんな状況に対してもこの能力を発揮していくためには、能力を強化することが必要だ。

オーストリアの精神科医ビクター・E・フランクルは第二次世界大戦中ナチスドイツの強制収容所にいた経験をもつ。彼はその著書『「生きる意味」を求めて』（春秋社刊）の中で、どのようにして劣悪な状況に対して反応を選択する力を鍛えたかについて述べている。ある日彼は人体実験を受けたとき、ひとつの発見をした。「私は選択する力を持っている」。そして彼は意味を探し求めた。もし意味（目的あるいは動機）を持っていれば、理由が分かっていれば、どんなことにも耐えられると信じていたからだ。

この洞察から彼は研究を発展させていった。フロイト心理学の決定論を教えられてきた彼だったが、それは嘘であり、科学的ではないことに気づいた。それは精神を病んだ人々（神経症患者や精神病患者）の研究から得られた結果であり、健康的、創造的、効果的な人々を研究して得られたものではなかったのである。彼もまた自分の記憶にたよることなく、良心と想像力を発揮したのだった。

同じようにあなたも良心と想像力を鍛えて、あきらめと古い習慣から信念、希望、そして心の安定へと、連続体にそって成長していくことができるのだ。

・「第三の習慣――重要事項を優先する」に関係するのは「意志の力」である。連続体の最下部に位置するのは、浮き草のように流されていく、場当たり的で非効果的な生き方である。責任から逃れて楽な道を選び、率先力や意志の力をほとんど発揮することなく、ふらふらと漂いながら生きていく、そんな生き方の人がここに位置づけられる。一方、最上部に位置するのは、非常に統制のとれた生活、緊急ではないがとても重要な事柄に集中して力を注ぐような生活である。それは行動力と影響力に満ちた生活である。

第一の習慣、第二の習慣、第三の習慣の実践を通して、被害者から創造力の源へ、あきらめとむなしさから希望と目的を持った生活へ、そして場当たり的な生き方から統制のとれた生活へと進化していくことができる。第一の習慣は自覚と自己認識、第二の習慣は良心と想像力、第三の習慣は意志の力を活用している。これらは動物にはない人間だけの能力である。あなたは問題に振り回され、自分の能力を発揮できない、あるいは発揮しようとしない状態から、堅い意志の力を持ち、緊急ではないが重要な事柄に集中することができるような人間へとしだいに進化していくだろう。

第一段階から第二段階の能力へ

第一段階の人間独自の能力の実践を通して、もっと効果的に第二の能力を使いこなせるようになるだろう。

・「第四の習慣――Ｗｉｎ‐Ｗｉｎを考える」に関係しているのは「豊かさマインド」である。なぜか？　それはあなたの心の安定は原則から来るものだからである。すべては原則を通して解釈される。あなたの配偶者がミスをおかしたとき、責めないのはなぜか？　それはあなたの安定性は、配偶者があなたの期待に応えるために生きているということに依存していないからである。あなたの息子、夫、友人、上司がミスをおかしても非難せず思いやりを持って見守るのはなぜか？　それはあなたの安定性は彼らから得られるものではなく、自分の内側から来るものだからである。あなたは原則中心の人間だからである。

人間は原則中心になるにつれ、業績や能力を共有することを好むようになる。なぜか？　それは、大きさの決まったパイではないからである。それは大きくなり続けるパイだからである。人間の能力的資源は限られているというパラダイムや前提は誤りである。人間の偉大な能力はとても使いつくせるものではない。豊かさマインドはすべての人々にとって、より大きな利益、力、そして結果を生み出す。互いの利益を願う優しさと、人間に本来備わっている自尊心を通して、あなたは欠乏マインドから豊かさマインドを持った人間へと成長していくことができる。

・「第五の習慣――理解してから理解される」に関係するのは「勇気と思いやり」である。まず初めに理解されないために、勇気と思いやりは必要なのだろうか？　ちょっと考えてみよう。あなたが何か問題に直面している場面を考えてほしい。あなたはこう思うかもしれない。「あなたは私を理解する必要があるのに理解してない。だからまず私の話をさせてくれ。その後であなたは言いたいことを言えばいい」。相手はそれを聞いてこう言う。「分かった。頑張って理解してみよう」。しかしお互いに「聞いて」いる間中、実は自分の答えを準備しているのだ。ただ聞くふりをしているか、選択的に聞いているだけである。あなたが自分のホーム・ムービーを見せたり、自叙伝――実は自分の話したいことばかり――を語っている間、相手はかやの外に置かれているのと同じである。相手が理解されたと感じるまでは、この状態が続く。

さて、あなたが相手の話を本当に聞くようにしたらどうなるだろうか？　相手とのすべての関係が変わってしまうだろう。「相手は私の話を聞きはじめた。しかも私の一言一言をしっかりと聞いている。同意することも、反対することもなく、ただ聞いている。まるで相手も私と同じように世界を見ているようだ。だんだんと私は自分自身の言葉に耳をかたむけはじめた。そして自分自身に価値を感じはじめた」

人間の問題の根底にあるのは、ほとんど基本的なコミュニケーションの問題である。つまり感情移入して相手に耳をかたむけようとしないのである。かわりに自分の経験を通して聞くのだ。こうした人は感情移入のスキルと姿勢が欠如している。また勇気がないので承認を求める。そして自分の基準に照らし合わせて、こう言う。「相手を喜ばせるために、私には何ができるだろうか？　彼は私の指示を本当に必要としている。だがちょっと待てよ。私は上司だぞ。聞くために来たんじゃない。話すために来たんだ。君の意見を聞く前に私の意見を言おう」。まず最初に相手の話を聞くには自制心、尊敬の念、そして敬意がないとできない。そして自分が相手から理解されるためには勇気と思いやりが必要である。あなたは闘争か逃走しかない本能的な人間から、勇気と思いやりのある成熟した双方向コミュニケーションができる人間へと成長していくのだ。

・「第六の習慣――相乗効果を発揮する」に関係するのは「創造性」――何かをつくること――である。どのようにして？　自分自身で？　違う。お互いに敬意を払うふたつの知性が交流して、一人一人が最初に提案していたものよりも、はるかに優れた解決策を生み出すのである。ほとんどの交渉では地位をめぐる駆け引きが行われ、妥協点を見いだすのが精一杯だ。しかし相乗効果を生むようなコミュニケーションにおいては、互いの立場を離れたところで交渉が行われる。本質的なニーズと関心を理解し、お互いが満足できるような解決策を見つけるのである。

ハーバード大学教授のロジャー・フィッシャーとウィリアム・ユーリーはその著書『ハーバード流交渉術』（TBSブリタニカ刊：一九八八年）の中でまったく新しい交渉のやり方について説明してい

る。ふたつの違う立場（「私は窓を開けたい」「いや、私は閉めたい」「いや、開けたい」）を前提として一時的な妥協（ときどき、半分開ける）をする代わりに、相乗効果の可能性を考えるのである。「なぜ窓を開けたいのですか？」「新鮮な空気を吸いたいから」「なぜ閉めたいのですか？」「風が入るから」「では風が入らないように新鮮な空気を取り入れるにはどうしたらいいだろう？」。お互いのニーズを理解し、お互いに敬意を払う創造的な二人の人間は、たとえばこう言うだろう。「隣の部屋の窓を開けよう。家具の配置を変えてみよう。窓の上の部分を開けてみよう。エアコンをつけよう」。彼らは立場を守る必要がないので、新しい代替案を探すことができたのだ。

違いがある場合はいつでもこう言ってみよう。「相乗効果的なＷｉｎ‐Ｗｉｎを考えてみよう。お互いの話を聞こう。あなたは何を求めているのですか？」「そうだな、こんな感じの映画を見に行きたいんだけど。君はどう？」あなたはぴったりの映画を見つけるかもしれないし、お互いが満足する別の活動を見つけるかも知れない。こうしてお互いのことを考えるようになり、互いにチームワークの精神を持つことができたら、とても力強い絆、信頼口座を開くことができる。そうなれば、自分の刹那的な欲求よりも、お互いの長期的な人間関係を重視するようになる。

家庭生活や仕事で守るべき最も大切な約束は、決して人の悪口を言わないことである。もし目の前にいる人との関係を維持したいなら、その場にいない人の悪口を言わないようにすることだ。何か問題があるなら、直接その人のところに行って解決を図るべきだ。誰かと話しているとき、その場にいない人のことを非難するのを、あなたが拒否したら相手はどう思うだろうか？　陰でその相手が悪口を言われているときも、そこに居合わせたあなたが陰口をたたくことはないと感じるだろう。

たとえば家族の死、離婚、再婚などのときは、張りつめた緊張感が家族の和を乱してしまうことがよくある。そして裏切りや侮辱を受けたと感じた者が、他の家族を口汚く非難したりする。こんなとき、もし家族のそれぞれが次のふたつの基本原則を守っていたら、どれほどの苦痛と苦悩がさけられるだろう。①一人一人の家族とそのきずなは何よりも大切だ（死の床にある人間は、もっと仕事をしたいなどとは決して言わない。そこで語られるのは人間どうしのきずなについてである）。②問題や意見の相違がある場合は、直接その当事者のところに行って話をしよう。私たちは自分の行動や態度に責任を負っているし、こうした状況への対応を自分で選ぶことができる。勇気と思いやりがあれば、率直なコミュニケーションを通してＷｉｎ‐Ｗｉｎの解決策を探ることができる。

こうした能力の成長のプロセスは、防衛的なコミュニケーションから、妥協点を探るレベル、そして相乗効果的で創造的な代替案や新しい可能性を生み出すレベルへと進んでいく。

・「第七の習慣――刃を研ぐ」に関係するのは、成長を止めないための「たゆみない進歩と自己再生」の能力である。もし定期的に自分自身を更新し進歩しなければ、成長は止まり、閉ざされたシステムと様式の中にとどまってしまうだろう。成長の最下部では停滞（すべてが機能停止状態）が見られる。最上部に位置するのは絶え間ない進歩、変革と洗練である。

７つの習慣を復習するにあたっての私の願いは、あなたがそれぞれの習慣に関係する７つの人間独自の能力を使って、多くの人々の人生に貢献し、祝福を与えることである。

Chapter

3

第3章

3つの決意

Three Resolutions

どんな組織も個人も、中心となる価値観、倫理、原則のアライメントを明確に定め、それを維持していくのに四苦八苦している。個人的に、または組織的に表明している信念が何であれ、私たちは圧力や反対意見、難問に立ち向かっていかなければならない。そのためには自ら掲げたミッションや意志、そして決断に相反する行動を取らざるを得なくなるかも知れない。

人は、単に新しい目標を定めたり決意を新たにしたりするだけで、自分の中に深く根づいた習慣や癖、そして生活パターンを簡単に変えられると考えがちだ。しかし古くからの習慣はそう易々とは断ち切れない。やる気を出して立派な社会的約束をしても、結局は慣れ親しんだ元の生活パターンに戻ったあげく、何年間もそのままの状態を続けてしまうのである。

年の初めに、身も心も一新して「新年の決意」を固める。そのときほとんどの人は、ふたつの過ちをおかしているのだ。まず第一に、本当の自分を知らずに決意をしようとする。私たちが自分だと思い込んでいるのは自分自身の癖や習慣なのである。習慣を自らのアイデンティティーと取り違えているので、その習慣を変えようとする試みは安定した世界を脅かすものとなり、恐怖心を覚えるのだ。習慣や癖は私たちではない。習慣は捨てることもつくり上げることもできる。私たちは自分を取り巻く環境や条件づけの被害者になってはいけない。悪習慣から脱出し、自分の人生を思いどおりに書き変え、進路を選択し、自ら運命を支配する力が備わっているはずだ。

第二の過ちは、明確な目的を持って物事をはじめないことである。目的を持たない決意はすぐに駄目になる。決意を実行できなかった結果、失望し、これ以上努力しても無駄だと諦めてしまう。深く根付いた悪習慣を捨て去り、良い習慣に置き換えるには、極めて強い力が必要だ。一時的な「気合い」

や「ポジティブ・シンキング」または「より一層の努力」などの短絡的な「成功の方程式」で実現できるほど簡単なことではない。自分を知り、いろいろな原則に対する深い理解を持つ。その上で、成長と変革のプロセスを守り実行していかなければならないのだ。挫折しないためには自ら責任感を持つことが大切だ。それと共に、決意を支えてくれるプロセス、第三者による評価、査定、そしてフィードバックなどの継続したアフターケアも重要なのである。

進歩の度合いを定期的に報告する機会や、目標達成に対する客観的なフィードバックがなければ、私たちはせっかくの決意を、些細なことで断念してしまうかもしれない。人は責任を負わされると、おのずと責任感が芽生えてくる。公約と、自覚を持った参加意識は変革をもたらすのだ。私のセミナーでは、幹部社員の教育プログラムを実施している。日々、段階的に進行する自然で連続的なアプローチによって、一人一人の意識改革を促す内容だ。初めに全員の目標を定めてもらい、皆の前でそれを発表し公約とする。プログラムの内容にそった応用課題を毎月提供し、取り組んでもらう。そして、定期的にメンバーが集まって報告会を開き、互いが進捗状況を発表し話し合う場を設ける、といった内容である。

過去から続く重力――「あなたを押さえつけていた習慣、慣例、文化的な制限」など――の強力な鎖を断ち切り、望み通りの変化を遂げたいのなら、その対価を吟味、計算し、変革に必要な資源を結集しなければならない。ロケットが地球の強い引力から抜け出すとき、驚異的な推進力を必要とする。同様に、古い習慣を打ち破るためには、極めて強い引力を克服しなければならない。

怠け癖、人の悪口、食べ過ぎ、寝坊などの深く根付いた習慣を捨て去るのは、弱い意志と僅かな努力でできることではない。私たちの意志の力は悪しき習慣を打ち破るには弱すぎるかもしれない。そんなときに、責任と義務を与え、習慣を変えていこうという決意を支えてくれる友人や同僚、家族そして効果的なプログラムが必要となってくるだろう。

責任は英語でレスポンシビリティー(Responsibility)という。「自分の反応を選択する能力」のことだ。言い換えれば、周りの状況や条件づけがどうであれ、主体性を持って行動できる力なのである。私たちがレスポンシビリティーを発揮するとき、約束は一時的な感情や環境条件よりもはるかに強いものとなる。約束を必ず守り、決意を貫く能力が生まれるのだ。たとえば、朝、気持ちのいい寝床から無理矢理起き出ること……これは誰にとっても辛い。しかし、いつもより早い時間にベッドから飛び起き爽快に朝をはじめれば、その日を第一の勝利とともにスタートすることになる。このような毎日の私的成功は、自分自身との戦いに勝ったという誇りを心の中に生むものだ。私的成功の蓄積は私たちを公的成功へと導いていく。新しい課題に挑戦し、主体的に乗り越えていく努力を続ければ、私たちは自分の中に眠る能力を解き放ち、それを未知の次元へと高めていくことができるのだ。

万能の決意

新しい決意を実行したり率先力を発揮しようとしたりするとき、周囲からの強い抵抗に立ち向かったり、自分の内側からの圧力と戦ったりしなければならないだろう。内側からの圧力は、①欲望と理性を伴わない感情、②プライドとうぬぼれ、③野心と権力欲などである。しかし今から述べる効果的な対処方法を知り、実行していけば、あなたは圧力に打ち勝ち、内面から変わることができるだろう。

まず第一は、欲望と理性の伴わない感情である。このような感情を断ち切るために、自己管理能力と自制心を磨き、高める努力をしなければならない。欲望や動物的な衝動、感情の赴くままに行動してしまうと、思考能力や判断力が弱まり、その結果、人間関係までもが損なわれることになる。私たちの体はそれ自身がひとつの生態系のようなものなので、肉体（組織における経済性）が不安定になれば、他のシステムにも悪影響が及び、結果として全体が不安定になってしまう。

だからこそ常日ごろから「刃を研ぐ」習慣をつけることが極めて大切なのである。自制と一貫性、そして自己管理の原則は私たちの生活全般における基礎となるものだ。誠実な人格と能力から生まれる信頼性が、信頼関係の土台となる。反対に、不誠実さは私たちの判断能力を弱め、知性を疎外するものである。

確かに不誠実な人間が世間的に大成功を収めていたり、ときには「天才だ」ともてはやされているケースもある。しかし、彼らに対する高い社会的評価は、一時的なものに過ぎない。遅かれ早かれ、人間関係において、不誠実さ故の悪い影響が表面化してくるはずだ。長期的に見れば彼らは、決して成功を収めているとは言えないのである。多くの「金持ちで有名な人」たち、人生の絶頂にある人々が財産を失い、信頼をなくしていくのを目にする。遂には成功の頂点から転がり落ちて実権を失ってしまう。それは彼らが自らの欲望や感情の管理を怠り、不誠実な人生を送ってきた結果なのである。

私たちは欲望と理性の伴わない感情と戦い、克服していかなければならない。その努力を怠ると、反対に私たちの方がその感情に支配され、流されてしまうのだ。

巷には資産やインフラにガタが来ている都市や企業が溢れている。それと同じように多くの経営者たちも自分の資産である身体をサビ付かせ、欲望や劣情を克服することをより一層困難にしている。年と共に身体の代謝は変化していく。健康を保つには頭を使わなければならない。年齢を重ねるにつれて、自己管理と節制の必要性が増して行くが、困ったことに、楽したい、リラックスしたいという相反する願望も増し、運動する意志はどんどん弱くなっていく。社会における務めを果し、やらなければならない仕事も一段落、ここらで一息ついて、ゆっくりと休みたいという気持ちは理解できる。しかし、快楽にふけり、暴飲暴食をやめず、夜更かしをして、運動不足に陥る……。したい放題を続けていくと、生活は乱れ、仕事の質や能率は低下する。自己管理と自己抑制ができていない生活は、必ず人生に悪影響をおよぼすだろう。

胃袋の奴隷になり、食べたいものを食べたいだけ食べる生活を続けると、ついには胃袋がその人の意志と精神をコントロールしはじめる。依存症に陥る危険性を知りつつ、身体に悪影響をおよぼす有害なものを摂取するのは愚かさの見本である。アメリカでは、飢えが原因で死亡する人よりも、食べ過ぎが原因で死んで行く人の数の方がはるかに多いのだ。

駄目だとささやく内なる声を無視して、暴飲暴食をしたり道楽に耽ったりして、自己管理に失敗してしまうと、私は自分自身に腹を立てる。その結果他人を思いやる気持ちをなくし、無神経になってしまう。怒りの矛先を外側に向け、外部からの刺激に過剰に反応することによってその怒りを発散しようとする。

ほとんどの人は、あと一分でも一秒でも寝ていたい、休みたい、遊びたいという気持ちに負けた経験があるだろう。翌朝早起きをしようと目覚ましをセットし、朝のうちに済ませたいさまざまな用事をシミュレーションしながら眠りにつく。予定通りに早起きをし、一日を有意義に過ごそうと張り切って、栄養のある朝御飯をゆっくりと食べる。これは誰もが描く理想の朝である。「忙しい朝とは無縁の平和なひとときを仕事前に過ごしたい」あなたはこの夢の実現を決意した経験が何度もあるだろう。しかし、朝、目覚まし時計が鳴りはじめたとき、素晴らしい決意はどこかに吹き飛んでしまい、ベッドと意志との戦いが始まる。通常ベッドが勝利を収め、いつも通りギリギリの時間に起きだす。仕事に遅れまいと半狂乱になり、急いで服を着て身支度をし、御飯をかき込みながら玄関を走り出る。これが現実ではないだろうか。このような忙しい毎日を送り続けると、人を思いやる気持ちがなくなり、寛容さが欠如してくる。常に神経が高ぶり、イライラし、短気になる。単なる寝坊が、恐ろしい負の相乗効果へと繋がるのである。

予定通りに早起きするという、その日最初の決意を貫けなかったがために、不幸な出来事が次々に引き起こされて、生活の至る所に悪影響がでてくる。結果、悲惨な一日を送るはめになるかも知れない。リスクをおかしてまで、ほんの少しの余分な睡眠時間を確保する価値があるのか。そんなものはありはしない。逆に、生活に重大な悪影響をおよぼす寝坊は、心身を消耗させ、疲労困憊させる悪しき習慣といえるだろう。

翌日の予定を整理し準備を整えて、夜更かしせずに眠りにつく。生活パターンを変える試みは、あなたの人生に素晴らしい変化を生みだすに違いない。私の経験では、就寝前の一時間は、次の日の予定を立て用意をするのに最も適した効果的な時間である。前日から準備をしておけば、次の日をスムーズにはじめ、規律を持った時間を過ごすことができる。早起きの私的成功は、あなたの心に「自分自身に打ち勝った」という勝利の感覚と、征服感、達成感を生む。そしてこの私的成功があなたを新しい成功への挑戦に駆り立てる。毎日の私的成功は公的成功へ繋がっていく。成功は次の成功を生み、次の成功はその次の成功を生む……。一日を勝利ではじめられれば、勝利が列をなしてあなたを待ち受けていることだろう。

第二はプライドとうぬぼれの感情である。このような内的圧力をどうすれば克服できるのだろうか。私は人格と能力を磨く努力をしている。ソクラテスは「この世で尊敬に足る人物になる最上の方法は、自分がこうなりたいと思い描いている通りの人間になることである」と述べた。しかし現実は、他人の目にこう映りたいという人物像があり、その人物になることが人生の目標になっている。私たちはイメージ先行の世界で暮らしている。社会の鏡は私たちの姿や人格をつくり出し、その姿を押しつけ、人格を決定づける。パワフルでおしゃれな成功者として振る舞わなければならないというプレッシャーは、人のまねをしようとする意識を生む。

中心となる価値観と原則が調和していれば、あなたは、誠実で率直、正直になれる。ずるくて不誠実な人間にとって、誠実で正直な人間ほど心をかき乱す嫌なものはない。彼らはそういう人間に対処する方法を知らないのだ。

『7つの習慣』を出版し、メディア向け講演旅行に出かけたとき、行く先々で多くの人々がプログラムの内容に深い興味を持っていて、より楽しく面白い会話を望んでいることを知った。サンフランシスコでのインタビューで、私も皆の期待に応えるべく、もっと話題性を高めようと思い、政治的な話を持ち出した。しかしその試みは失敗だった。せっかくの会話をまったく見当外れな方へと向かわせてしまった。視聴者からの電話はすべて政治的なコメントに対する質問や意見で私は自分のテーマや本の紹介をする機会も、会話を進める主導権までも失ってしまった。

欲望や劣情の赴くままに行動すると、プライドとうぬぼれの誘惑に屈しやすくなる。ルックスを気にし、演技をし、人まねのテクニックを習得する。

私たち自身の定義やコンセプトが、他人の私たちに対する意見や考え、いわゆる社会の鏡によって決定づけられてしまえば、他人の希望や期待通りに人生を送ることになってしまう。周囲の期待に添って生きる努力をすればするほど、自分というものを失い、意志は弱まり、あさはかになり、精神は不安定になってしまう。

ある幹部補佐は自分の上司や同僚や部下、関係者全員を喜ばせ期待に応えようとした。しかし各集団の彼に対する要望はそれぞれ相容れないものだった。彼はひとつのグループの要望を取り上げれば、他の人々の気分を損ねると考え、無責任な方法によって上辺だけを取り繕おうとした。一方に気に入られるように行動し、他方に譲歩するふりをする。その場限りの不誠実な対応で事態を切り抜けようとしたのである。こういった八方美人的な行動を続けた結果、彼の重要性は失われ、つまらない奴だと思われるようになった。遂には、彼の不誠実で二面性のある態度が周知のものとなり、彼の自尊心は傷つけられ、他人からは信頼も尊敬もされない人間になってしまったのである。

もう一人の幹部補佐は、自分の職業上の成長をあまり重要と思わず、自己教育に力を入れようと考え、もう少し勉強を続けることにした。この決断によって彼女は、目まぐるしく変化する社会の状況から取り残され、時代遅れになってしまうのである。彼女は、厳しい学生生活の後、喧騒とストレスの多い生活から離れて充電期間を取ろうと思った。ゆったりとした生活を満喫している間に、月日はどんどん経っていく。ある日彼女は、自分が以前ほど、知的探究心を持ち合わせていないことを発見する。自己管理能力が低下し、自信は揺らいでいく。時代遅れになってしまったことで悩み、知性の動脈硬化が進んでしまう。やがて会社に呼び戻され、重要な仕事を任されたのだが、仕事に費やす時間が増えたにもかかわらず、上司の大きな期待に応えられないでいる自分がそこにいた。彼女は計り知れないほどのショックを受けた。しかしどうすることもできず、与えられた仕事の重責に苦しみながら毎日を送っている。

効果的な人は、原則中心の生活を送り、深い人間関係を築き、管理していくことができる。非効果的な人は緊急の物事の対処ばかりに振り回され、締め切りに追われる日々を過ごしている。私たちは、時間や物事においては能率を考え、人間関係については効果性を考えるようにしなければならない。

憎悪、怒り、羨望、嫉妬、自惚れ、偏見、などのネガティブな感情を掘り下げて考察してみるとその根底には、人から認められたい、皆に受け入れられたい、周りから尊敬されたいなどの強い願望があることが分かる。その願望は人を成功へのテクニック探しへと駆り立てる。いくらテクニックを身につけて、手っ取り早く成功を掴んだとしても、そこからは永続的な価値は生まれない。近道は存在しないのである。「システムを打ち負かせ」というようなゲームのルールは一時的なごまかしにはなるかもしれないが、最終的には、蒔いた種しか刈り取ることはできないという農場の法則が作用するのである。

数年前、ブリガム・ヤング大学、マリオット・スクール・オブ・マネジメントで教鞭をとっていたとき、ある生徒が事務室に訪ねてきた。私の担当するクラスでの自分の成績を聞きに来たのだ。会話を進めるにつれて、私には彼の目的が他にあるのだと分かってきたので、ズバリと質問をぶつけてみた。「君は本当は自分の成績を聞きに来たんじゃないだろう？　君の成績は私よりも君の方がよく承知しているはずじゃないか。そうだろう？」

彼がその通りだと認めたので私は「じゃあ、君は私のクラスでいい結果を残していると思うかい？」と聞いてみた。この生徒は深く学ぼうという努力をせず表面的にその場限りの姿勢で授業に臨んでいたことを認め、短絡的に近道を選んだ理由や弁解をくどくどと述べはじめた。実際には、彼は自分のごまかしが上手くいっているかどうか確かめに来ていたのだ。

虚栄心とうぬぼれに負け、長い間見せかけの姿を演じ続けると、結果的に、他人だけでなく、自分自身をも欺くことになる。自分でつくり出したイメージという制約に打ちのめされ、自ら進んで陥った最悪の状況に呆然となる。他人の目に怯えて暮らす毎日を送り、偽りの自分を保ち続けるために一生懸命戦い続けることになる。しかし、農場の法則と原則にしたがって、本当の自分をあるがままに受け入れられれば、自己を正確に知り、少しずつ自分観を広げ、成長させることができるだろう。

流行に遅れまいと努力するのは、だんだんと速度が速くなるルームランナーで走り続けるようなものだ。影を追いかけても、決して捕らえられないように、もっとカッコよくなりたいという願望は、満たされることがない。所有物やファッション、ステータス・シンボルなどによって自分の心の安定を築いても、いつかは砂上の楼閣だと思い知る日が来るだろう。エドウィン・ハベル・チェーピンは「ファッションは見かけ学である。どうあるかよりもどう見えるかに対する欲望をあおる」と説いている。

もちろん、身だしなみには少しは気を遣ったほうがいいだろう。より効果的な人間関係を築くためには、他人の意見や意識にも敬意を払わなければならない。しかし、他人の意見をそのまま受け入れ、反応的に行動してはいけない。自らの価値観に基づいて主体的に行動をすることが大切なのだ。

第三に、野心と権力欲という強い力に打ち勝つ方法である。そのためには、自分の才能と資源を崇高な目的に捧げ、他人に奉仕するように努めることを奨励したい。「俺は一番になりたい」、「私に何の得があるの」など、自分のことばかり考えて行動する人間は社会に貢献する義務感が欠如している。彼らは本当に価値のある原則や目的、大義の使徒ではなく、自らを法律と化す、いわば独裁者なのである。

彼らは口先では貢献や義務について語るかも知れない。しかし、実際は自分に都合よく物事が進むように上手く立ち回ろうとしているだけである。多分彼らは献身的だし、勤勉でもあるだろう。だが、その根底にあるのは義務や貢献の意識ではない。所有物を生活の中心に据えることなく高次な原則や大義、崇高な目的に自らを捧げようという意識、これこそが義務と貢献の観念だ。しかし、彼らは、富、権力、名声、地位、そして支配力や所有物を生活の中心に置いているのである。

道徳的な人間はすべての経済活動を自らの倫理的な義務感に対する試練だと考える。謙虚さはすべての美徳の母であり、義務感や貢献の意識を育み、成長させる。謙虚さを持って生活をすれば、あなたは内面から善を放出することができるようになるだろう。しかし、常に「私のやりたいこと、私の計画、私の欲しいもの」を中心に考える高慢な人間は、自分一人の力に頼って行動をしなければならない。ユングが「集合的無意識」（人類共通の普遍的な無意識）と呼んだより大きなエトスに触れ、内面のエネルギーの解放を経験することはないのである。

野心的な人間は自分の名誉と立場を第一に考える。妻（夫）、そして子どもさえも自分の所有物と見なす。第三者の目ばかりを気にして、他人が羨むような俗受けのする家族像をつくり出そうと努力し、それに見合った行動を子どもや配偶者に強く求める。このような独占欲の強い愛情の行き着く先は破綻である。彼らは社会に貢献し責任を果すことに価値を見い出そうとせず、物事すべてを「私のために役立つのか？」という基準だけで判断しようとする。自分以外の人間は皆、競争相手か共謀者のどちらかである。すべての人間関係は、どんなに親しい間柄であっても、協力ではなく競争によって成り立っている。彼らは、脅し、不安、賄賂、圧力、詐欺、魅力を駆使して目的を遂げようとするのである。

妻や夫を愛している、会社に身を捧げている、大義のためなら何でもする。素晴らしい言葉が彼らの口から出てくることだろう。しかし、その言葉は真の奉仕の精神から発せられたものではない。だから、何か問題が起きたときや人が困っているときに、必要な行動を起こしたり、彼らに求められている責任を果そうとはしないのだ。まさしく動機と関心に裏表のある人間である。このような二面性は、必然的に心の内側に激しい葛藤を生む。そして、内面の争いは必ず他人との争いに発展する。二面性の対極に位置するのは、統一された人格や誠実さである。私たちは統一された誠実な人格を、育てていかなければならない。それには、見返りを求めない献身的な奉仕活動が大変効果的である。

私的成長の意義

自らの欲望をコントロールできなければ、感情や熱情に振り回されるだけの生活を送ることになる。野心に燃え、富、支配、権力、名声を日々追い求める「欲望の犠牲者」となってしまうだろう。

私は一度、とある企業の幹部補佐の個人カウンセリングを行ったことがある。原則を学び、効果的な習慣を体得できるようにするのが目的だった。初め、カウンセリングはあまり成果を上げなかった。考えた末、私は自分が成功を急ぐあまり、きちんとした段階を踏襲せずに、彼に高度な期待を押しつけていたのだと悟った。正しい原則に至る最初のステップを無視して、いきなり第三段階からはじめてしまっていたのだ。まるで赤ん坊にはいはいをする前に歩けと求めるようなものだ。そこで私はアプローチを変えてみることにした。まず彼に、自分の身体を定期的に鍛える努力をするよう勧めたのだ。すると今度は素晴らしい結果が得られた。

もし私たちが自分の根本的な欲望を支配し乗り越えることができれば、さらに高いレベルの結果を生む、もっと有益な力を手に入れられる。たとえば、健康的な食生活と定期的な運動によって、標準体重を維持するのに成功した人は、生活の著しい変化を体験することになるだろう。見かけがよくなるだけでなく気分もよくなり、それによって他人に優しくなるのだ。そして、なかなか手をつけられなかった、緊急ではないが重要な物事に取り組む主体的な能力が成長していくのである。

人は「私が自分の支配者だ」と言えるまで「あなたに奉仕します」とは言えない。すなわち、自らを支配しコントロールできない人間が、人のために行動しようとしても、無理だということだ。そのときどきの激情や欲望に打ち勝てず、必ず失敗するだろう。自分をコントロールできないのですぐにイライラする。他人に嫉妬し、他人を羨む。劣情に流されて自堕落になる。約束を交わしてはそれを破る。決意をしても実行しない。こんな状態を繰り返し、そのうち、自分にうんざりしてしまうに違いない。遂には自分自身に対する信頼を失い、約束を守れない人間なのだと自らの能力を疑い諦めてしまうだろう。たとえ奉仕の精神があったとしても、感情や欲望といった他の何かに邪魔をされ、支配され、その奴隷と化してしまうのだ。

私は『わが命つきるとも』という劇で、リチャード・リッチがトマス・モアに向かって言った台詞を思い出した。モアの正直で高潔な人格を尊敬していたリチャード・リッチは、ぜひモアのために働きたいと、直談判を試みる。彼は言う、「どうか私を雇って下さい！」。するとモアは「いや、それはできない」と断る。リッチはもう一度「私はぜひ貴方のために働きたいのです！」と訴える。モアは再度断る。それでもリッチは食い下がり、誠実さ溢れる声でこう言った。「私は貴方の忠実なる僕となりましょう」。モアはリッチの人間性を鋭く見抜いていたのでこう答えた。「リチャード、お前は自ら述べたことに責任を持てまい。もし、持てたとしても今夜だけことだろう」

モアはこう言いたかったのだ。あなたは今は忠実であると明言している。しかし、心の中には自尊心や野望が渦巻いているので、賄賂や圧力などの状況の変化で簡単に心変わりをし、私を裏切ることを厭わないだろう。

まさにその夜、サー・トマス・モアの運命を決める決定が下されたのだった（モアは一五三四年ロンドン塔に幽閉され、翌年七月六日、処刑された）。彼が考えていたとおり、リチャード・リッチはモアを裏切ったのだ。

あなたの人格を成長させる鍵は、約束を交わし、それを守るという習慣を身につけることだ。約束を守ることによって育成される自制心は、今まで述べた3つの欲望を断ち切るための重要な本質的資質なのである。ジョン・ヘンリー・ニューマン（英国の神学者。アングリカン・チャーチの指導者。一八〇一～九〇）は「自制心を伴った人知れぬ行いや、自らを投げ打って義務を忠実に果そうとする行動は、たとえそれがたった一度の行動であろうとも、すべての崇高な考えや、温かい気持ち、そして、熱烈な祈りよりも価値のあるものだ」と語っている。

3つの万能な問題解決法を知りそれを実行していけば、人格の強さを育て、主体的に行動できるようになる。その結果、あなたは自分の外側に向かって影響をおよぼしていく力を手に入れることになるのだ。

Chapter 4

第4章 真の成功とは

Primary Greatness

エーリッヒ・フロムはその著書の中で、人が感じる自己疎外感の大部分は、人間市場とでもいうべき状況、つまり自分を他人に高く売ろうとする風潮に適応しようとすることから生じる、という洞察を行っている。

彼はこう書いている。「昨今私たちは、まるでロボットのように振る舞う人間に出くわすことがある。彼らは自分自身についての知識も理解もなく、唯一知っているのは、こうなりたいという表面的な自分の姿だけである。相手を知ろうとする代わりに、たわいもないことをしゃべり、心から笑う代わりに引きつった笑みを浮かべ、本当の痛みの代わりに鈍い絶望感を感じる」。

前向きな性格や個性は、成功には欠かせないことが多いが、表面的なものだ。人格よりも性格や個性に注目することは、根がないのに葉を育てようとするようなものだ。

世渡り上手になるために、いつも個性主義のテクニックやスキルを使っていると、重要な人格的土台が削られてしまいかねない。根がないのに果実をつけることなどできるはずがない。私的成功があって公的成功があるのだ。つまり自己管理能力と自己抑制能力が優れた人間関係の土台となるのである。

もし私たちがテクニックを使って他人を操ろうとすれば、初めはうまくいくかもしれない。しかしそのうち私たちの二面性と不誠実さが相手の不信感を生み、何をやっても操ろうとしていると取られるようになる。私たちは「正しい」話し方、スタイル、さらに心構えさえ身につけることができるかもしれないが、信頼がなければ真の永続的な成功は得られない。テクニックばかり訓練することは、詰め込み学習で学校生活を過ごすのと同じである。それでも何とか合格することもあるし、良い成績を取れるかもしれないが、毎日毎日勉強しなければ、その科目を完全に理解することはできない。農場で「詰め込み」が通用するだろうか？　春に種蒔きを忘れ、夏は遊んで過ごし、秋になってから必死に作業して収穫を得ようとする。そんなことが通るわけがない。農場は自然のシステムの下にあるからだ。きちんと対価を払って、決められた手順を踏まなければならない。蒔いたものしか収穫できないのだ。そこに近道はない。

この農場の法則は長期的な人間関係においても当てはまる。学校や社会の人工的な体制の中では、「ゲームのやり方」を身につければ、ごまかせるかもしれない。魅力的な笑顔で好ましい第一印象を残せるかもしれないし、威圧的な態度で屈服させることができるかもしれない。しかし表面的な個性だけでは長期的な人間関係を支える価値にはならない。本当の誠実さとしっかりした人格的土台がなければ、最後には隠れた動機が顔を出し、良好な人間関係は崩れ去るだろう。

表面的な成功（社会的地位、ステータス、名声、富、才能）に恵まれた人の中にも、真の成功、つまり優れた人格の欠如している人がたくさんいる。そしてこうしたマイナス面が、あらゆる長期的人間関係――仕事仲間、配偶者、友人、子どもとの関係――の中で明らかになってくる。最も雄弁に語りかけるのは人格なのだ。かつてエマーソンが言ったように「あなたの人間としての姿が大きな声で語りかけてくるので、あなたの言葉は掻き消されてしまう」。

もちろん優れた人格を持ちながら、コミュニケーションのスキルを欠く――人間関係の質に間違いなく影響を与える――場合もある。しかし最近の研究では、言葉や行動よりも、私たちがどういう人間であるかということの方がはるかに雄弁に語りかける、という結果が出ている。

私たちは自分をどう見ているか

私たちが自分をどう見ているかということが自分の態度や行動に影響を与えるだけでなく、他人を見るときの見方にも影響を与える。実際、自分が自分をどう見るか、そして相手をどう見るかということを考慮しなければ、他人がその人自身のことや周りの世界をどう感じ、どのように見ているか理解することはできない。その自覚がないと、他人の行動に自分の見方を投影し、自分の見方が客観的であると思いこんでしまう。

自分を見る見方が社会の鏡——周りの人の意見、認識、パラダイム——からきているとすれば、それは遊園地にあるゆがんだ鏡に自分を映して見ているようなものだ。したがってある特定のデータだけが切り離され誇張される。たとえば、

「君はいつも遅刻する」
「君はなぜ物事をきちんと整理できないんだ?」
「君はこんな簡単なことがなぜ分からないんだ?」

このようなデータは反映というより投影であることが多い。つまり正確な姿を映しとっているというより、むしろインプットする側の人間の関心事や人格的弱点を投影しているのだ。

自分自身を定義するときの情報源が社会の鏡であった場合、鏡に映る自分の姿を本来の自分の姿だと勘違いしてしまうかもしれない。実際そのゆがんだ見方を指摘されなかったら、わざわざ自分に対する肯定的な見方を拒否してまで鏡に映った方の姿を受け入れ、信じるようになるかもしれない。

私はときどきちょっとした実験を行う。まず参加者に、他人が彼らをどう見ているか書き出してもらう。次にそれを彼らの自己認識と比べてもらう。するとたいてい半分以上の人が、自分の自己認識の大部分が社会の鏡からきたものだという事実を知ってショックをうける。人は社会の鏡による自己認識に、自分でも気づかないうちにゆっくりと侵されていく。そしてこうした認識を変えない限り、大きなハンディを背負ったまま人生を送ることになる。

自分の価値や可能性を人に認めてもらうことは、汚染された自己イメージを回復させる薬になる。ミュージカル『ラ・マンチャの男』の中でドン・キホーテは、ある娼婦をいつでも無条件に肯定することで、彼女の自己認識をゆっくりと変えていった。すると彼女は自分を違った目で見はじめるようになり、その振る舞いも変わりはじめた。彼は彼女にドルシネアという新しい名前まで与えた。そうすることで、新しいアイデンティティーと新しい可能性をいつまでも忘れさせないようにするためであった。

人間の価値や可能性を認めるには、人を信じる気持ちを忘れず、その行動ではなく可能性に目を向けなければならない。ゲーテは次のように語っている。「現在の姿を見て接すれば、人は今のままだろう。人のあるべき姿を見て接すれば、あるべき姿に成長していくだろう」。これは無条件に人を信じるということではない。また条件付きで人を信用し尊敬の念を持って人に接するということでもない。

人を好きになる前に自分を好きにならなければいけないと言う人がいる。よろしい、そうだとしよう。しかし、もしあなたが自分を知らなければ、もし自分をコントロールできなければ、もし自己抑制能力がなければ、本当の意味で自分を好きになるのはとても難しいだろう。

真の自尊心は自己支配能力、真の自立、そしてＷｉｎ‐Ｗｉｎの相互依存から生まれてくる。私たちの動機、言葉、行動が自分の内側（人格主義）からではなく人間関係のテクニック（個性主義）から生じる場合、相手は不安感や二面性を感じるだろう。これでは効果的なＷｉｎ‐Ｗｉｎの人間関係をつくりだし、維持することはできないだろう。

どんな人間関係も、それをつくりだす場所は自分自身の内側、影響のおよぶ範囲の中心、すなわち人格にある。なぜなら自立する——主体性を発揮し、正しい原則を中心に置き、価値観に従い、誠実に人生の優先事項をまとめ、実行する——ことができれば、相互依存的、すなわち豊かで持続的で生産的な人間関係を築くことができる状態になれるからである。

急性の痛みと慢性的な痛み

人間関係を築くことは、生産性、サービス、貢献、成長、学習の大きな可能性を開くものであるが、同時に最も大きなフラストレーションと痛みをともなうものでもある。それは急性の痛みであるため、私たちは敏感に反応する。

私生活においてビジョン、リーダーシップ、マネジメントが欠如すると、慢性的な痛みが生じる。長期間この痛みを感じながら過ごす人もいるだろう。そして何となく不快感や不安を感じながら、ときには対策を講じることもあるかもしれない。しかし、痛みが慢性的であるために、それに慣れ、しだいに痛みと付き合いながら生きることを覚えるようになる。

しかし人間関係で問題が起きたときは、私たちは明らかな痛みを感じ、この急激で激しい痛みを取り除きたいと考える。そんなとき、個性主義のバンドエイドを貼るというような、応急処置でこの症状に対処しようとする。それはこの急性の痛みが、もっと深い慢性的な問題から生じていることを理解していないからである。症状に対処するのをやめて、問題に対処するようになるまで努力は報われないだろう。それは慢性的な問題を、さらにあいまいにするだけだ。

個人の効果性は人間関係の効果性の土台となる。私的成功は公的成功に先行する。強固な人格と自立が、効果的な本物の相互的人間関係の基礎となるのだ。

国連事務総長をつとめたダグ・ハマーショルドがかつて語った奥深い普遍的な言葉がある。「一人の人間に全身全霊を注ぐことは、多くの人間を救うための努力よりも崇高である。」

この言葉の意味はたとえば次のようなものだろう。「外側の」何千人もの人たちや数多くのプロジェクトのために、一日八時間から一二時間、一週間に五日から七日もの時間を捧げているのに、自分の妻や夫、子ども、親しい仕事仲間との間に深く有意義な人間関係を築くことができない。こんなとき、多くの人間が関わる運動に時間をつぎこみ続けるよりも、身近な一人の人間との関係を再構築する方が、崇高な人格（謙虚さ、勇気、強さ）を必要とされる。

組織内の問題の多くは、トップ同士——会社の二人のパートナー、オーナーと社長、社長と副社長——の貧弱な人間関係に端を発している。「外側の」多くの社員やプロジェクトに関わって熱心に働くよりも、こうした自分たちの問題に立ち向かい、解決する方がはるかに崇高な人格を要求される。

3つの人格的特徴

次の3つの人格的特徴は、真の成功には欠くことのできない要素である。

・誠実――誠実とは自分自身に置く価値である、とここでは定義する。自分の価値観を明確に打ち出し、毎日の生活において、優先事項を主体的に計画し実行していく。この過程で、有意義な決意と約束をし、それを守ることによって、自覚と自尊心を育てるのだ。他人に対する約束はもちろん、自分に対する約束を守れなかったら、その約束は無意味なものとなってしまう。そして自分だけでなく相手もそれを知っているので、あなたの二面性を感じとり、用心深くなる。

・成熟――成熟とは勇気と思いやりのバランスである。自分の気持ちや信念を表現する勇気と、相手の気持ちや信念を思いやる心のバランスがとれている人が成熟した人である。もし内的な成熟と精神力が欠如していたら、自分の地位、権力、資格、立場、顔の広さなどをたのみとするかもしれない。

勇気が最終的な結果を重視しているのに対し、思いやりは他の利害関係者の長期的な繁栄に関係している。成熟したマネジメントの基本的な使命は、すべての利害関係者の生活水準とその質を向上させることである。

・豊かさマインド――これは、すべての人を満足させることが可能である、という考え方である。この豊かさマインドは深い内的安定と自尊心から生まれる。豊かさマインドを持つ人は、名誉、利益、責任などを、人と分かち合うことができる。それは新しい創造的な代替案や選択肢をつくり出すものである。またそれは個人の喜びや満足感を、周りに広げていくことであり、前向きな相互作用や、成長と発展の無限の可能性を認めるものである。

しかしほとんどの人は、欠乏マインドによって深く脚本づけを受けている。欠乏マインドとは人生を大きさの決まったパイと見て、誰かが大きなひと切れを取ると、ほかの人の取り分が少なくなるというものである。それは人生をゼロサム・ゲームと見るパラダイムである。欠乏マインドを持つ人は、名誉、評判、権力、利益などを人と分かち合うことがとても難しい。また、たとえ相手が自分の家族や親友、仕事仲間であったとしても、ほかの人の成功を心から喜ぶことは難しい。誰かが誉められたり、成功したりすると、まるで自分から何かが奪われてしまったような気持ちになるからである。

誠実、成熟、豊かさマインドに富んだ人格には、テクニックをはるかに超えた力がある。あなたの人格は常に周囲に向かって何を発信しており、相手はそこからあなたを信頼するかしないか決めているのである。もしもあなたに一貫性がなく、熱したり冷めたり、怒ったかと思うと優しくなったり、あるいは私生活と公の生活が一致していないような人間だったら、あなたに本当の気持ちを打ち明けることなど、とてもできないだろう。どんなに相手があなたの愛や助けを必要としていても、自分の意見や微妙な心の動きをあなたに見せることなど、怖くてとてもできるものではない。

インサイド・アウト対アウトサイド・イン

インサイド・アウトのアプローチは、永続的な問題解決や幸福、成功をもたらす。一方、アウトサイド・インのアプローチは、自由を束縛され、被害妄想にとりつかれた不幸な人間を生む。彼らは周囲の環境や、他人の弱点にばかり目を向け、それらが自分の現在の低迷をもたらしていると感じる。

私の家族は、南アフリカ、イスラエル、アイルランドといった争いの地に暮らしたことがあるが、こうした地域の問題がいつまでも解決しないのは、アウトサイド・インの社会的パラダイムに支配されているからだと確信している。

インサイド・アウトのアプローチでは、もしあなたが幸せな結婚生活を望むなら、前向きなエネルギーを生み出し、否定的なエネルギーを消し去るべきだということになる。仕事でもっと自由に裁量したいと思うなら、今以上に責任感を持ち、大きな貢献をするべきだということになる。

インサイド・アウトのアプローチでは、もし私たちが、相手との信頼関係を育んで、Win-Winの実行協定や相乗効果的な解決策を生み出したいと思うなら、自分の生活を管理し、一時的な欲求をおさえて、高次元の目的や原則に従わなければならない。私的成功は公的成功に先行する。したがって人に約束をし、守る前に、自分自身に約束をし、これを守らなければならないということなのだ。また、このプロセスは連続しており、より高い自立と相互依存の段階へ成長していく、上向きのスパイラルを形成している。

根の深い問題は、それらが生み出されたレベルに留まっていては解決できない。こうした根本的な問題を解決するには、新しいレベルの考え方、つまり効果的なマネジメントの原則に基づいた考え方が必要である。私たちに必要なのは原則中心の、人格に基づいた「インサイド・アウト」のアプローチなのだ。

インサイド・アウトとは、自己からはじめるということだ。それは自分の一番内側の部分、つまり自分のパラダイム、人格、動機からはじめるということである。したがって、もし結婚生活において、もっと幸せな時間を「持ちたい」なら、前向きなエネルギーを生み出し、否定的なエネルギーを消し去るように「なる」ということである。もっと明るく協調性のある子どもを「持ちたい」なら、もっと理解力と一貫性のある、共感と愛情を惜しまない親に「なる」ということだ。仕事でもっと自由に裁量を「したい」なら、もっと責任感があり、会社に貢献し、役立つ社員に「なる」ということだ。「人から信頼されたい」なら、信頼性のある人間に「なる」ことだ。名声という表面的な成功を望むなら、まず、優れた人格を持つという真の成功を達成するべきだ。

インサイド・アウトの考え方では、前述したように、私的成功が公的成功に先立つ。したがって人に約束をし、守る前に、自分自身に約束をし、これを守らなければならないと教えている。またインサイド・アウトは、連続的な再新再生のプロセスである。それは、責任をともなった自立と効果的な相互依存の、より高い段階へと成長していく上向きのスパイラルである。

私は自分のすべての経験を通じて、アウトサイド・インからもたらされた永続的な問題解決や幸福、あるいは成功を、一度も目にしたことがない。アウトサイド・インのアプローチは、自由を束縛され、被害妄想にとりつかれた不幸な人間を生む。彼らは周囲の環境や、他人の弱点にばかり目を向け、それらが自分の現在の低迷をもたらしていると感じる。不幸な結婚生活では、お互いに相手がまず変わることを要求し、相手の罪をなじりあい、相手を正そうとする夫婦を見てきた。また労使間の争いでは、莫大な時間とエネルギーを費やして、信頼関係があるかのように振る舞うことを強要する法律を制定させようとするありさまを見てきた。

多くの会社や社会が抱える問題の根本原因は、アウトサイド・インという社会的パラダイムに支配されていることにある。こうした環境のもとでは誰もが問題は「外」にあり、「相手」が態度を改めるか、あるいは突然消え去ってしまえば問題が解決すると信じている。

効果性の原則は、私たちの内側、私たちの良心と常識の中にすでに存在している。それを意識し、育成し、最も深い問題に対処するには、まったく新しい、そしてより深い「インサイド・アウト」のレベルにパラダイム転換していくことが必要なのである。

良心を育成し、良心に従う

真の成功のパラダイムであるインサイド・アウトを実践する際に鍵となるのが、良心を育成し、これに従うことである。良心とは人間独自の能力であり、自分の行動が正しい原則と一致しているかどうかを感じ取り、修正する能力である。

筋肉と神経の育成がスポーツ選手にとって重要であるように、また頭脳の育成が学者にとって重要であるように、良心の育成は真の成功にとって欠かせないものである。しかし、良心を育てるには、今まで以上の自制心が必要となる。誠実な生活を送り、精神を高めるような文学作品を読み、高潔な考えを持つようにしなければならない。スポーツ選手が、ジャンク・フードを食べたり運動を怠ったりすると、体調を崩してしまうのと同じで、ひわいなものや下品なもの、あるいはポルノなどは心の暗黒面を生み、崇高な感性を麻痺させて「正しいのか、間違っているのか」を見分ける本来の良心を、「人にばれなければいい」という偽善的な良心にすり替えてしまう。

良心の教育は、生まれてすぐに家庭の中で始まり、親の示す模範と指導にしたがって続けられていく。そして必要に応じて今度は自分自身で良心の育成をはじめる。その結果、それが上向きの螺旋にそって、学び、決意し、実行するというプロセスを繰り返して高いレベルに昇っていくものであることに気づく。

真の成功を達成した人は、自分の時間、能力、お金、財産、人間関係、家族、そして身体にいたるまで人生のすべてのものに対して責任を負っていると感じている。また自分の持てる力をすべて明確な目的のために注ぐことが必要であると感じており、その責務を負う覚悟ができている。

真の成功を達成した人は、攻撃に対して優しさで応え、短気に対して忍耐で応える。また周囲の人間の最高の姿を引き出すために、たとえ非難されても相手を賞賛し、片方の頬を打たれたらもう片方を差し出し、並外れた親切心を示し、過去のことは水に流し明るく人生を歩んでいこうとする。そして相手の潜在能力を信じ、真実が最後に勝つことを確信している。

もし自分が受けた仕打ちを相手に返し、自己弁護と自己正当化によって自分自身を守ろうとするなら、人は消極的エネルギーのやりとりの中に取り込まれてしまう。自分も敵も同じ船の上にいるなら、闘うか逃げるしかないのだから、策略や暴力、あるいは撤退や無視、あるいは訴訟や争いといった破壊的な行動に走るようになる。

人に愛を与えるとき、私たちはもっと大きな愛を受け取る。人を肯定し、その成長と改善の能力を信じるとき、あるいは自分に非難を浴びせ裁こうとする相手に祝福を与えるとき、私たちは人格と個性において真の成功を築いているのだ。

土台の上に築く

信頼がなければエンパワーメントは不可能である。仕事仲間を信頼できなければ、エンパワーメントよりもコントロールが必要になるが、逆に彼らを信頼し、Ｗｉｎ‐Ｗｉｎの実行協定を結ぶことができたら、エンパワーメント及び組織とシステムの方向づけに向けて前進することができる。明確な方向性をもつ組織では、個人個人が生産的・効果的になり、Ｗｉｎ‐Ｗｉｎの実行協定における目標を達成するために、すべてのものが機能するようになっている。しかし、組織及びシステムに方向づけがなされていない場合、エンパワーメントも信頼も存在しない。

私はセミナーでよく経営者に質問する。「エンパワーメントや参加型経営について訓練をうけたことがある人はいますか?」。ほとんどの参加者が手をあげる。次に私は「信頼関係がないのに社員をエンパワーしようとしたらどうなりますか?」と聞く。すると全員が「うまくいくはずがない。強力な目標管理の手法か、職場環境の体制を整えるような手法を取るべきだ」と答える。

そこで私は質問する。「どうしてマネジメントの技術にばかり目を向けるのですか? 症状に対処することが問題を解決することだと勘違いしてませんか? それでは急性の痛みから少しの間解放されるでしょうが、慢性的な問題に対応することにはなりませんよ」

次に組織について聞く。「組織をつくり直し、企業の方向性を定めることが、効果的な問題解決法だと思う人はどれくらいいますか?」半分が手をあげる。「システムをつくり直すことが効果的だと思う人は?」三分の一が手をあげる。そして「個人レベルと人間関係のレベルをおざなりにして組織レベルの問題に取り組むとどうなるだろうか?」と聞くと、「大失敗に終わる」と答える。

このように、全体がひとつであるような生態系の中で働いているという点は誰もが認めている。したがって4つのレベルすべてで原則中心のリーダーシップ以外の方法で問題に対処するならば、あなたの努力は「必要だが十分ではない」ということになろう。

経営者の人格と能力に欠陥があるなら、部下に権限を委譲し、正当な評価と十分な報酬を与えることなどできないだろう。それをやれば自分の立場が危うくなると感じるからだ。このような経営者はインサイド・アウトのアプローチを用いて、まず自分の人格と能力を向上させ、社員との信頼関係を築いて彼らをエンパワーメントしなければならない。その結果、組織の構造とシステムの問題を解決することが可能になるのだ。

個々の経営者がインサイド・アウトを実践するまでは、組織の根本的問題を解決することはできないし、エンパワーメントという言葉を唱えても実際に部下をエンパワーすることはできないだろう。結局は経営者の人格と人柄がものを言うのだ。

組織の構造とシステムの問題を解決するには、人格と能力の向上に努めなければならない。プログラムを改善するには、まずプログラマーに働きかけなければならない。戦略、構造、システム、組織のあり方を決めるのは、人間である。つまり人間の心と頭が決めるのである。このことを忘れないでいただきたい。

Chapter 5

第5章

過去からの離脱

A Break with the Past

強烈なブレークスルーがもたらされるのは、勇気を持って古い考え方を打ち破ったときだ。科学の分野では、劇的な変化や意識改革、理論の飛躍、古い限界から突然解放されることを「パラダイムシフト」と呼ぶ。パラダイムの転換は、過去から続く問題に対するまったく新しい考え方を私たちに提供してくれる。

「パラダイム（paradigm）」という言葉はギリシャ語「paradigma」に由来している。

パラダイムとは現実のいくつかの側面を認識し説明している地図やパターンのことである。新しい技術の開発からは、小さな進歩しか得られない。もし業績の飛躍的進歩や科学技術の大革新を望むなら、新しい地図、新しいパラダイム、そして世界観の変革が必要なのである。

たとえば、約五〇〇年前に流通していた地図は、その時代の人々の世界観を反映していた。勇敢な航海者で海洋探検家のクリストファー・コロンブス（一四五一～一五〇六）が、社会通念に挑戦し、インドへの新航路を求めて西に向かって航海に乗り出すまで、世界地図は書き換えられなかった。インドへの新航路の発見は果せなかったが、彼のアメリカ大陸発見は確実に世界の人々にパラダイム転換をもたらし、地図を書き換えさせた。コロンブスによる伝統の打破は、歴史上最も意義深いブレイクスルーをもたらしたのである。

大陸発見を果して帰国したコロンブスは、主賓として宮廷晩餐会に招待された。彼がテーブルの最上席に座っていると、成功に嫉妬した意地悪な出席者が失礼な態度で皮肉を言った。「誰でも西へ行けば陸地へぶつかる。スペインには大陸を発見できる人間がたくさんいるだろう」

コロンブスは答えず、その代わりに卵を手に取り来席の人々に向かって「この卵を立てることができる人はいますか?」と質問した。皆がこぞって挑戦してみたが、ことごとく失敗した。コロンブスは卵の端を軽く叩いて殻をへこませ、テーブルの上に立てて見せた。

「何だ、そんなやり方でいいなら簡単じゃないか!」と周りから文句が出たとき、彼はこう言い返した。「もちろん、やり方を知っていれば簡単です」。そして、続けて述べた。「私は新大陸への航路を切り開いた。あなた方は私の示した通りに進めば望む大陸へと着けるでしょう。これ以上簡単なことはありません」

コロンブスの「アメリカ大陸発見五〇〇周年」を私は心から祝福した。アメリカ合衆国という唯一無二の素晴らしい社会をつくり上げてきた人々の勇気と開拓精神を象徴している特別な日として。

原則を中心に置く

ルネッサンス時代に生きたもう一人の勇気ある人間ニコラス・コペルニクス(一四七三〜一五四三)はコロンブスが海の地図を書き換えたように、天空の地図を書き換えた。

この時代のほとんどの天文学者はエジプトの偉大な天文学者プトレマイオスの「天動説」を受け入れていた。地球が宇宙の中心であり不動のものであるという学説だ。コペルニクスは地球は回転しながら太陽の周りを回っているとする「地動説」を唱え、それを証明してみせた。

太陽中心のパラダイムは当時、異端教説や宗教への冒涜だと考えられたが、彼は勇敢にも既成概念を打破し、近代科学誕生の礎となる革命をもたらしたのだ。

著書『De Revolutionibus Orbium Caolestium（天球の回転について）』でコペルニクスは次のように述べている。「地球が静止しているという考えは、何世紀もの間常識とされてきました。地球は宇宙の中心であり決して動かないという説を信じている方々には、私の説が馬鹿げたものに聞こえるでしょう。しかし、私はあえてみなさんの批判を恐れず、この本を出版することにします。長い間のたゆまぬ天体観察の結果と不変の物理的原則とを照らし合わせることにより、私は、地球が動いているという事象のみならず、他のすべての恒星や惑星も、いや、それどころか天空そのものが一体となっており、同じ法則にしたがって動いているという事実を発見しました。ゆえに、宇宙全体に混乱をきたさずに、個々の天体が勝手に決められた場所を動くこともあり得ないのです」

ビジネスの歴史の中でリーダーたちは、マネジメントのためにいろいろなモデルや「地図」を利用してきた。中には、褒美と罰によって生産性を向上させようとする原始的な「飴と鞭」のパラダイムから、人間関係とヒューマン・リソースに重点を置いて、人に働きかけ、影響をおよぼし組織全体を巻き込んでいく戦略、といった高度なマネジメント・モデルがある。

私は、ただ単に他の地図を示すだけではなく、「原則中心のリーダーシップ」という新しいコンパスを用いたマネジメント・トレーニングによって、みなさんにパラダイム転換をもたらす手助けをしたいと思う。まずこのパラダイムを自分のものとしてほしい。そして、価値観の共有、目的の明確化、信念と行動の調和、原則と役割についての共通認識、ゴールへの到達方法を広く組織内に浸透させることによって、すべての社員の意識を内側から変えていくことができるだろう。社員一人一人に組織のミッションを深く共有させることによって、会社への貢献意識が高まり、素晴らしい結果を生むことになる。社員の意識変革は、組織の変革へと繋がっていくのである。

旧来のパラダイムから離脱しなければ、新しいパラダイムを受け入れることはできない。同様に社員に対する根拠のない憶測を止めなければ、組織の継続的な発展を達成するのは困難となるだろう。ごまかしや小細工で成り立っているマネジメント方法をいくら用いても、社員というヒューマン・リソースの力を増幅することはできないのである。

とは言うものの、この渾沌たる時代においては、あっと言う間に状況が一変し、簡単に混迷の世界へと突入してしまうのも事実である。私たちは往々にして、効率を効果性と取り違え、緊急を重要と混同し、模倣を革新と思い込み、見せかけを個性だと信じ、肩書きを能力だと勘違いしてしまう。

結局のところ、どのようなリーダーシップのスタイルを取り入れるかは、上に立つ人間が持っている「人の性質」に対するコアな考え方や気持ちによって決まってくるのである。すべての人には中心がある。仕事、遊び、友だち、敵、家族、所有物、配偶者、自己、原則、感情……中心に据えるものは人によって違うだろう。しかし生活の中心に置くものが何であれ、中心はその人の認識に深く影響をおよぼしている。その認識によって、その人の信念、性格、態度は決定づけられるのだ。

「私は社員や部下に正しい原則を教える。彼らは自分が自分自身のボスになり、原則を遂行していけばいい」素晴らしい考え方だと思う。これは最も効果的なマネジメントとリーダーシップの方法のひとつだと言えよう。個人や組織は、打ち破ることのできない普遍的な原則に基づいて、進むべき方向を確立すべきなのだ。原則は自然の法則である。歴史上のあらゆる文明社会の生地の中に深く織り込まれており、洗練された文化における価値観の土台となっている。この普遍的な自然の法則は、人々を満たし、高揚させ、高め、エンパワーし、鼓舞する素晴らしい教えや規範、という形になって、あるいは、真の知識や価値観に姿を変え、私たちの目の前に現われるのである。

科学の分野におけるパラダイム転換と同様に、マネジメントにおいてもパラダイム転換をしていくことで、社員一人一人の世界観に著しい変化をもたらし、ひいては組織全体を生まれ変わらせることに繋がっていく。マネージャーの役割は業務を正しく効率的に行うことである。いわゆる後方支援的な仕事だ。一方リーダーの役目は、望む結果を達成するための明確なビジョンと正しい方向性を組織に示していくことなのである。

「志を持たない者は堕落する」、という諺がある。自らのミッションと価値観を明確にせずに目標だけを定めて進んでしまうと、結果的に取り返しのつかない過ちをおかしてしまうことになる。成功の梯子を一歩一歩上っていき、やっと頂上に達したとき、その梯子はかけ違いだったと気づく。これでは遅いのである。その致命的な間違いを犯さないためにも、目的を持ってはじめることが大切なのである。

潜在能力を引き出すプロセス

物理学者ニュートンが提唱した万有引力論は、引力が宇宙全体の普遍的な原則であることを明らかにした包括的な理論で現在も私たちの常識となっている。しかし、原子に閉じ込められた莫大なエネルギーの解明はアルバート・アインシュタイン（一八七九～一九五五）の登場を待たなければならなかった。アインシュタインは相対性理論において、質量とエネルギーの相互変換が可能であることを証明した。時間、空間、質量、運動、引力……ありとあらゆるものに当てはまる彼の新しいコンセプトは、科学界に歴史的な大革新をもたらした。

アインシュタインは自伝ノートにこう記している。「親愛なるニュートンよ、許して下さい。貴方は最高の知性と創造力を持った人間として、貴方の生きた時代において最良のそして唯一可能であった真理に到達しました。直接経験では判断不可能な、物体の見えざる相互作用についての理解を深めるためには私の理論が必要となってきます。しかし、貴方がつくり上げたコンセプトは、未だに私たちが物理を考察するときの変わらざる法則として、すべての人間に影響をおよぼしているのです」。

目に見えない原子が核分裂するときには、莫大なエネルギーとパワーを放出する。同じように、ヒューマン・リソースの開発に重点を置いたプログラムは、当事者に意義深い変革と成長のプロセスを経験させ、驚異的な創造力と潜在能力を解き放つことを可能にする。

原則中心のリーダーシップでは、個人の貢献意識というものが、人間の持ちうる動機の中で最も高いレベルのものであるとしている。ゆえに個人、いわゆる社員こそが企業の持つ最も価値のある財産なのだと考えている。彼らは会社の持つ資源を管理する立場にある。管理人として、財産を増やし、育み、運営していくという大切な役割を担った組織の要なのだ。社員は環境や条件づけに縛られた被害者や人質ではない。計り知れない可能性を秘めたフリー・エージェントなのである。

私の研修は、人が最も価値のある資産であるというパラダイムを実践しており、結果重視ではなくプロセス重視で行われる。組織の成長のプロセスは、まずデータを集積し分析を行うことからはじめる。次に、優先事項、価値、目標を決める。そして、目標を達成するのに必要な方法の選択肢を確認し、それぞれの選択肢について評価を行う。取るべき方法が決まったら、実行プランと実施方法の策定に移る。最後に実際の結果と当初の目的や目標とを比較検討する。

進行中のトレーニング・プログラムでは以下に述べるプロセスを踏襲していくことが重要である。まず第一に、プログラムの中で説明、提示された内容を理解し、要点を掴むこと。そのとき、基本的な原則とは何かということを理解していなければならない。第二のステップは、自分独自の考えやアイディアをつけ加え、当てはめ、学習したことをさらに深く掘り下げてみる。第三のステップとして、内容を十分に習得したら、その知識を人に伝え、分かち合う努力をする。人に教えることにより、内容に対する理解が増す。それだけでなく、変化に関する共通の言葉や認識を他者との間に創り上げることができる。一生懸命伝えようとする真摯な姿勢は、あなたに貼られた悪いレッテルや否定的な周りの見方を変えていくはずである。第四のステップは、ケース・スタディーである。あなたが直面している問題や、変化させたい状況に原則を適用してみる。原則を当てはめることによってどういう結果が得られるのか、最後のステップとしてその結果を観察するのだ。

このような段階的な成長のプロセスこそが、本当の組織や個人の成長を可能とするのである。このプロセスにそったマネジメントの原則を学習すれば、人は自分の限界、古い習慣、パターンから解放され、主体的に行動することができるようになるだろう。企業では、組織の価値観、目標、ミッションや役割などを人々に深く浸透させ、共有化させることが可能となるはずだ。共有化された企業理念は、組織の構造、システム、社員の仕事の進め方などに広く反映され、社員と組織が調和し一体となり、素晴らしい結果を生むことになるだろう。

壁を打ち破るプログラム

チャック・イエーガー飛行士（一九二三〜）は一九四七年一〇月一四日に人類史上初の超音速飛行を実現し、音速の壁という「目に見えない壁」を打ち破った。彼が音速飛行をやり遂げる前、科学者たちは音速の壁は決して破れないだろうという否定的な意見をこぞって述べ、その説を裏づけるデータを公表していた。マッハ一に達したときにパイロットと飛行機は両方ともバラバラになるだろう、などと恐ろしい予想をする者もいたし、飛行士には声を失ったり年齢が退行するなどの症状が表れ、ときには生命も重大な危険に曝されるだろうと言われていた。そういった最悪の予想をものともせず、イエーガーはテスト用航空機ベル・エックス・ワン（Bell Aviation X-1）に乗り、時速七〇〇マイル（マッハ一・〇六）の歴史的飛行に成功したのである。その三週間後、またもや彼はマッハ一・三五で大空を疾走。六年後には時速一六一二マイル（マッハ二・四四）という驚くべき記録を達成し、音速の壁は決して破れないという固定概念を葬り去った。

彼は自伝にこう記している。「音速に近づけば近づくほど、飛行状態が滑らかになってきた。突然、速度計の針が揺れはじめたかと思うと、マッハ〇・九六五を指し示した。次の瞬間その針がカチッと動き音速の目盛りを越えたのが見えた。幻でも見ているんじゃないかと思った。音速を越えて飛んでいるのに、赤ちゃんのお尻のように滑らかな飛行状態で、私の祖母がレモネードを飲みながら隣に座っていても大丈夫だろうと思ったほどだ。これにはひどくびっくりした。飛ぶ前にはいろいろな心配や嫌な予想ばかりを聞かされていたので、正直ひどく期待外れだった。『音速の壁』未知との遭遇!!実際はまるでゼリーに棒を突き刺すように簡単だった。パーフェクトに舗装された高速道路を走っているように。でも後になって気づいた。この任務が期待外れに終わって良かった、いや終わるべきだったと。本当の壁は初めから空になんかなかったのだ。壁は私たちの認識や私が実際に体験した音速飛行の中に存在していたのだ」

「音の壁」は打ち破れても、未だ私たちの目の前に立ちはだかる壁がある。音の壁よりもずっと厄介な代物、成長を妨げる障害物「人間の壁」である。現代の経営者たちが「人間の壁」や現状の業績を打開するときに直面する困難は、四〇年前の航空技師たちが「音の壁」を破るために克服しなければならなかった困難に匹敵するだろう。

うだつの上がらない会社では、社員は有効な資源や資産だとは見なされず、どちらかと言えば負債、もしくはお荷物だと捉えられている。業績不振の会社には、構造やシステム、業務手順やプロセスなど、組織のいたるところに不振のもとが染み付いていて、その不振のもとは、ちょっとやそっとの努力で消し去れるような代物ではない。さらに厄介なのは、そういう組織のトップは、単発小型プロペラ機を超低空飛行でノロノロと進ませているかのごとく、会社の経営を行おうとする。業績が飛躍的に向上したらコントロールを失い、失速してしまうだろうと恐れ、信じきっているからである。

一方で、原則を自分のものとした勇気ある経営者たちは、想像上の「人間の壁」を打ち破って、社員の能力を五パーセントではなく五倍にまで高めることを可能としている。成功企業のトップは、二四時間精力的に活動し社員に檄をとばしたり叱咤激励しているわけではない。事実、高い生産性を収めている企業で働く人々は他の企業の人間よりもずっと健康的で活き活きとしているようだ。社員は企業にとって最も価値のある資源として扱われており、その結果、信頼性の高い組織文化ができ上がっているからである。成功企業の社員は高い品質と生産性を達成できるように互いに協力、補完しあって能力を出し合い、素晴らしい業績を生み出しているのだ。このような企業の経営者は、原則中心であろうと常に努力し、超音速パラダイムのマネジメントの実践を心がけている。そして、社員一人一人の無限に秘めた可能性を認め、心からの信頼を寄せているのだ。

社員の能力を高めるためのプログラムは、個々の企業のビジョン、ミッションそして原則から自然発生的に生まれ、育っていくべきである。プログラムで目指すのは、社員の能力を鼓舞し飛躍させ、自分が自分の操縦士と成るようにエンパワーして、未知の領域に突入する勇気を持たせることである。記憶よりも創造力をパワーの源にし、過去の失敗と恐れを乗り越えて、さらに高みへと進んでいけるように働きかけなければならない。個人や企業は、実行能力を高め、健全な習慣を身につけ、行動パターンを有効なものに変えていかなければ、将来的な発展は望めない。常に高みを目指して進んでいかなければ、同じことの繰り返しに陥り、ただただ終焉に向かってまっしぐらに落ちていくのみである。

過去の引力を断ち切る

過去の習慣を打ち破り、新しい習慣を手に入れ、効果的な成長を遂げるためには、習慣の強い引力を味方につけ、日々の私的成功を達成する推進力へと転換し、それを利用する方法を学ばなければならない。

過去の引力を断ち切るには、強い目的意識とアイデンティティーの明確化が必要となってくる。自分を知り何をやり遂げたいかをハッキリさせる、これが鍵なのだ。低い目的達成能力は、重要事項管理能力の欠如に起因することが多い。決断する力が弱ければ弱いほど、機嫌や感情そして状況に流され易くなり、腰砕けで終わってしまうのである。

効果的な人は、時間管理のツールを上手に利用している。スケジュールは彼らに仕えるものであって、主人ではない。週単位で予定を立て、それを日々に割り当てていく。しかし必要に応じて予定を変更することも躊躇せずに、柔軟な姿勢で望む。集中力があり自己管理能力が非常に高いので、感情や状況に左右されることはない。一日のうちで最も効率よく物事に打ち込める時間帯を重要な企画立案やプロジェクト、創造的な作業に当て、さほど重要でもなく緊急でもない雑事はその合間に行う。事務処理的な仕事は時間を決めて取り組み、書類に追われることはない。その仕事に割く時間があり、間違いなく処理ができるという確信がなければ、はじめから手をつけないという選択をする勇気がある。

自己管理能力は言い換えると、約束を守り義務に誠実である能力のことだ。自己管理能力は、過去の引力を断ち切るための要となる力である。小さな約束からスタートし、それを守る習慣を身につけていく。このような取り組みを通じて日々自尊心を高める鍛練を続ければ、重要な約束事を守り実行していく能力が備わっていくはずだ。やがて、自らの感情を自尊心が服従させていることに気づくはずだ。そして、優先すべきことを選択し、守れない約束ははじめから交わさないという、正しい「ノー」が言えるようになる。

決意を紙に書いて目の前に貼っておくのもいい方法かも知れない。私は7つの習慣を実践し、自己管理を効果的に行うための便利なツール「フランクリン・プランナー」を開発した。このプランナーは、自分の役割、目標を記し、限られた時間と資源の効果的な管理運営を行い、目的を達成するという自己実現に優れた効果を発揮するように設計されている。このプランナーを利用していただくのもひとつの良い方法であるし、目の前の紙を見て毎日決意を再確認するのもいいだろう。自分なりの自己管理ツールを考え、活用していくことが明日の成功へとつながっていくのだ。

まず、毎朝の習慣を変えることから成功へのプロセスの第一歩を踏み出してみてはどうだろうか。気分が良かろうが悪かろうが、毎朝同じ時刻に起きると決意し、それを実行に移すのだ。次に、朝起きてからの一時間を有益に使ってみる努力をする。一日のプランを立て、その日を有効に過ごす準備をする。そして、朝決めたプランをやり抜くのである。そのプロセスを経験したあなたは「約束を守り義務に誠実であるという原則」の巨大な力に気づくだろう。習慣を効果的なものに変えていく努力を続ければ、あらゆる真の成功の源である強い自尊心と高潔さを手に入れることができるはずだ。

偉大なる3つの力

宇宙航行学では、ロケットが上昇し地球の引力を振り切るために必要なパワーとエネルギーは、それ以降の何百万キロにも及ぶ宇宙の旅と、その旅を終えて地球に帰還するときに使用されるエネルギーの総計よりもはるかに大きいものだと教えている。

それと同じように、新しい行動を起こすとき、私たちは多大なる努力とエネルギーを費やさなければならない。古くからの習慣は極めて強い引力を持っている。食べ過ぎの習慣を変えようと決意したその日のうちに好きなものを好きなだけ食べてしまう。そして翌日、またしても食べ過ぎは止めようと決意する。誰しもこういった経験があるのではないだろうか？　やらなければならないことや、緊急ではないが重要なことのリストをつくり「だらだらと物事を先延ばしにするのをやめるぞ」と心に誓う。そして、リストに書いた案件を実行に移せないまま毎日を送り、しばらくして、また同じような誓いを立てる。決心の堂々巡りである。破るための決意の連続、自己破滅の習慣とでも呼ぶべきだろうか。このようなことを繰り返していくうちに約束をする価値が信じられなくなり、新しい習慣を得ようとする意欲を失っていく。この悪しき習慣は挫折とあきらめの人生のプロデューサーである。

それでは、どのようすれば悪い習慣を克服し、効果的な新しい習慣を手に入れることができるのだろうか？　皆の前で決意を宣言した、にもかかわらず約束を実行できなかった……まるで基礎を作っておいて家を建てない大工のようだ。こういう事態に陥らないように、まずは落ち着いてあらゆる事項を熟考する時間を作った方がいいだろう。初志貫徹できずに終わってしまったら、周囲の人間から嘲笑を浴びるばかりか、自らをも落胆させてしまうことになる。こういった事態を避けるためにも、自分が強い抑止力に対抗できるだけの十分な推進力を持ち合わせているかを考え、じっくりと先の見通しをつける時間を取るべきなのである。

あるモデルでは、上向きの成長を促す推進力と、それを妨げる下向きの抑止力が外界には遍在するとしている。真剣に習慣を変える取り組みをしようと考えているのであれば、このような力の作用がおよぼす影響を読み取り、対処していかなければならない。

たとえば、食生活を変える決意をしたとする。あなたは、自分が不健康な食習慣に陥りやすい状況や時間、そして場所を熟知しているはずだ。日ごろの行動パターンを考えて、あらかじめ誘惑や罠を予測しておけば、悪習慣におちいるであろう行動を回避できる。その一方で有益な行動を積極的に取り入れていけば、習慣は必ず変えられるはずだ。

古い習慣は途方もない引力を持っている。後回し、批判、過食、寝坊といった深く根づいた悪癖からの脱却は弱い意志だけでできるものではない。これは基本的な人格の問題である。生活の進行方向の是正を含め、根本的な部分に働きかけていくことが必要不可欠なのである。

しかし個人的な努力と意志力ではどうにもならないこともある。そんなときは同じような決意を持った人々と協力して変革を進めていけばいい。アルコール中毒者匿名会という断酒団体は依存症の患者の治療に目覚ましい成果を上げている。このような団体の成功は同じ決意と目的を持つ人々が集まり協力すれば、悪習の強い引力に対抗する強い力を生み出せるということを証明する素晴らしい一例である。

それにしても、変革の第一歩を踏み出すのは本当に難しい。自分を変える決意をして動き出せば自らの「自由」を制限することになるからだ。新しい習慣が根づくまでは、慣れ親しんだやり方を選びたくなるだろうし、やりたいことをやれない苛立ちは古い習慣を排除するまで、絶えず続いていくに違いない。欲求、日課、嗜好、私たちは慣れ親しんだ行動の禁断症状と戦っていかなければならないのだ。宇宙飛行士が、地球の強い引力からの脱出に悩まされたのと同じく、過去の引力を克服する戦いは辛く厳しいものなのである。

欲望、プライド、そして野心は、私たちを悪習慣に縛りつける三大引力である。この引力については第三章で詳しく述べたが、もう一度簡単に書き留めておきたい。

一番目の引力――欲望と理性の伴わない感情。誰でも欲望の強い引力に負けた経験があるだろう。生理的欲求、たとえば空腹や喉の渇きなどを我慢するのは至難の業である。胃袋の奴隷となり、嗜好品をかたときも手離せない人間がどれほど多いことか。身体と心が食欲に乗っ取られると、必ずそのツケを払わされることになる。食べ過ぎ、飲み過ぎなど、好き放題することは他人に対する無神経さにつながる。自分自身に腹を立て、その怒りの矛先を他人に向ける。そしてイライラを発散しようとする。ほんのちょっとしたことに過剰反応し憤慨する。欲望と感情の赴くままに行動する人は、必然的に人間関係において多くの問題を抱えているはずである。

サー・ウォルター・スコット（一七七一～一八三二 スコットランドの詩人・小説家）の言葉を紹介しよう。

「欲望に深入りをした心は乱れる。欲望に溺れた心は内側の獣性を解き放つ。その醜悪さゆえに不愉快になりながらも、欲望を捨てられず、彼は人間と獣という矛盾したふたつの性質を抱えて生きていく」

二番目の引力――プライドとうぬぼれ。自己確立が不安定な人間はアイデンティティーを社会の鏡から得ようとする。自分を保つためには他人の認証が必要なのだ。自分が誰なのかという概念は自分に対する他人の意見や考えによって形成されている。つまり私たちは周囲の期待にそうように自分を調整しながら生きているのである。他人の期待通りに生きようとすればするほど精神は不安定になり、見栄を張った生活を送るようになる。しかし、要求はいつも同じであるとは限らない。世論は気紛れだ。ころころと変化する。虚栄とプライドに屈し、与えられた役割を演じるというゲームを続けていけば、結果として自分自身をも欺くことになる。偽りの仮面を被り続けるために日々戦いに明け暮れ、やがては自己崩壊の危機におちいってしまうだろう。

三番目の引力――野心と権力欲。権力志向の人は、成功し、地位を手に入れ、立身出世を果すために、まずは自分が他人から理解されようとする。時間や才能そして資産を、社会奉仕や貢献のために使おうとはしない。野心的な心は強い所有欲を生む。すべての事象を「私にとって得なのかどうか?」というひとつのテーマのみで判断する。二進法で構築されたコンピューターのようだ。この世の中には機械みたいな人間がたくさんいる。このような人々の人間関係はすべて競争によって成り立っている。極めて親しい間柄であってもその例外ではない。野心と権力欲に突き動かされている人間は、目的を遂げるために、ごまかしや小細工、ありとあらゆる手段を使うことを厭わない。

毎日の私的成功

私的成功は、まず早起きなどの身近な約束を守り実行していくことからはじまる。ベッドの誘惑を克服すれば、一日を勝利と共にはじめられる。惰性の引力と戦い、その鎖を断ち切ることができれば、私たちは次の引力との戦いに歩を進められるのである。小さな成功の積み重ねが大きな成功へとつながっている。

早起きの勝利は私たちに達成感をもたらし、克服の経験は自分が自分自身の支配者であるという意識を生む。内面に生まれた自信は、次のハードルを越え、困難に立ち向かっていくための武器となり、私たちを前進させる。一日を私的成功ではじめることは、古い習慣を打ち破り、新しい習慣を手に入れる大変効果的な方法なのである。

新入社員の作業効率を高め目標達成能力を向上させたいと考えるなら、日常の雑務を言いつけることは後まわしにして、最初から重要で困難な仕事を与えるべきである。彼らは、難しい業務に取り組むことで自己管理の習慣が身につき、気分や状況に左右されずに決定し、目的やプランを遂行していく能力を発揮するようになるだろう。

私たちは心の中で、日々私的な戦いを繰り広げている。こういった私的な戦いと同じように、公的な戦いに突入する前に十分にシミュレーションをして、頭の中で勝利の方程式を立てておくことが大切である。頭の中で勝利の方法を習得しておけば、戦いに勝ったも同然だ。野望、身勝手、消極性、短気、怒り、先延ばし、無責任、ありとあらゆるマイナスの引力との戦いを日ごろから頭の中に繰り返し思い浮かべ、仮想体験をしておくべきなのである。

実際に公的な戦いのときが到来し、ストレスとプレッシャーがどんなに重くのしかかってきても、十分な心構えができていれば、私たちは内的な強さを発揮し、正しい原則に基づいて行動することができるのである。公的な戦いに挑む前に私的な戦いに勝利することが、古い習慣を打ち破り、新しい習慣を手に入れるもうひとつの鍵なのである。私の経験によれば、私的成功は必ず公的成功に先立つものであり、このプロセスを逆にすることは絶対に不可能である。

調整が大事

エアロビクスで肺活量を上げ体力を増強していくのと同じように、習慣を打ち破る能力を高めていくことが大切である。

私たちは自分の体力の限界以上の速さでは走れない。体力は時間をかけて増強していかなければならない。エアロビクスは、身体組織に必要な資源を補給、補完するために有効なパワーを増進増強していくのを目的とした活性化運動プログラムである。デスクワーク中心の運動不足のライフスタイルを続けていくと、ある日、定期検診で、あなたの身体が酸素不足であると診断される。しかし、運動によって身体を鍛えてこなかったので、血液循環システムが未発達で働きが弱く、身体の調子はなかなか良くならない。そのうちに重大な欠陥が発見される。血管の状態の悪化は脳卒中や心臓発作を引き起こし、最悪の場合死につながる。後悔先に立たずである。

ここでの原則は、定期的な運動で徐々に身体能力を高めていかなければ、強い身体をつくれないのと同様、心の筋肉を鍛えるときも、じっくりと時間をかけなければならないということだ。来るべきストレスに備え、精神的スタミナを溜めておけば安心である。

新しい習慣を手に入れるために、今から述べるふたつの精神的エアロビクスを定期的に実践することを推奨したい。①今後の展望を立てる。②展望を踏まえて公約をする。人間には自分自身を越えて、より高い次元へと進んでいく能力が備わっている。すなわち、一瞬一瞬に気を配り、何が起っているのか、何が起るべきなのか、を客観的に知覚する能力だ。私たちはその能力を使い、得た情報を理解し、その理解にしたがって計画の見直しを行い、判断を下していく時間を取るようにしなければならない。ゲーテの言葉に「大事が些事に翻弄されることがあってはならない」というのがある。入念な計画は、展望と目的、そして優先順位を決める能力を維持するために大変有効なのである。

5つの提案

これから述べる5つの提案を実行すれば、難局に立ったときや試練のときに、強くあるための力を得ることができるはずだ。

1．守れない約束ははじめからしない。

2．約束、決意、公約は、より良い自分の実現のために意義のあるものだけを選び交わすこと。そして、家族など、親しい人と分かち合うこと。

3．約束は自覚を持って厳しく選ぶこと。

4．約束を自分の信頼性と誠実さをはかるバロメーターだと考え、実行すること。
5．誠実さと自己管理能力はすべての成功の土台だということを肝に命じること。

ひとつの決意の実行が、私たちを永続的な美徳の探究へと駆り立て、真の誠実さと成熟（勇気と思いやりのバランス）を追い求めるようになる。今から述べるプロセスは真の誠実さを得るために素晴らしい効果を発揮するはずだ。まず、新しい習慣や理想の行動の探求の扉を開ける前に、必ず一旦停止をし、心を落ち着ける時間を取るようにする。次に自分の中のすべての能力と資源を最大限に膨ませ結集する。そして、頭と心の準備を整える。決意に向けて気持ちをコントロールし、自分の反応を主体的に選択する。最後に「この状況に対応する一番効果的な方法はなんだろう？」と自分自身に問いかけ、最高の自分である努力をするのだ。この努力があなたが内面に抱える曖昧さや矛盾を退け、萎みそうになった決意を奮い立たせてくれるはずである。

ロケットの打ち上げ準備が完了したとき、宇宙飛行士は「万事準備完了」と言う。すべてが適切にバランスのとれた状態にあり、正常に使用可能であるという意味だ。このとき、前進するために必要な準備が整い、システムが細部に至るまで調整され一体となって調和しているので、彼らは何時でも好きなときに地球を飛び立ち宇宙空間での重要な任務を開始することができる。

「万事準備完了」は、私たちの能力と人格を、目標とする高さにまで引き上げるすべての準備が整ったということを表現するには、ぴったりの言葉かもしれない。習慣のシステムと価値観のシステムが調和しなければ、私たちの内面に葛藤を生む。そういう状態では、ミッションは大抵失敗に終わる。

積極的で前向きな活動は、善意と決意を支援してくれるものだ。そして、善意と決意を実行することは、私たちの本質に働きかけ、根本からの変革を可能にとする。なぜなら、活動は自分の目に移る自分像を変化させるからだ。私たちの日々の行動は、活動という「自家製燃料」の生産物なのである。

約束をしてそれを守らない人間は、人格に重大な欠陥があると見なされるだろう。名誉と高潔さは崩壊に向かい、自尊心は風前の灯火だ。周囲は今までと違った目で約束を守らなかった人を見はじめる。結果、その人はこれまでとは異なった人間像をつくり上げることになり、このパラダイムにそった振る舞いをしはじめるだろう。一方、新しい約束に取り組み、ひとつひとつを守り、実行していくことができれば、私たちはまったく新しい次元の自由、力、能力を内面から解き放つことになるだろう。その能力はいつでも使用可能な力として私たちの中に存在し続けることになる。そして、私たちをこれまで到達したことのない高みへと連れていってくれるのである。

Chapter 6

第6章
創造の六日間
Six Days of Creation

あらゆる成長と進化は、自然な成長の連続体にそって、一歩一歩進んでいくものである。たとえば創世記には地球は六日間でつくられたと書かれてある。どの一日も重要で、どの一日も同じではなかった。光、大地、植物と動物、そして最後に人間がつくられたのだ。この連続的な発展のプロセスは、生活のすべての面に当てはまる。

・私たちは小さいころ、まず寝返りをうつことを覚えて、次に座ること、這うこと、そして歩くこと、走ることを覚える。どの段階も重要で、飛ばすことはできない。
・私たちは学校で代数より先に算数を習う。そして微積分の前に代数を習う。代数を理解してからでないと微積分はできないからである。
・建物をたてるとき、まず強固な基礎をつくってから骨組みをつくり、仕上げをする。

この段階的プロセスは、肉体や頭脳を鍛えるときは目に見える形で現れるので、よく分かるし受け入れやすい。しかし人間性や人間関係を向上させようとする場合には、私たちはこの自然なプロセスを省略しようとしがちだ。本質的な問題はおきざりにして、その場しのぎのテクニックを使う。また本当に変わるのではなく、まねをし、人格ではなく外見を整え、本質ではなく型を習得し、力をつけるのではなく力があるふりをしようとする。このように時間と努力を惜しんで大事なステップを飛ばしておきながら、大きな収穫を期待する傾向がある。

しかしその期待は外れるだろう。仕事のスキル、ピアノ演奏や話し方、人格や精神を向上させる近道などない。人生のあらゆる側面において、成長と発展のプロセスが存在し、どの段階も「創造の六日間」の概念が当てはまる。

たとえば、テニスの腕を上げようというとき、この日々の成長のプロセスを省略しようとしたらどうなるだろうか？　創造の六日間の第三日目の段階にある平均的な力のプレーヤーが、恰好をつけて第六日目のプレーをしようとしたら、結果はどうなるだろうか？　実際のピアノの腕前が第二日目のレベルであるのに、第六日目のレベルの演奏ができると友人に信じさせようとしたら、どうなるだろうか？　第三日目の段階のゴルファーであるあなたが、第五日目の段階のゴルファーと対戦しようとするとき、ポジティブ・シンキングだけで相手に勝てるだろうか？

答えは明らかである。この成長のプロセスから外れたり、これを無視したり、省略したりすることはできないのである。そのような行為は自然に背くものであり、近道を探そうとする試みはすべて、混乱と挫折に終わるのである。どの分野でも、もし第二日目の段階から第五日目の段階に移りたいと思うなら、まず第三日目へ進まなければならない。どんなに近道や抜け道を探しても、いかに見せかけや外観を整えて人の関心を引いても、どんなに成功のために着飾っても、スキルや判断力の欠如を補ってはくれない。

成長するために必要なのは、自分が今どの段階にいるかを知り、背伸びしてほかの段階にあるかのように振舞わないことである。

もし生徒が質問をせず、分からないと訴えることもせず、自分がどのレベルにいるのか教師に悟らせないようにしたら、彼らは学ぶことも成長することもできないだろう。見せかけは長くは続かない。

そのうちばれてしまう。向上への第一歩は、自分の無知を認めることである。

内面的成長

したがってスキルを向上させたり、知識を身につけたりすることを考える前に、内面的な成長を考えるべきだ。たとえば知的面で第五日目のレベルの人が情緒面では第二日目のレベルにあるとしよう。空が晴れ渡り、万事が順調に運んでいる間は問題ないだろう。しかし結婚生活でのつらい悩みや経済的問題、協調性のない若者、子どもの叫び声や鳴り響く電話、こうしたものがいっぺんに襲ってきたらどうなるだろう?

こういうとき精神的に未熟な人は、怒りや苛立ち、相手を非難したいという気持ちに支配されてしまうだろう。しかし外の世界では、物事がうまくいっている間は、内面的な欠陥、情緒面の未熟さを他人に気づかれずに済むかもしれない。

これは情緒的、社会的、精神的な面では自然の成長プロセスを省略しても、表に出てこないときもあるからだ。内面を隠して表面的にはそれなりに装うことができる。しばらくの間は「一晩限りの芝居」も有効だし、自分自身でさえだませるかもしれない。しかしほとんどの人は自分の内面について知っているし、その家族や会社の親しい同僚も本当の姿を見抜いている。

情緒面での強さや安定性は、会社の同僚や夫あるいは妻、子どもたちと効果的な人間関係を築く上で必要になる。なぜなら聞くことを学ばなければならないからだ。聞くという行為には、忍耐、開かれた心、相手を理解したいという気持ちが伴う。この心を開くという行為は、自分が変わってしまうという危険性、つまり相手から影響をうける危険性をはらんでいるので、情緒面の安定性が必要になるのだ。特に自分の方が正しいという確信があるときは、変わりたいとは思わないので、心を閉じて、相手に指図したり教えたりする方が楽に感じる。つまり情緒面の成長は第二日目のレベルにとどまったまま、相手にアドバイスするという第六日目レベルの行為を行う方が楽なのだ。

与える前に所有する

私はかつて自分の娘に、分かち合うという価値観を教えようとしたことがあるが、そのときまだ娘には準備ができていなかった。私は彼女を無理矢理二日目から五日目のレベルに移動させようとしたのだ。

ある日私が家に帰ると、三歳になる娘の誕生パーティーが始まっていた。彼女はリビングルームの一角に座り込み、もらったプレゼントを抱え込み、ほかの子どもたちにそれを貸すまいとしていた。私は、娘のわがままぶりを見ているほかの子どもたちの親の視線に気づいて恥ずかしくなった。当時、私は大学で人間関係論を教えていたから、よけいに恥ずかしさを覚えた。そして親たちが私の対応に何か期待しているのを感じた。

部屋の中には緊張した雰囲気が漂っていた。子どもたちは、娘の周りに群がり手を差し出しては、プレゼントのおもちゃで遊ばせてほしいと頼んでいた。しかし娘は頑なにそれを拒否し続けていた。

私は自分に言い聞かせた。「娘に分かち合うことを教えるべきだ。分かち合うことは間違いなく社会の基本なのだから」

そこで私はまず頼んでみることにした。

「おもちゃを貸してあげてくれないかな」

「いや」

きっぱりと断られた。

次に理屈に訴えることにした。

「君がおもちゃを貸してあげれば、今度よその家に行ったときに、おもちゃを貸してもらえるよ」

「いや」

また断られた。

私は、娘に言うことを聞かせられないでいる自分が、だんだん恥ずかしくなってきた。今度は買収にかかった。

「おもちゃを貸してあげたら、いいものをあげよう。ガムがあるぞ」

「ガムなんかいらない」と娘は叫んだ。

とうとう腹が立ってきた。第四の策として、脅迫した。

「貸してあげないなら、おしおきだぞ」

「いいもん。これ、あたしのだもん。誰にも貸してあげないもん」

最後に私は実力行使に出た。娘のおもちゃを取り上げ、ほかの子どもに渡した。

「さあ、これで遊びなさい」

娘には人に貸し与える前に、所有するという経験が必要だったのだと思う。そもそも所有していないものを、どうやって人に貸し与えることができるだろうか。しかし、このときの私は、娘の成長や娘との関係よりも、周りの親たちの目を気にしてしまった。短絡的に「私は正しい。娘はおもちゃを貸すべきだ。娘の方が間違っている」と、判断した。そして彼女が従うまで強要し続けたのである。

娘はまだ二日目のレベルだったのに、私は五日目の期待を押しつけた。それは私自身が情緒面で二日目のレベルにあったからだ。自分に忍耐も理解力もないのに、娘には貸し与えることを期待していたのだ。私自身がもっと成熟していたら、娘に分かち合うかどうかの選択の自由を与えていたはずだ。あるいは説得に失敗しても、皆の興味をゲームに向けさせるなどして、娘にかかっていた精神的プレッシャーを解消してやれたかもしれない。後で分かったのは、子どもは所有する感覚をきちんと経験すれば、ごく自然に、自由に、自発的に分かち合うようになるということだった。

私の経験では、教えるのにふさわしいときとそうでないときがある。親と子の関係が緊迫し、感情的になっているとき、教えようとする姿勢はかえって裁きや拒否という形で受け取られがちになる。子どもと二人きりになり、静かに話し合う方が、効果は大きい。しかし繰り返すが、自分自身に忍耐と自制心がなければ、つまり情緒的に成熟していなければ、こうしたことはできないのである。

力を借りることは、弱さをつくり出す

親だけでなく、経営者、リーダーなど権限を持つ立場にあり、能力、知識、スキルの面で高いレベル（六日目のレベル）にある人が、情緒面、精神面で低いレベル（二日目のレベル）にある場合もある。彼らもまた自分の地位や権限から力を借りてきて、この人格的欠陥を補おうとする。

十分に成熟していない人間はプレッシャーを受けたとき、どのように反応するだろうか？　たとえば部下が自分の意向にしたがわないとき、上司はどう反応するだろうか。生徒が異論をとなえたとき、教師はどう反応するだろうか。

未成熟な親は、娘が自分の問題に口を挟んできたらどうするだろうか。言うことを聞かない子どもをどうしつけるだろうか。妻あるいは夫との間に一触即発の感情的対立が起こったとき、どう対応するだろうか。仕事で何か問題が起きたとき、どう対処するだろうか。

こんなとき、情緒的に未成熟な人は、人格の欠陥を補うために、体の大きさや力の強さ、自分の地位、実績、知識、感情から力を借りてくる傾向がある。その結果、３つの点で弱さをつくり出すことになる。

まず力を借りた人が弱くなる。なぜなら、地位や権限から力を借りると、次に何かやり遂げようとするとき、外的な力にいっそう依存するようになるからだ。

次に強要された人も弱くなる。恐怖によって行動を起こすので、自主的な判断力や自制の力が育たないのである。

最後にお互いの関係も弱くなってしまう。関係が緊迫し、協力の代わりに恐怖が生まれ、一方はますます横暴に、そして一方はますます防衛的になっていくからだ。

情緒的に未成熟な人は、議論や競争に勝つために、自分の強さや能力を使って相手をコーナーに追いつめる。しかし、それでは議論に勝ったとしても実際には負けとなる。自分の力が弱点になるため、勝ったことにはならないのである。

財産、地位、資格、容姿、ステータス・シンボル、過去の業績などが私たちの力の源になっている場合、それが変化したり、なくなってしまったりすれば、はたしてどうなるだろう。

そんなとき、私たちは間違いなく自分、相手、人間関係の中につくり出してしまった弱さにしがみつくだろう。実際、力を借りてくる習慣を持った人は、最終的に最も影響を与えたい相手に対して効力を失うのである。彼らの子どもは敗北感と挫折感を味わい、自己の価値観、アイデンティティー、個性を感じることができない。彼らの同僚は反抗的になり、独自のやり方で、私たちの最も大切なものに対して攻撃を加えてくる。

では、弱さを作ることなく力を借りてこられる源は存在するのだろうか？　ひとつだけある。それは私たちの内面に存在し、どんな状況にでも対応できる力を生み出す源である。たとえば、外科医は優れたスキルと知識から、ランナーは鍛えられた体、強靭な脚と肺から力を借りてくる。

言い換えれば、私たちは「この状況に必要なのは何なのか？　どんな強さ、スキル、知識、態度が必要なのか？」と問わなければならない。スポーツ選手や外科医の財産、容姿、資格などは明らかに必要な力の象徴に過ぎず、したがって内容が伴わなければ価値がないのである。

人格の成長のために

「六日間」の成長プロセスの重要な要素を以下に示す。

・「成長は自然のプロセスである」。蒔いたものしか刈り取れない。代数を学んでから微積分を学ぶ。這うことを覚えてから歩き出す。

・「私たちは皆、違うレベルに立っている」。肉体的、社会、情緒的、知的、そして精神的側面の成長において私たちは皆それぞれ違うレベルにある。もし私とあなたが違うレベルにある場合、私が習得すべき事柄を、あなたはすでに習得しているかもしれないし、あるいはその逆かもしれない。あなたの四日目が私の二日目かもしれない。

・「比較することは危険である」。私たちは子どもどうし、仕事仲間どうし、あるいは顔見知りどうしでよく比べ合うが、比較することは不安を生み出す。もし私たちの価値観や安心感が、そのような比較からきているのだとすれば、優越感を感じたかと思えば、次の瞬間は劣等感に襲われたりと、非常に不安定な精神状態になるだろう。人の意見や習慣、流行などは、気まぐれで常に変化している。変わりゆくものに安定はない。内的な安定は外からは得られないのだ。

借りてくる力が、自分を内面から強化し支えるものでない場合、かえって自分の内面を弱体化してしまう。さらに力を借りることや比較することは、自己満足やうぬぼれを生んだり、逆に落胆と自己嫌悪を生んだりする。そして人はますます近道を探し、他人の意見に支配され、外見ばかり気にして、外から力を借りようとするようになる。

比べるなら自分自身と比較するのが一番いい。私たちの喜びは、他人の進歩によって得られるのではない。比較をするときは、その人の可能性との比較をすべきである。その人の可能性と、そこに近付こうとする努力を支持するべきである。私たちは「この人は、自分の能力をどれくらい活かしているのだろうか?」と問うべきである。人間どうしを比較し、その比較に基づいて愛を与えたり、あるいは罰を与えたりするべきではないのである。

・「近道はない」。たとえて言うと、もし私が現在二日目のレベルで、六日目へステップアップしたいと思ったら、三、四、五日目を通過していかなければならない。恰好をつけて六日目のふりをしても、そのうち本当のことがばれてしまう。八方美人は結局、自分自身を含めて皆の尊敬を失うことになる。また三日目の人は、五日目や六日目のレベルではないので、非難したり、比べたりすることは無駄であるし、当人を傷つけることになる。近道など存在しないのだ。

・「進歩するためには現在の地点からはじめなければならない」。自分があるべき地点からでなく、他人の立つ地点からでもなく、まして他人から見た自分の現在地からでもない。毎日一回だけ多く腕立て伏せをやったら、一ヶ月で三〇回余分にしたことになる。同じように、人格的成長の分野でも、あと少しの忍耐、理解を示したり、あるいはもう少し勇気を出すなどして、少しだけ余分に努力することは有意義である。私たちは毎日、訓練と努力を積むことによって少しずつ能力をのばしていくことができるのだ。

ほとんどの人にとって、一日目と二日目の課題には肉体のコントロールが含まれていると思う。早寝早起き、毎日運動する、暴飲暴食を慎む、必要なら疲れていても仕事をする、などだ。ところがあまりに多くの人が、食欲さえコントロールできないのに、うぬぼれや短気、先延ばしの癖を直すといった四、五、六日目の課題に取り組もうとしている。自分の肉体や欲求をコントロールできないのに、どうやって話し方をコントロールしたり、怒り、ねたみ、嫉妬、憎しみなどの感情を克服することができるのだろうか。五日目と六日目の成果（愛、高い精神性、優れた判断力）を熱望しながら、一方では一日目の法則（欲望や激情を抑える）にさえ従おうとしない人がとても多いのである。

・「内省によって自分の弱点を正確に把握し、克服する力を得る」。私たちの多くは、どこからはじめればよいのかが分からない。また、いつも物事の順番が分かっているわけではない。また他人のパターンやプロセスが自分にも当てはまるとは限らない。他人の五日目が自分の二日目かもしれない。ひとつの課題に対して、あるときは四日目のレベルで、またあるときは一日目であるかもしれない。場合によっては同時に違うレベルの課題に取り組む必要もあるかもしれない。

いずれにしろ成長と発展の鍵は、いつも現在の地点、第一日目からはじめることにあるのだ。

Chapter 7

第7章

7つの大罪

Seven Deadly Sins

マハトマ・ガンジーは7つの行為が私たちを堕落させると述べた。彼が取り上げた7つの行為のすべてが社会的そして政治的な状態であることに注目してほしい。大罪の解毒剤、いわゆる大罪を回避する方法は、明白な客観的規範か自然の原則と法則を基礎としたものであり、決して社会的価値観から派生するものではないということにも注意していただきたい。

1．働かずに富を得ること

これは要するに、ただ儲けの実践のことだ。市価と資産の操作によって働かずに大金を得ようとしたり、自らは何ら付加価値を生み出すことなく、人や物事を操るだけで泡銭を稼ぐ人間を思い浮かべてもらえばいい。驚くべきことに今の世の中には働かずして富を形成するための手助けをする専門的職業まで存在している。税金を逃れて蓄財をする。リスクや責任を負うことなく国民としての特権や企業の一員としての特典を享受する。このような人間が何と多いことか。

一九八〇年代は「強欲の時代」とも呼ばれていた。一獲千金の企みやわけの分からない投機計画が溢れ、巷には不正がはびこっていた。世に出ようとする若者には「働かなくても大金持ちになれるぞ……」と甘言を囁き、たくさんの人々がこぞって詐欺的な事業へと足を踏み入れた。労働という対価を払わずに金を得るという、泡銭目当ての投機会社に自分の子どもが就職しはしないか、日々汗水垂らして働くことでのみ培われる価値を知らず、いかに早くたくさんのお金を儲けるかだけを考えるようになりはしないか、と心配した親も多いのではないだろうか。

ねずみ講などのネットワーク販売やピラミッド構造の販売組織はお手軽金儲けの代表的なものだ。

たくさんの人間が組織の下部の会員から資金を吸い上げて、働きもせず、短期間で金持ちになっていく。彼らはがっちりと機構の中に組み込まれ、組織の理論に洗脳されている。ピラミッドの上にいようが下にいようが、いずれにせよ彼らを動かしている原動力は凄まじい金銭欲だけである。「あなたも楽して金持ちになれますよ。もちろん、最初は少しだけ働かなければならないけれど、そのあとは何もしなくても、どんどんお金が入ってきて、超リッチになれるんです」。価値判断の基準を歪ませる新しい社会的道徳観念と社会規範はゆっくりと、確実に育ちつつあるようだ。

正義と裁きは表裏一体であり、絶対に分離不可能なものである。自然の法則から逸脱すればするほど、同等のレベルで個人の価値判断能力にも悪影響がおよぶ。結果として歪んだ概念を持つことになる。物事が順調に進んだときも進まなかったときも、いつも詭弁を弄するようになるだろう。そして、農場の法則から離れて、上辺だけの欺瞞に満ちた社会的、政治的な環境へと足を踏み入れていくのである

苦境に陥っている企業の経営者たちは、判で押したように情けない懺悔の言葉を吐く。無謀な株式投資に手を出していた、よく考えず事業拡張に走ってしまった、調子に乗って金融機関から金を借り過ぎた、などなど。自然の法則と原則を無視した行動のオンパレードである。時流を読まず、客観的な意見や周囲の反応を無視し、自己完結した判断のみを指針として経営を行ってきた結果、莫大な負債を抱え込んでしまった。健全な状態にまで会社を建て直せるという保証もなく、彼らは少なくとも五年間は、生きていくためだけに必死で働かなければならないだろう。鍬を手に取り、畑を耕作しなければ何も収穫はできない、という基本原則に立ち戻らなければならない。かつて彼らは、小規模な

がらも負債をつくらないという慎重な姿勢の企業創設者たちを批判していた。しかし、この慎重な考え方は基本原則に忠実であったので、負債ゼロの企業は今や大成功を収めているのだ。

2. 良心を持たない快楽

未熟、強欲、享楽的、我がまま、といった特徴を持っている人の主な質問は「私にとってどんな利点があるのか?」「私を楽しませてくれるか?」「私を気持ちよくしてくれるのか?」の三種類だろう。最近、良心や責任感をまったく持たずに、快楽のみを追求しようとする人間が増えてきているように見受けられる。「自立した関係」と称して配偶者や子どもを見捨てたり完全に無視したりする、あるいは社会的責任をすべて放棄したりしようとする。しかし、実は自立は有意義な生活を送るために到達しうる最も成熟したステージではない。自立は相互依存という最終的なステージに行き着く前のいわば中間地点なのだ。相互依存こそが、最も成熟した高度な概念なのである。相互依存を達成している人は、相手を自分と対等に考え、無私無欲になり、繊細な心遣いと思いやりを持って他人に接することができる。私たちはこの原則を学ぶ努力をしなければならない。相互依存が達成できなければ、責任感や義務感を持たずに、快楽の追求に耽る人間になってしまうからである。

良心を伴わない快楽の代償は高くつく。時間とお金という実際の対価もかなりのものになるだろうし、これまで築きあげた信用も地に落ちてしまうだろう。つかの間の快楽と欲望の道具に使われた相手が負った心の傷は深く、その悪影響はいつまでも続くに違いない。自然の法則を無視し、良心を持たない快楽に興じるのは大変危険な行動である。良心こそが不朽の真実と原則の貯蔵庫であり、自然の法則を実行していくための内なる監視モニターなのである。

患者自身の道徳心や良心に働きかける「インテグリティ・セラピー」という精神病治療の方法を推進している高名な精神分析医が「実は自分も躁鬱病にかかっていた」と私に打ち明けたことがある。続けて彼はこう言った。「私は療養のために精神病院に入院したんだ。がんばって治療に専念し、躁鬱を克服しようとした。何とか退院できる状態にまでは回復したけれど、まだストレスの多い仕事はしないようにしている。今は臨床治療はやっていない、研究に専念しているんだ。患者と接するとストレスが溜まるからね。自分自身の苦しみの体験から、インテグリティ・セラピーこそが躁鬱病を治療できる唯一の方法だということに気づいたんだ。退院後、愛人と別れて女房にすべてを打ち明け謝罪した。その後、人生で初めての〝安らぎ〟を感じたんだ」

良心不在の快楽は現代の経営者たちを待ち構えている最大の、しかも抵抗しがたい誘惑だろう。飛行機の中で手にする雑誌のほとんどに、会社の重役を狙った歓楽街系の宣伝が溢れている。宣伝の六割は、一夜限りの遊びを勧めている。良心は部屋に置いて今夜は快楽に耽ろうではないか――あなたにはその資格がある、偉いんだから。そのために働いてきたんだろう？　欲しいでしょう？　パーっと行こう――欲求不満を吐き出そう、などなど、目を疑いたくなるような言葉が並ぶ。究極はこれだ。「あなたはやっと自分自身が法である地位にまで昇りつめましたね。今まであなたを縛りつけていた良心という鎖はもう存在しません。王様はあなたなのだから」。なんという悪魔的な文句だろう。ある宣伝広告には六〇歳くらいの男性の傍らに、魅力的な三〇代の美女が立っている写真が掲載されていた。タイトルは「同伴者」だ。総会に出席する経営者を撮ったものだが、彼の妻はどこにいるのだろう？

浮気をしている男の写真を堂々と、しかも褒め讃えて掲載しているこの宣伝には社会的な道徳観念など一切ない。いったい世の中はどうなってしまったのだろうか？

3．人格のともなわない知識

無知よりももっと怖いのは、原則を土台とした人格をともなわない人間が、物凄い知識を持っていることだろう。内面の人格の発達と釣合いが取れていない純粋な知性のみの発達は、言うなれば、麻薬でラリっているティーンエイジャーに高性能で馬力たっぷりのスポーツカーの運転を任せるようなものだ。笑い事ではなく、これは実際にアカデミックな現場では起こっていることで、学生に人格を高めるための教育が何も行われていないのが現状なのである。

私は『7つの習慣』を学校での授業に取り入れていく活動に取り組んでいる。この習慣の教えは大変効果的な人格教育であるからだ。中には私の提唱する人格教育に反対の人もいるだろう。「それはあなたの常識じゃないか」と不愉快になるかもしれない。しかし、本当に価値を置くべき物事は皆の心の中で一致しているはずである。だから良い価値観の選出は、さほど難しいことではない。たとえば、思いやり、公正さ、品格、貢献、誠実さなどは人類共通の価値観として守るべきものだ。この項目に異義を唱える人はいないだろう。議論の余地もない価値の体系をつくり上げればいいのだ。人類共通の認識において価値を見出せる物事を守り、次の世代に伝えていく。そして、このような価値観を学校の教育プログラムや企業の社員研修などに織り込み、人格と知性の調和と釣合いの取れた発展を実現していかなければならないのである。

教育の変革に取り組み、いい結果を出している人々は、高度な専門化や部門化、派閥政治などに隠された嘘や、その裏側の正体を暴き、普遍的で自明な原則、価値観、そして優先事項をすべての社会に通じるものとして、世論の総意を取りつけることに成功している。

4・道徳不在の経済活動

かの名著『国富論』に先立ってアダム・スミスは『道徳感情論』を執筆、世に送り出した。彼は、道徳がすべての基礎であり、繁栄する社会システムの土台であると説いた。そして、人は博愛精神、奉仕の精神、貢献心などを持って、他人と接することが大切であると続けた。道徳の土台をないがしろにし、倫理観や学ぶ心を無視した経済活動を行えば、不道徳で不健全な社会と経済をつくり上げてしまうことになる。経済と政治のシステムは、つまるところ、道徳を基盤としなければ機能していかないのである。

アダム・スミスにとって、あらゆる商取引は道徳に対する挑戦であった。双方の当事者にとって納得ができる公平な商談が行われていれば、道徳が生きているのだ。ビジネスの公正さと博愛精神は、資本主義という名の自由な企業制度の基盤となっている。私たちの経済システムは、少数者の権利も保障されている立憲民主主義に根ざしている。その中でも、黄金律とも言えるＷｉｎ‐Ｗｉｎの精神は、深い道徳性が基盤となっている。相互利益、もしくは当事者全員に対して公平であることがＷｉｎ‐Ｗｉｎの考え方なのだ。この考えを端的に言い表わしている言葉がある。ロータリークラブには「すべての会員に公平だろうか？　皆のためになるだろうか？」という標語がある。これはロータリークラブすべての会員に対する管理者の道徳的精神を表しているといえるだろう。

私はアダム・スミスの提唱する「あらゆる」商取引、という言葉に感銘を受けた。我が社のほとんどの取引は良心的に行われている。こういう「ほとんど」を含んだ発言が一番危ないのだ。「ほとんど」に含まれていない一部で隠蔽活動をしており、秘密や裏工作があるという意味だからだ。通常こういう企業はトラブルの芽を抱えている。人は隠された思惑を持ち、秘密の生活を送りつつ、それを何とか正当化しようと理屈をつけて、自己弁護する。筋の通った嘘を考え出し自分自身を納得させ、自然の法則から逃れようとする。もし、その理屈が社会全体に広がり是認されれば、社会的道徳観や政治的意志が自然の法則と原則と分離してしまい、本来あるべき姿から遠くかけ離れた社会ができ上がってしまうだろう。

私は昔、航空宇宙産業の大手企業で倫理委員会の責任者として五年間働いている男性と知り合いになった。知り合ってからしばらくして、彼は会社のやり方に我慢できないとし、責任者としての地位を退き、かなり高額の給料と至れり尽せりの福利厚生を捨ててまで、会社を辞めることにした。会社の幹部たちは、社員に要求しているものとはまったく違った経営道徳を持っており、その有理化と正当化に奔走している、と彼は打ち明けた。富と権力が幹部連中にとっては一番重要なものであり、その妨げとなる人間は容赦しなかったとも言っていた。この企業の経営者たちは現実を無視しており、自分の属する組織との溝は今後深まっていくばかりだろう。顧客を大切にしよう、と言いながら、その一方で会社のために働く社員を虫けらのように扱っているのだから。

5. 血の通わない科学

もし科学が、技巧とテクノロジーのみを追い求めるものになってしまったら、人間性を無視した恐ろしいものへと暗転してしまうだろう。テクノロジーは科学のパラダイムから発生している。テクノロジーによって人間が希求しているもの、科学技術の発展によって得ようとしている恩恵が一体何なのかを考えることが重要なのだ。人類の本当の目的を取り違えてしまうと、私たちはテクノロジーの被害者となってしまうだろう。高学歴のエリートたちが科学の梯子を成功へと上っていく。しかしその梯子は人間性という名の横木がはずれている。しかも、梯子は間違った壁に立てかけられている。このまま梯子を上っていけば、取り返しのつかないことになってしまうだろう。

現在に至るまで多くの科学者が、科学と向き合い、科学技術の向上に取り組んできた。そのおかげで世の中は急速に進歩した。彼らのもたらした革新は、彼らが亡くなっても生き続け、次の技術革新へと繋がっていく。しかし、いくら革新的なテクノロジーでも、それを人類普遍の問題に強引に押しつけるだけでは、問題はいつまで経ってもそのままである。私たちは、科学の進化を経験するだろう。中には「科学的大革命」といってもいいテクノロジーもあるだろう。しかし、人間性をどこかに置き忘れたままの進化は、真の意味での人類の進歩からはほど遠いものだ。今日の世の中にも昔と同様、不公平や不正が蔓延している。昔からの問題は未だに人類普遍の問題として私たちと共にあるのだ。

自然の法則と原則は、何が起ころうとも不変のものである。コンパスが示す「北」がいつも同じ方向であるように。科学とテクノロジーは、人間社会の表面部分のほとんどを刷新してきたが、原則は変わらない。自然の法則と原則という基礎の部分は未来永劫、何ら変わることなく遍在し続けるのである。

6・自己犠牲のともなわない信仰

自己犠牲の精神がない信者は、教会での社交活動には積極的だが、本当の社会的福音をもたらす活動には消極的である。言い換えれば、儀式や礼拝など、宗教の上っ面部分のみに一生懸命になっているということだ。そこには、他人と共に人生を歩み、奉仕の精神を胸に抱き人々に接するといった真の意味での宗教活動はない。社会問題に真剣に取り組めば、経済的な活動を削ることを余儀なくされ、安定した生活を台無しにする可能性がある。他人の必要を満たし、人々に奉仕しようとすれば、かならず何かを犠牲にしなければならない。それは形のあるものかも知れないし、自分のプライドや偏見を捨て去ることかも知れない。

教会や宗教が単にもうひとつの階級制度にすぎないという考えは根本的に間違っている。このような考えをもつ信者は宗教的な慣習や、壮麗な儀式などの可視的なものばかりに気をとられ、奉仕の精神や敬虔な心は欠如しているのである。彼らの中心は神でも原則でもない。

7つの習慣のうちの3つは、人間関係においてのもので、奉仕の精神、自己犠牲の精神、そして、貢献心、これら3つを活動の基礎として他人と関わっていく習慣である。第四、第五、第六の習慣、Win‐Win、相互依存、感情移入のコミュニケーション、そして相乗効果は、人間関係において非常に効果的であるが、大いなる犠牲もともなう。あるとき、毎日喧嘩ばかりしている夫婦の知り合いが私に相談を持ちかけてきた。「あの二人は絶望感と悔恨の気持ちで心が張り裂けんばかりだろう。

何とかしなければ、近い将来離婚するんじゃないかな」。謙虚な気持ちを欠いた人間関係からは、一体となった調和が生み出されることはない。自惚れやわがままは、人と神との結びつきや、男女、人間どうしの調和した関係、果ては自分自身をも破壊してしまうのだ。

よき奉仕者は、常に謙虚な気持ちを忘れない。謙虚さは内なる信仰の印である。私は謙虚な奉仕の心を持って人々に影響を与え続けているCEOを数人知っている。自分のプライドを犠牲にして、権限委譲によって力を共有することを厭わない。彼らはその行動によって組織の内側に影響をおよぼし、その輪は外側にもどんどん広がっている。彼らの影響力はとどまるところを知らず、今後も増大していくだろう。悲しいことに、人々は「宗教」を求めているが、実際に欲しているのは宗教の飾りの部分だけなのだ。真の意味での信仰の実践である犠牲は捧げたくないのである。彼らは、スピリチュアルな深い癒しを求めているにもかかわらず、断食月にも食事を取ったり、たった一度の善行をすることもないのだ。

7．原則を無視した政治

もし原則がなければ、もし真北がどこにあるのか分からなければ、信頼できるものは何もこの世に存在しないことになる。個性主義的なアプローチとは、よく売れるブロマイド写真をつくるように、社会や経済界において成功するための表面的なイメージをつくり上げることである。

政治家が大金をかけてイメージづくりをし、政権を取るために支持率や票集めに奔走している姿はみなさんもよく知っているだろう。つくられたイメージが、軽薄で上辺だけの、本質を伴わないものであっても、議席さえ手に入ればいいのである。イメージ先行の政治が成功してしまえば、政治のシステムが、すべてを支配しているはずの自然の法則からすり抜けて、勝手に動き出してしまうだろう。自然の自明の法則は、我が国の独立宣言にも織り込まれている。「我々は、次の真理が自明であると信ずる。すなわち、すべての人間は平等に造られ、造物主によって一定の譲り渡すことのできない権利を与えられていること、これらの権利の中には生命・自由、及び幸福の追求の権利が含まれていること……」。

言い換えれば、これらの権利は、自明であり、極めて客観的であり、遵守すべき根源的な法則だということだ。独立宣言はこれらの真理を自明のものとして後世へと守り伝えている。健全な社会を実現する鍵は、社会的な要求と価値の体系を、正しい原則に結びつけていくことにある。もしあなたのコンパスの針が真北を指し示していて――真北とは自分を超越して実在する自然の法則を意味しているのだが――「この方角が私たちの価値観の拠り所である」と指示盤に記されているならば、価値と法則が共にあると言うことになるのだ。

病んだ社会的意志の裏側には必ず、原則から離れて勝手に作動している政治的思惑がある。このような歪んだ価値観に支配されている組織や社会は、極めて不健全なものに育ってしまうだろう。たとえば、強姦、強盗、略奪などを生業とする凶悪犯罪組織が掲げる共通の価値観とミッションには、大企業のミッション・ステートメントと何ら変わらない言葉が使われているかもしれない。「チームワーク」「連携作業」「忠誠心」「収益性」「革新」「創造性」……素晴らしい言葉が並んではいるが、問題は彼らの価値観が自然の法則を基礎としたものではないということなのだ。

大袈裟だが、崇高なミッション・ステートメントを掲げた多くの企業の内側では真っ昼間から、しかもたくさんの証人を前にして略奪が横行しているとも言える。自尊心を根こそぎにされ、不当に低い賃金で働かされる。かと思えば、報復人事などで不当に地位を追われる社員もいる。そこには当然保障されてしかるべき、適正手続が存在しない。適正手続の原則を社会が支持せず、正当な手続を受けることが不可能ならば、不等に扱われた人間は、仲間を組織し、サボタージュなどの労働争議を行い、体制に対して反旗をひるがえさなければならない。

映画『十戒』で、モーゼはファラオに「我々は貴方の法ではなく、神の法によって支配されている」と言い放った。この言葉の趣旨は「私たちは法を体現する人間によってのみ統治されるべきだ」ということである。成功している組織や社会は、自然の法則や原則に支配されており、それが不可侵の憲法となっている。たとえ組織のトップに君臨する人であっても、この原則には従わなければならない。原則を超える者はいないのだ。

私の提唱する7つの習慣は、ここで述べた7つの大罪を回避するのに役立つ習慣である。7つの習慣があまり性に合わないという方は、十戒を手本とすることをお薦めする。

Chapter 8

第8章

道徳のコンパスによって導かれる

Moral Compassing

激動の時代には地図はあまり役に立たない。必要なのは道徳のコンパスである。

私はニューヨークにいたころ、ギャングらが巧みに強盗を働いているのを見たことがある。ギャング団のメンバーも自分たちの地図、あるいは共通の価値観、たとえば「仲間を警察に密告するな。裏切りは許されない」というような価値観を持っていると思う。しかし、彼らが共有しているような価値観は「正しい方向」、つまり人間と財産の尊重の原則を指し示すものではない。

彼らの心の中には道徳のコンパスが欠けている。原則とはコンパスのようなものである。コンパスの指し示す「真北」は、客観的で外的であり、主観的で内的な価値観とは反対の、自然の法則や原則を反映するものである。このコンパスは人生の真実を表すものであるから、私たちは「真北」の原則をしっかりと尊重しながら自分の価値観の体系を築いていかなければならない。

セシル・B・デミルが言ったように、「法を破ることはできない。法を破ろうとすれば、自分が破れるだけだ」。

原則は、人間の行動のための揺るぎない永遠のガイドラインである。ある原則は人間の効果性を支配している。世界の六大宗教はすべて同じ中心的信念を説いている。たとえば「蒔いたものしか刈り取ることはできない」とか「行動は言葉よりも重要である」などの原則である。「真北」の原則は世界中で受け入れられている。それを見つけるのは難しくない。また客観的で基本的、議論の余地のないものである。たとえば「信頼性がなければ、信頼関係は築けない」あるいは「あなたの振る舞いがあなた自身を物語っている」などの教えがそうである。

会社で社員が集まったとき、社の基本的原則がどういったものであるべきか聞くと、ほとんど意見の不一致は見られない。ここでも公正さ、思いやり、尊厳、貢献、誠実さ、正直、奉仕、忍耐といった原則への普遍的信念が見られる。

こうした原則に反する価値観に基づいて、仕事や生活を営む愚かさを考えてみたことがあるだろうか。不正、偽り、卑劣、無駄、凡庸、堕落などが、永続的な幸福と成功の健全な土台になると考える人はいないはずである。

原則の定義や解釈、実行の仕方についてはいろいろ議論があるだろうが、その真価について異論を唱える者はいない。その原則に忠実に生きているかどうかは別として、それを疑ったり、従いたくないという者はいないだろう。人間は皆、物理の世界での重力の法則のような、社会や経済における不変で議論の余地のない、正しい法則によって評価を受けたいと思っているはずだ。

国家や組織の歴史を研究してみても、こうした原則の有効性や正当性は明らかである。こうした原則は何度も歴史上にその姿を現している。そして人々がこの原則にどれほど忠実であるかによって、その社会が繁栄と安定に向かうか、あるいは崩壊と破滅に向かうかが決まってしまうのだ。

以前、私はトークショーでヒットラーが原則中心であったか、と聞かれ、こう答えた。「違う。彼は自分の価値観によって動かされていた。彼はドイツ統一という価値観を持っていたが、原則に背き、その報いを受けたのだ。そして、その後の世界的混乱という重大な結果を引き起こしたのだ」。

私たちは、自明で自然な法則にそって生きることもできるし、逆らって別の方法を選択することもできる。いずれにしろ法は固定されており、結果も決まっている。

私がセミナーで参加者に「自分の価値観について考えるとき、どんなふうに考えますか？」と聞くと、普通は自分が望むものに焦点を当てて考える。今度は「原則について考えるとき、どんなふうに考えますか？」と聞くと、彼らは客観的に法則に目を向け、良心に耳をかたむけ、真実を聞こうとするようになる。

原則は価値観ではない。ナチス・ドイツもギャング団のメンバーも価値観を共有しているが、その価値観は基本的な原則に背いている。価値観は地図であり、原則は場所そのものである。地図は場所ではない。場所を記し、示そうとする主観的な試みにすぎない。

私たちの地図が、正しい原則――場所のリアリティー、物事のあるがままの姿など――に一致すればするほど、それは正確で有用なものになる。正しい地図を持てば、個人や人間関係における効果性に、巨大なインパクトを与えることになる。それは行動や態度を改めようとする努力を、はるかにしのぐものである。しかし、場所が刻々とその姿を変えてゆくとき、どんな地図でも時代遅れになってしまうのだ。

時代を乗り切るためのコンパス

今の世の中に必要なのはコンパスである。コンパスとは自由に動く磁針を持ち、磁北を指すものである。また船の進むコースや方角を決めるときや、円を描いたり、長さを測るのにも使われる。コンパス（compass）という言葉には限界、範囲、空間や時間の境界線、方向、巡回、領域、あるいは意図、目的、理解といった意味もある。こうしたいろいろな意味が、コンパスという比喩表現を豊かにしてくれている。

なぜ今日のビジネスには、地図よりもコンパスが有効なのだろうか？　コンパスが企業経営者にとって非常に有益であることを示す、説得力のある根拠をいくつか示してみたい。

・コンパスは社員の間に調和を生む。また、たとえ森や砂漠、海であろうと、あるいは広大な未開の地であろうと、方角と道筋を示してくれる。
・地形が変わってしまえば、地図は役に立たない。この急激に変化する時代においては、地図ができ上がるころには、すでにその地図は古く不正確なものとなってしまうだろう。
・不正確な地図を見て、知らない土地を歩くことは、大きな苛立ちの種になるだろう。
・経営者の多くは、未知の分野を開拓し、その中で経営を行っている。こうした領域を正確にあらわす地図は存在しない。
・目標地点に素早く到達しようと思ったら、洗練されたプロセスと、スムーズな生産と流通の経路（高速道路）が必要だ。未開の領域で、この高速道路を見つける、あるいはつくるときに必要なのがコンパスである。
・地図は単なる記述であるが、コンパスはビジョンと方向を示すものである。
・正確な地図は優れたマネジメント・ツールであるが、コンパスはリーダーシップとエンパワーメントのツールである。

今まで長い間、地図を使って道を見つけ、将来の展望と進むべき方向を探ってきた経営者も、その地図が、現代の経営環境における荒野と迷路の中では、役に立たなくなるだろうということに気づくべきだ。そして地図をコンパスに持ち替え、経営者自身や社員が、正しい原則や自然の法則を指し示すコンパスを使って歩むようになるべきだと思う。なぜなら、不正確な地図を持っていると道に迷ってしまうからである。そのような地図を持ったまま、もし誰かに「もっと一生懸命やれ」と言われたら、あなたはもっと早く迷ってしまうだけだ。もし「もっと前向きになれ」と言われたら、今度は迷っていることさえ気にしなくなるだろう。これは勤勉さや態度の問題ではない。不正確な地図にすべての問題の原因があるのだ。あなたのパラダイムや考え方のレベルが、あなたの持つ現実世界の地図にあらわれているのだ。

非常に効率の悪い組織の根本的問題は、社内にそのような状況をつくり出している地図にある。その地図は不完全であり、四半期決算や総決算に向けた一時しのぎの応急処置に基づいたものであり、欠乏マインドに基づいたものである。

地図（価値観）によるマネジメントからコンパス（自然の原則）によるリーダーシップに変えていかなければ、こうした問題は解決しない。政治的な企業環境では、本来は真北を指すべきコンパスの針が、必然的に企業トップのスタイルを指し示している。しかもそのスタイルは、気まぐれや独断的決定、むき出しの感情やエゴに基づいている。また、真北が「情報システム」や「報酬システム」に置きかわってしまい、それが社員の行動を支配していることもある。成績ばかり気にする社員が報いられるような環境では、そうした社員が育つのは当然である。まさに水を与えたものが育ってしまうのである。原則中心のリーダーシップが要求するのは、社員が、自然と農場の原則に基づいて「農場で働く」ことであり、その原則を自らの生活、人間関係、契約、マネジメント、ミッション・ステートメントの中心に置くことである。

有効な戦略とは

地図かコンパスか、というのは戦略を考えるうえで重要な課題である。

私たちは、特定の考え方やパラダイム、地図によるマネジメント、トップが目標と手段、意義などを決める古いタイプのリーダーシップに縛られている。

こうした戦略設定のやり方は、もはや時代遅れだ。トップが自分の経験、専門知識、知恵、判断力を駆使して、一〇年計画を定めても、一八ヶ月も経たないうちに使えなくなってしまうだろう。現代では五年ではなく、一八ヶ月で市場環境が大幅に変わってしまう。戦略や計画はすぐに時代遅れになってしまうのだ。

ピーター・ドラッカーはかつて「プラン自体には価値がないが、プランをつくる過程には大いに価値がある」と語った。プラン策定が、総合的な目標、ビジョン、基本原則への忠誠などを軸にして行われたなら、現場の社員はそのコンパスと自分自身の専門的知識および判断力を用いて、決断し、行動できるのである。これは、それぞれの社員が自分のコンパスを持っているのと同じである。つまり一人一人が、新しい市場の現実に合わせたプランや目標を定めることができるようにエンパワーされるのだ。

原則は手法ではない。手法とは特定の行動であり、ある状況で有効であったとしても、別の状況でも同じように有効であるとは限らない。もしあなたが、手法と方針を定めて経営し、社員を指導するのであれば、社員は専門家になる必要がないし、判断力を高める必要もない。なぜならすべての判断と必要な知識が、規定や規則というかたちで彼らに与えられているからである。

しかし原則に焦点を合わせれば、原則を理解する社員をエンパワーして、自主的に行動させることができる。彼らを常に監視したり、評価、修正、あるいはコントロールする必要はなくなるのだ。また原則は何にでも応用がきく。原則を社員の中に根付かせることができたら、エンパワーされた社員はさまざまな状況に応じて、柔軟に対応策を生みだすことができる。

手法ではなく原則によって社員を導くためには、さまざまなトレーニングが必要であり、また時間もかかるが、得られる結果はその労力以上のものだ。組織内のあらゆるレベルで、今まで以上の責任感、専門知識、創造性が見られるようになるのである。

たとえば、あなたが顧客サービスの手法を社員に訓練するとしよう。人に教えられるくらいだから、あなたは顧客サービスの学位だって取れるかもしれない。しかし訓練では想定していないような特殊なケースや問題が起こったらどうなるだろう？　あなたが教えたような通常のやり方では通用せず、顧客サービスは崩壊してしまうだろう。

顧客サービスで、社員が常に原則に基づいて行動できるようになるには、しっかりとした心構えが要求される。ほとんどの場合、ケース・スタディー、ロールプレイ、シミュレーション、実地教育などの訓練を受けて、確実に原則を理解し、仕事に応用できるようにしていくというプロセスが必要になる。

コンパスが勝利をもたらす

すべてのポケットにコンパスが入っていることは、すべての鍋に鶏が入っているよりも、すべてのガレージに車が入っているよりも価値がある。道徳のコンパスに従えば、困難な闘いにおいても私たちは勝利をおさめることができる。私の考えるところ、日本では、個人は組織の下にあり、個人の創造性や能力をうまく引き出せていないようだ。たとえばアメリカは数百人のノーベル賞受賞者を出しているが、日本はたったの一二人である（二〇〇四年現在）。最も高度なリーダーシップの原則は、Win-Winの相互依存である。それは個人でもチームでも高い能力を発揮できるような状態なのだ。

しかし、トップのリーダーシップに対する評価も含めて、このコンパスが評価の基本であると分かりはじめると、人々は恐れを感じるようになる。

ある大企業の社長が、経営幹部たちに会うよう依頼してきたことがあった。彼は「幹部たちが自分の経営スタイルに固執しすぎている。会社のミッション・ステートメントも彼らには影響を与えていない。彼らは、そのミッションは自分たち以外の人間、法則に従うべき人間のためにあるのであり、自分たちは法則を超えた存在だと感じているようだ」と言っていた。

道徳のコンパスに従うという考えは、自分が法則を超えた人間だと感じている者には不安感を与える。なぜなら、原則に基づいた会社の憲法は、社長も含めてすべての社員に適用される法則だからである。一人一人が責任を引き受け、自分の生活を見つめ直し、その法にしたがって生きていくかどうか決断しなければならない。すべての社員は、法則と原則に対して責任を負っているのだ。

ここで、あるアメリカの大企業幹部とコンサルタントとの間に交わされた印象的な言葉を紹介したい。

「市場の予備調査や戦略の研究をするにあたって、私たちの企業文化や社員を切り離して考えることはできない」。この幹部はマイケル・ポーターがかつて語った言葉の意味を理解している。「B級の戦略をA級の実行力で行う方が、A級の戦略をB級の実行力で行うよりも優れている」。

企業の方向性を統一し、戦略の実行力を高めるには、企業文化と社員について論じないわけにはいかない。革命戦争とまではいかないにしても、企業憲法を決める総大会を開催し、さまざまな課題を出し合って真剣に意見を交わし、賢明な決断を下さなくてはならない。それはまさに血と汗と涙の会議となるだろう。

結局どんな戦略であろうと、それを成功裏に実行するための条件は、社員が原則に忠実であることと、いつでも道徳のコンパスを使って原則を適用する能力を持つことである。

Chapter

9

第９章

スムーズなコミュニケーション

Clearing Communication Line

コミュニケーションの問題の根底にあるのは、ほとんどと言っていいほど知覚や信頼性の問題である。私たちは世界をあるがままに見るのではなく、私たちのあるがままに、つまり自分たちの視点や「地図」によって場所を定義づけて見る。そして自分の経験によって培われた知覚は、感情、信念、行動に大きな影響をおよぼすのである。

知覚と信頼性

知覚と信頼性の問題は、最終的に「性格の不一致」や「コミュニケーションの断絶」と呼ばれるような複雑なもつれに行き着く。信頼性の問題を非常に困難なものにしているのは、コミュニケーションの当事者が世界を見るとき、自分の見方で見ているのではなく、ありのままに見ていると思いこんでいる点にある。自分の知覚がゆがんでいるということに気づかず、「私に賛同しないなら、あなたは間違っている。なぜなら私は自分が正しいと知っているからだ」という態度をとる。

正しいのは自分の方だと確信し、間違っているのは相手の方だと感じさせてしまうと、彼らは最も効果的な自衛策として私たちにレッテルを貼り、固定観念という心の牢獄に閉じ込めてしまう。しかし当事者双方あるいは片方が、知覚の問題こそが根本であるということに気づけば、ほとんどの信頼性の問題は、解決できるものなのだ。

態度と行動

コミュニケーションをスムーズにするために欠かせない態度と行動を以下に示すことにする。

態度

・私はあなたを信じています。あなたの誠実さと健全さを疑いません。
・私はあなたとの関係を大切にしたい、あなたとの視点の違いを解消したい。あなたの見方で世界を見させてください。
・私は影響を受けて変わることを恐れない。

行動

・相手を理解するために聞く。
・相手に理解してもらうために話す。
・お互いの共通認識と同意から対話をはじめ、しだいにお互いの意見が対立する分野に話を進める。

これらの態度と行動を身につければ、信頼性と知覚の問題はほとんどすべて解決できる。

実際、こうした態度を身につければ、話し方が変わってくる。「これが本当の姿だ」と言う代わりに「これが私の見方だ」と言う。「こうだ」と断言する代わりに「私の視点では」「私の意見では」「私の見るところ」と言う。こうした言葉は相手を一人の人間として認め、「私のと同様にあなたの意見や感情も認め、尊重します」と発言するのと同じである。

相手が私たちと異なる意見を持ち、私たちを裁こうとするとき、私たちの応答は次のような内容、あるいは話し方になるだろう。「なるほど、あなたの意見は私と違うようですね。あなたがそれをどのように見ているのか理解したいと思います」。相手と意見が違うときは、「正しいのは私で、あなたは間違っている」と言う代わりに、「私は違う見方をしています。私の視点を説明させてください」と言うようになるだろう。

言葉と人間関係

私の親友は思春期の息子との関係について悩んでいた。「本を読んだりテレビを見ている息子の部屋に私が入ると、彼は腰を上げ出て行ってしまうんだ。困ったもんだよ」

私は彼に対して、息子に彼のことや意見を理解させようとする前に、まず彼が息子を理解しようと努めるべきだと勧めた。すると彼はこう答えた。「息子のことなら理解している。息子に必要なのは、両親への尊敬と、彼のために私たちがやろうとしていることへの感謝の気持ちだ」

私は言った。「本当に息子に心を開いてほしいなら、自分は息子のことを理解しておらず、決して十分に理解することもできないだろうが、そうしたい気持ちはあるし努力もするという心構えで接しなければだめだ」

彼はいろいろな方法を試した後に、結局は私の勧めた方法で接することにした。彼には、コミュニケーションをとる際に、忍耐力と自制心が要求されるので、覚悟しておくように念を押しておいた。

翌晩八時、彼は息子に近付いていき、こう言った。「お前との関係を立て直したいんだ。どうしたらいいかな？　多分、私は今までお前をちゃんと理解するような時間をとってこなかったんだ」

息子は「その通りさ。あんたは何も分かってないんだよ」と言ってにらみ返した。

父親は「何だと、この恩知らずのくそがきが！　分かってないだと？　私はお前なんかより人生経験豊富なんだ。分からんわけがないだろう！」と息子に言い返しそうになったが、怒りを飲み込んで何とかこらえた。

そして怒りを抑えてこう言った。「そうだな。確かに理解してこなかったと思う。でも分かるようになりたいんだよ。協力してくれないかな。そう言えば先週、車について話してたろう。お前の考えを聞かせてくれないかな？」

息子は怒ったまま、自己防衛的な説明をした。父親は自己正当化して自分の意見を言いそうになるのをこらえ、息子の言葉に耳をかたむけ続けた。彼は事前に心の準備をしておいてよかったと思った。しだいに驚くべき変化が起こりはじめた。息子の態度が軟化し、自己防衛をやめて心を開き、本当の悩みや感情を打ち明けはじめたのだ。

父親は目の前で起こっている変化に心を揺さぶられ、自分の内面を隠しておくことができなくなっていた。息子に心を開き、それまでのことに対する自分の考えや、隠してきた気持ちや不安を語りはじめた。こんな風にお互いを攻撃することなく、自分の立場を守ることもなく、真剣に理解し合おうとしたのは、ここ何年間で初めてのことだった。それはお互いにとって何と素晴らしいことだっただろうか。

一〇時半くらいに母親がやってきて、そろそろ寝たらどうかと言った。しかし、父親は息子と「初めて」心の通じ合った会話ができたので、もう少し続けたいと答えた。二人は結局、夜中までかかってたくさんの大事な問題を語り合ったのだった。数日後、この話を私に聞かせてくれたとき、父親は涙ながらにこう言った。「まるで息子を再発見したみたいだった」。息子の方も父親の新しい側面を見つけたようだった。彼は、理解されようとする前に相手を理解しようと決心してから、息子との会話に臨んで本当に良かったと感じていた。

コミュニケーションにおいて重要なのは人間関係である。したがって人間関係が貧困であると、コミュニケーションにたくさんの障害が生まれる。関係が緊張している場合、相手を怒らせて事を荒立てないように、あるいは誤解を生まないように、使う言葉に気をつけなければならない。人間関係が貧困であると、人は疑い深くなり、言葉の意味や相手の意図を理解しようとせず、揚げ足を取るようになる。

一方、良好な人間関係が確立されている場合、ほとんど言葉がなくてもコミュニケーションが成り立つ。高い信頼と友好的な雰囲気があれば、言葉を監視する必要はない。微笑みがなくても真意を伝え合い、お互いを理解することができる。人間関係がしっかりと確立されていない場合、どんなに言葉を費やしても、十分な意志を伝え合うことはできないだろう。なぜなら真意は言葉の中にあるのではなく、人の中にあるからである。

効果的なコミュニケーションの鍵は、一対一の関係である。この特別な関係を二人の間に築くことは、コミュニケーションの質を変えることになる。つまり二人の間に信頼関係をつくり出すことになるのである。社員と個別に話をしたり、同僚と二人で昼食をとったり、顧客と二人で雑談したりすること――相手の興味、関心、要望、希望、恐れ、疑念に熱心に耳をかたむけること――の価値を考えてほしい。

美しい山景色のポスターの下に「山に捧げる一日」と書かれている。このスローガンを、たとえば「顧客に捧げる一時間」あるいは「妻・夫に捧げる一夜」に変えてみよう。自分の興味、関心、恐れ、要求などは後回しにして、完全にその時間を相手に捧げてみよう。その時間は、上司、顧客、妻・夫に一〇〇パーセント集中して、彼らの関心事や目指すものを語ってもらい、自分の感情はしまっておくのだ。

地図と場所

調和のとれた人間関係を築き、お互いを理解し合うことは難しいかもしれない。私たちは皆、ふたつの世界に生きている――頭の中の主観的な世界と、外の客観的な世界である。前者は個人的な「地図」、後者は「場所」と言い換えることができる。

客観的な現実世界の完璧な地図を持つ者はいない。科学者たちは完璧を目指して、常に地図をつくりかえてきたが、完全な地図を持ち得るのは、創造主だけである。本当の科学者なら、最新の理論を事実として話すことを、ためらうだろう。単に現時点での最高の説明として話すであろう。

ときどき、私たちは、現実の客観的世界を見る地図、あるいは視点が変わってしまうような体験をすることがある。こうした体験をすると、私たちの行動は、新しい物の見方を反映するようになる。実際、人間の行動を変える一番早い方法は、違う名前をつける、違う役割や責任を与える、違う環境に身を置くなどの方法で、物の見方や地図を変えてしまうことなのである。

スキルと土台

コミュニケーションについて考えるとき、それを氷山にたとえることができる。つまり、ふたつのレベルから成り立っているのだ。小さな目に見える部分はスキルのレベルで、一方、目に見えない巨大な隠れた部分は、深い内的なレベル、心構えと動機のレベルである。これを土台と呼ぶことにしよう。コミュニケーションのレベルを長期的に大きく改善していこうとするなら、スキルと土台の両方のレベルに働きかけなければならない。

効果的なコミュニケーションはスキルを要する。そしてスキルの向上には訓練が必要だ。テニスの本を読んだり、プロのプレーを見るだけではテニスの腕前は上がらない。コートに出て、読んだり見たりしたことを実践し、ゆっくりと順序を踏んで上達していかなければならない。

人間関係のスキルを改善するときにも、同じように自然なプロセスを踏まなければならない。しかし悲しいことに、初心者というレッテルを貼られることを恐れて、持ってもいないスキルを使えるような振りをする人が多い。中には感情移入のスキルを改善したり、順序を踏んで学習することを嫌がる人もいる。しかし、今いる地点を受け入れなければ、先に進むことはできないのだ。

ここでひとつのエピソードを紹介したい。ある若者が生きがいも熱意も失い、焦燥感におそわれて医師を訪ねた。

「何をやっても熱が入らないのです。なにもかも退屈でつまらない。生きてても楽しいことがないんです」

彼を診断した結果、身体には異常がないことを確認した。しかし医師は、身体ではなく、若者の心の中、精神的な部分に問題を見いだしていた。

「処方せんを出すから、一日これに従うことができるかね?」医師は質問した。「まず、君の好きな場所は?」

「ありません」と若者はすぐに答えた。

「子どものころ好きだった場所は? 何をするのが好きだった?」

「浜辺に行くのが好きでした」

医師は言った。「この三枚の処方せんを持って浜辺に行きなさい。そして九時、一二時、三時にそれぞれ一枚ずつ処方せんを読みなさい。処方せんの指示に従うこと、そして時間がくるまで次の処方せんは見ないこと。約束できるかな?」

「そんなの今まで聞いたことがないですよ」。若者はいぶかしげに言った。

「これはよく効くと思うよ」

若者は処方せんを持って、指示された通り、一人で浜辺に行った。ラジオも電話もなく一人きりだった。九時になって彼は早速、処方せんを見た。そこには「よく聴きなさい」とだけ書いてあった。「信じられない。三時間も聴き続けるだって?」。彼は叫んだ。一分もしないうちに飽きてきた。かもめが舞い、波が岩を打つ音を聴きながら、三時間も何をしたらいいのだろうか、と途方にくれた。「でも約束したんだ。やるしかない。どうせ一日だけのことさ」

しだいに、よく聴くということについて深く考えはじめた。耳を澄ましてみると、初めは耳こえなかった音が聞こえてきた。二種類の波の音、さまざまな鳥の声、カニがはう音、どこからか耳こえてくるサラサラという音。突然、まったく新しい魅力的な世界が目の前に広がっていた。彼の心はしだいに穏やかになり、瞑想的で、静かで、落ちついた気持ちに包まれていた。陶酔感にも似た気分を味わっていた彼は、一二時になって次の処方せんを読まなくてはならないのが残念に思えた。しかし約束を守って次の指示を読んだ。

そこには「振り返りなさい」と書いてあった。初めはどうしていいか分からなかったが、浜辺で遊んだ子どものころを思い出してみた。次々に思い出が頭の中に浮かんできた。家族で貝を焼いた日のことや、病気で死んだ弟が、学校が終わって楽しそうに浜辺ではしゃぎ回っている光景などが思い出された。温かい郷愁に包まれ、肯定的な気持ちや思い出がよみがえってきた。三時になっても彼は思い出に浸っていた。次の処方せんを読む時間だったが、このまま温かい幸福感に包まれていたかった。

しかし、その気持ちを振り切って彼は次の指示を読んだ。それは「自分の真意を見つめなさい」というものだった。これは三つの処方せんの中で最も難しく感じられた。そして、それこそが自分の抱える問題の核心であると、すぐに彼は悟った。彼は自分の内面を見つめ、人生のあらゆる側面――あらゆる状況、人――について考えをめぐらせた。そしてとてもつらい発見をした。そこには自己中心的な考え方に支配され、自己を超えた目的や、価値ある動機を持たず、「私にとって何の役に立つのだ？」と常に問う自分の姿があった。

傷付きやすい微妙な問題について、人の話を真剣に聴くことは、自分の中に強い安定性がないとできない。それは私たちの脆さをさらけだすことになり、自分が変わってしまうかも知れないからである。自分の深い内部に安定性がなければ、自分が変化するかもしれないというリスクを負うことはできない。予測可能で確実なものでないと耐えられないのだ。これが先入観と偏見の正体である。前もって判断すれば、新しいことが起こる可能性を考えなくて済む。ほとんどの人間は変化の亡霊に脅えているのだ。

感情移入して人の話を聴き、自分が影響を受けて変化するような場合は、自分の深い部分は何をもってしても変えることなどできないということを分かってないといけない。その深部、核の部分にあるのは、本来の自己、本来の価値を表現する価値観や感覚であり、人からどのような扱いをうけても変わることのないものである。それは侵すことのできない自己、真のアイデンティティーである。

理屈と感情

効果的な双方向コミュニケーションに必要なのは、話の内容と意図を理解し、理屈と感情の言葉を話せるようになることである。

理屈と感情の言葉はまったく違うものであり、感情の言葉の方がはるかに強く心に訴える。だから耳で聞く前に、まず目と心で聴くことが大切なのである。コミュニケーションにおいては、内容を拒否したり決めつけたりする前に、何を言おうとしているのかを理解しなければならない。そのためには時間をかけ、我慢強く相手の理解に努め、感情を正直に出すことが必要である。

あなたの見方を効果的にプレゼンテーションするには、相手の視点をはっきり理解していることを示すことからはじめるとよい。相手より明確に相手の立場・視点を説明するのである。効果的なプレゼンテーションは、相手を理解することから始まるのである。

同情と感情移入

全神経を集中させて相手の話を聴き、自分の自叙伝を反映させることなく、相手の視点から物事を見るには、勇気、忍耐、心の安定が必要である。これは新しいことを学習し、変わっていくことに対して前向きであるということである。相手の心に入って、相手の見方で世界を見るということである。相手が感じるように自分も感じるということではない。それは同情である。そうではなくて、このように世界を見ているからこう感じるのだ、ということを理解することである。これが感情移入である。

感情移入の態度をとることによって、あなたは相手に対して心を開くことになる。また相手は、あなたが学ぼうとしていること、あなたに影響を与えることができることを感じ取ることができる。したがって感情移入することは驚くほど効果的である。相手に影響を与える鍵は、相手があなたに対する影響力を持っていると感じられることにあるのだ。相手を理解しようと努めながら話を聴くことを覚えたら、コミュニケーションについてさらに多くの発見が待っているだろう。相手をコントロールするために小細工をするのは愚かなことであると気づくだろう。また言葉には感情と理屈の二種類があり、どう考えるかよりもどう感じるかということに基づいて人は行動するということを知るだろう。さらに、友好関係がなければ感情が邪魔をして論理的な話ができないということ、恐れが心のしこりとなり、これを取り除かなければ関係は改善しないということなどを知るだろう。

コミュニケーションとは、つまるところ理屈ではなく、信頼と理解の問題なのだ。つまり相手の考え方や感情を知り、相手が自分と違っていても相手の見方から考えると正しいということを、理解することが大切なのだ。

間違ったスタート

個人のコミュニケーションと組織のコミュニケーションの大部分は社会的価値観に支配されている。強力な社会基準を前にして、攻撃を恐れた私たちは立ちすくみ、自己防衛的になる。家庭や会社といった環境は、社会的、政治的に危機状態に陥っていることが多い。そこでは良いイメージをとりつくろったり、自分が得することばかりを考える人間が闊歩し、組織はトップの気まぐれに支配され、敵対心が溢れている。

あなたの時間やエネルギーのうち、何パーセントが防衛的なコミュニケーションに費やされていますか？　あなたの妻・夫や子どもあるいは顧客に向けられず、内輪げんかや部署間の対立、政治的な策略、個人間の争いなどに費やされるエネルギーは何パーセントくらいになりますか？　こういう質問をすると、ほとんどの人は二〇から四〇パーセントの時間やエネルギーが、こうした非生産的な活動に使われていると答える。

こうした無駄遣いに気づいたとき、私たちは率先力を発揮して改革を推進しようとする。こうした努力は劇的で鮮烈なスタートを切るものだが、すぐに泥沼にはまってしまう。政治的駆け引きや防衛的コミュニケーション、個人的な対抗心、部署間の争い、地位をめぐる戦い、人を操ろうとする動きなどに足をすくわれて、改革の率先力は消滅してしまう。改善や改革を提唱するやいなや、巨大な抵抗勢力が立ち上がり、行く手を阻むのである。あまりに長く生きながらえた組織は、内に生まれた改革の芽を自ら摘み取ろうとするものなのだ。

新しい率先力は、コミュニケーションのプロセスを改善し、聴くスキルと、自分の視点を明確に説明するスキルを向上させることに焦点を置いている。一方、古いタイプの率先力は問題解決のスキルと効果的なチームのつくり方に焦点を合わせている。こうしたトレーニングは、組織内に協力の精神を植えつけようとする試みである。しかし政治的駆け引きや強制のパワー、地位を守ろうとする意識、飴と鞭による動機づけなどがあまりにも深く根付いている組織では、人々はこの率先力に抵抗しようとする。彼らは率先力に対して冷笑的になり、良い変化をもたらそうと必死になってやっても、結局は失敗に終わる無駄な努力と受け止める。しだいに組織は疲弊し、道徳観も失われ、生き延びること、高い給料を得ること、地位を守ることが最大の関心事となっていく。そんな組織では多くの社員は仕事に充実感を見いだせないために、それ以外のところで満足感を得ようとする。満足感を与えてくれる活動に金をつぎこむために、仕方なく仕事をするのである。

組織内に原則中心のリーダーシップが育つまで、コミュニケーションを改善しようとする努力は長続きしないだろう。基礎は一人一人の人間と人間関係にある。もし基礎を無視すれば、改善への努力は失敗し、挫折するだろう。効果的なコミュニケーションはお互いの信頼の土台の上に築かれる。そして信頼は、政治ではなく個人の信頼性の上に築かれるのだ。

Chapter 10

第10章

影響のおよぶ範囲を広げる30の方法

Thirty Methods of Influence

私たちは私生活において、仕事において、いろいろな人々に影響をおよぼしたいと思っている。新しいビジネスを開拓したい、顧客をつなぎ止めたい、友情を長引かせたい、態度を改めたい、結婚生活をより良いものにしたい、家族の絆を深めたいなど、さまざまな動機があるだろう。

しかし、いざとなるとどうやっていいのか、その方法がわからない。どのようにすれば、他人に強く働きかけ、道徳観念や生活に影響を与えることができるのだろうか。影響の形態には基本となる3種類がある。①自らの態度で模範を示す（影響をおよぼされる他人はそれを見る）、②思いやり溢れる人間関係を作る（影響をおよぼされる他人はそれを感じる）、③指導する（影響をおよぼされる他人はそれを聞く）である。

今から述べる「30の影響をおよぼす方法」は、これら3つの基本的なカテゴリーに分類することができる。

模範を示す――自分を知り行動する

1. 意地の悪いことや否定的な意見を口に出すのを差し控える

腹を立てているときや、疲れているときは特に気をつけなければならない。自分がこのような状態のとき、皮肉や意地悪を言わないようにするのは自制心の究極の表れである。言うならば、口に出さないという勇気なのだ。勇気はありとあらゆる試練に立ち向かうために、一番大切な資質である。たとえば経営者が、怒りなどで普通の精神状態でないとき、自制の力を働かせなければ、社員を怒りの

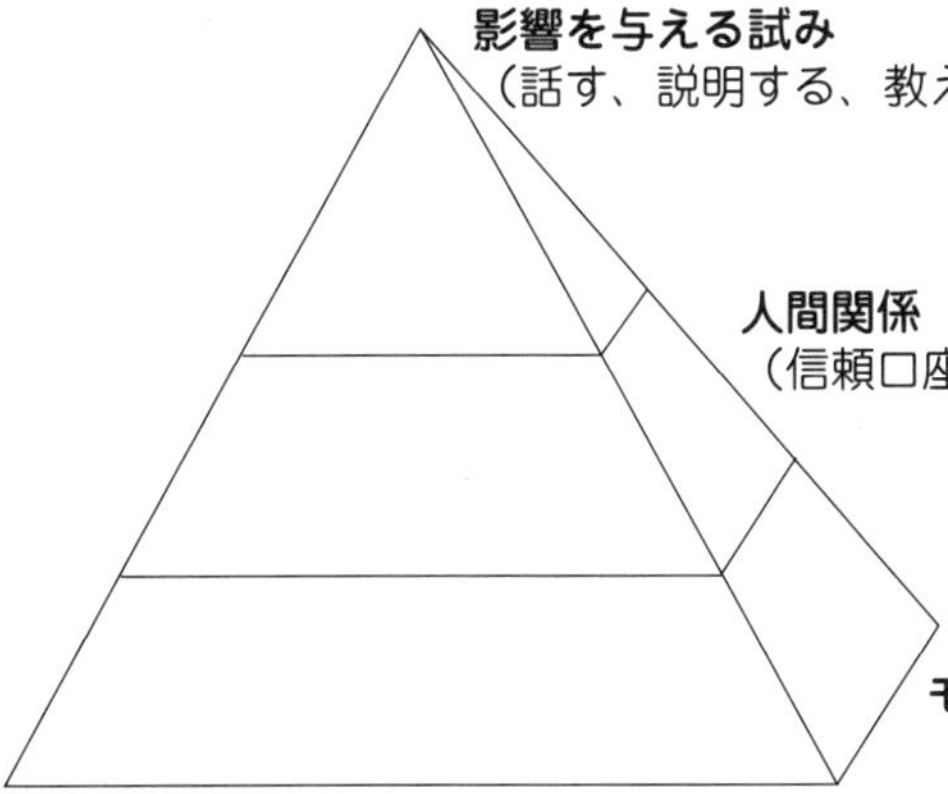

捌け口にし、フラストレーションをぶつけてしまうかもしれない。自己との戦いに勝ち、私的成功を手に入れるためには新しい模範や手本が必要なのである。それをもとにして、動機づけを行い、視野を広げ、コントロールできる力を増やしていけばいい。衝動的な会話や、人を激しく批判するのをやめ、自分の態度を変えていけば、影響力も増していくに違いない。

2．他人に対して寛容になること

ストレスを受けてイライラしている。こういうときは、自分の中の短気が顔をのぞかせているのだ。自分で思ってもいないことが口を突いて出てくる。本当は言うつもりがなかったのに言葉にしてしまう。現実と心の調和が取れていないのだ。感情的になっているので、理論的に話そうとせず、不機嫌で傲慢な態度をとってしまう。批判や非難が溢れだし、相手の言うことを聞こうとしない。このような態度で他人に接してしまえば、後に残るのは傷付いた心と緊張した人間関係だ。相手に対して寛容であるということは、信頼、希望、英知、そして愛を実際の行動として示すことである。さらに言えば、寛容さは積極的なプラスの感情であり、無関心、相手との根比べ、嫌々ながらの服従などの消極的感情とはまったく異なるものである。寛容さは勤勉な精神から生まれるものだ。段階的なプロセスを踏み、自然の成長の輪へ入っていけば寛容さへとたどり着くだろう。人間の一生は学びの連続である。精神の筋力を高め、寛容さを身につけていく機会は人生のいたるところに用意されている。約束の時間に遅れてくる人、定時に出発しない飛行機、子どもの話を繰り返し聞くこと……。急用であたふたしているときに限って問題は起こる。このような事態に直面したときにこそ、寛容さを発揮しなければならないのである。

3. 人とその人の態度や行動を分けて考える

不謹慎な行動や低い目的達成能力を認める必要はない。しかし、良し悪しの判断とは別に、その人間とコミュニケーションを取りながら、内在する才能を引き出し自尊心を生み育てる手助けをしなければならない。この取り組みは究極の目的達成能力をあなたの中から引き出すだろう。個人とその人の態度や行動を区別して考える力は、その人の本質的な価値を引き出し、また、あなた自身の価値を高めることになるはずである。

4．人知れず行う奉仕活動

人知れず善行を行うとき、内在的な価値と自尊心が高まる。さらに、世に自分の行動を知らしめたり、何らかの見返りや報酬を求めず、人に貢献することで、他人の価値を見抜く力も高めることができる。自己を犠牲にして奉仕活動を行うとき、影響のおよぶ範囲は非常に広くなり、大きな広がりを見せるのである。

5．主体的な反応を選択する

人は多くの素晴らしい知識を持ちながら、その知識を行動に結びつけていない。なぜ知識を行動に反映させないのか？　自分の反応を意識的に選択しないからである。選択するということは、自分自身の観点から物事を判断し、自らの行動と反応を決定するということである。そして自分の行動と態度に対する責任を取り、他人や状況のせいにしないということでもある。選択を行う過程で動機やコンセプトが矛盾と摩擦を引き起こし、究極の内面の葛藤を経験するかもしれない。上手に選択をする練習をしなければ、私たちはいつも通りの、状況に流される選択をしてしまうだろう。他者からの条件づけや周囲の環境など、いろいろな刺激に対して自分がどのように反応するかを選択できるようになれば、あなたは、完全なる自由と力を得たことになるのだ。

6．約束を守る

決意と約束を守ることによって、他人に影響をおよぼす力を得られる。自らを高めるために、積極的に約束（決意、公約、誓約、契約）をしよう。しかし、守れない約束は決してしてはいけない。そのためには、知恵と知識を駆使して約束を厳選しなければならない。約束や決意を守り達成する能力は、自分自身に対する信頼と、高潔さの証しなのである。

7・影響のおよぶ範囲に集中する

自分がコントロールできる物事に集中し、より良いものに変えていこうとする試みは、結果として、影響のおよぶ範囲を広げることにつながる。コントロールできる問題は、習慣を変えることによって解決される。コントロール不可能な問題については、自分の態度を変える必要が生じる。たとえば、「部長が俺のぎっしり詰まったスケジュールと、頭の痛い問題について、もっと理解を示してくれれば……」などとため息混じりに呟いた経験はないだろうか？　しかし一方で、上司が時間を取って耳をかたむけざるを得ないほどの、きちんとしたプレゼンを行い、自分が抱えている問題や方針を理解してもらえるように努力する人間もいるのだ。コントロールできない問題に対する反応を選ぶのは自分自身なのである。誰から、何から、どういう影響を受けるか、それを決めるのは本人なのだ。ウイリアム・ジェームズは、「私たちはほんの少し態度を変化させることによって、状況をがらりと変えることができる」と述べている。

8・愛の法則に従う

愛の法則に従うということは、人生の法則に忠実であるということだ。うぬぼれが強く、外見はタフに見える人間に限って、内面は非常にもろいものだ。彼らの心の声に耳をかたむければ簡単にわかるはずである。そのような人に対して、愛を持って接すれば、非常に強い影響をおよぼすことができるだろう。しかし、その愛は無条件の愛でなければならない。無条件の愛は人々に自身の内在的な価値を認識させる。そして、良い行動や他人との比較によってのみ評価され、愛されるのではないという安心感を与える。多くの人々は、ファッションや、ステータス・シンボル、地位や業績、交友関係など、外的なものから安心感と力を借りている。しかし、力の借入は必然的に弱さをつくり出す。表面的な人間関係や、うわべだけのテクニック、嘘と偽りに満ちた成功への方程式、こんな下らないものは誰も本心では信用していない。偽りのない愛だけが信じるに値するものだと、人々は知っているのである。

人間関係——他人を理解し大切にしているか？

9．他人の誠意を信じる

他人の誠意を信じれば、素晴らしい結果を生む。他人もベストを尽くしているのだと信じ、その仮定のもとに行動すれば、極めて強い影響をおよぼすことができる。それは人々の最上の能力を引き出すことにつながる。人は、日ごろから区別し分類し、検証し判定を下している。それは目まぐるしく変化する複雑な現実社会の中で生きている私たちの不安とフラストレーションのあらわれでもあるのだ。しかし判定を下す前に信頼してみよう。人は誰でもさまざまな側面と底知れぬ可能性を持っている。はっきりと分かる能力もあるし、眠っている力もあるだろう。個人の潜在能力は、他人からどのような扱いを受けるか、どう思われているかによって、表面化する確率が変わってくる。眠れる能力を導き出すには深い信頼が必要なのである。もちろんがっかりする結果に終わることもあるだろう。信頼を逆手に取って利用しようとする者も出てくるに違いない。世間知らずでだまされやすい奴だと思われる可能性もある。しかし、心からの信用は、ほとんどの人の隠された能力を解き放つはずである。数例の失敗が大多数の可能性の妨げにならないように、気をつけなければならない。他人への心からの信頼、そして、その信頼が良い動機と安定した心と共にあるとき、私たちは他人の善良な部分に訴えかけることができるのだ。

10. まず相手を理解する

まず相手を理解しようと努め、次に自分が理解されること。人とコミュニケーションしているときには、五感のすべてを使って、本当に集中して相手の話を聞くこと。次に、感情移入の傾聴をすること。相手の立場から物事をながめる努力をし、いわゆる「相手のくつを履く」時間をとること。このプロセスは勇気と非常な忍耐を必要とする。さらに自らの心の安定性も重要になってくる。しかし人は、本当に理解されたと感じない限り、あなたの影響を受け入れようとはしないものである。

11. 率直で正直な意見や疑問を評価すること

率直で正直な意見や質問を述べる人は多くの場合敬遠され、罰せられる。周りはその人をけなし、批判し、責め、そして当惑する。普通人は、自分の意見を率直に表明せず、ごまかしたり、守りの姿勢に徹したり、質問を差し控えるといった行動に出る。批判や批評の精神を捨てて、本当に実りのある正直な考えを尊び、襟を正して聞く姿勢がとても大切なのである。

12. 本当の理解をもって反応を返すこと

相手の話を理解しているということを示すには、相手の感情を反映した答えをすればいい。このような傾聴の姿勢と見せると、3つの素晴らしい結果を得ることができる。①相手に対する理解が増し、その人の本当の気持ちと問題が明確に見えてくる。②責任ある自立感が成長し新しい勇気が芽生える。③真の信頼関係を相手と築くことができる。

相手の感情を反映した反応は、相手が感情的になり思いをぶちまけているときに、非常に効果的である。しかし、この傾聴の方法は、上辺だけのテクニックではない。心から相手のことを理解したいと思う気持ちが伝わるような真摯な態度を伴っていなければ駄目なのである。もし、裏に隠されたごまかしの思惑を察知すれば、相手は決して心を開いてはくれないだろう。誠意を持って理解しようとする姿勢が重要なのだ。

13. 傷つけられたら先手を打つ

誰かに気分を害されたときの対処法は？　たとえば、その人に悪意はなく、結果的にあなたの気持ちを傷つけることになってしまった、あなたが傷付いているのが分からないので、いつまでもその行為をやめようとしない。そのような場合、さっさと自分から事態の打開に乗り出すべきである。率先して行動を起こさなければ、その先さらに事態が悪化する恐れがある。まず第一に、傷つけられたと感じている人は、ずっとそのことを考え続けるので、頭の中で事実が反復されてどんどん成長し、ついには必要以上に重大な事件となってしまう可能性がある。第二に、傷付いた人は、再度傷つけられないように防御体勢を取るようになる。小さな刺激に対しても大袈裟に反応し、自己防衛のための攻撃をしかけるようになるだろう。このような悲劇的な事態に陥らないためには、先手必勝だということを肝に銘じてほしい。しかし、事態の打開へと乗り出すときには、善の心が重要である。正当性の立証や義憤にかられての行動であってはならない。相手を裁いたり嫌な奴だというレッテルを貼るのではなく、なぜ相手の行為が自分を傷つけたのか、そのときの気持ちを理解してもらえるように説明する姿勢が大切である。相手の威厳と自尊心を守り、恐怖心を起こさせずに、自分の気持ちの理解を求めるのである。個人の感情、意見、認識は客観的な事実ではない。このことを心に刻み、思考を管理し謙虚さを持って他人に接すれば、必ず事態を打開できるだろう。

14. 間違いを認め謝罪し、心から許しを乞う

極めて緊張した人間関係の真っただ中にいるときには、自分から非を認める姿勢を示すことが大切だ。本当に深く傷付いている人は、孤立し、心を閉ざし、相手を心の監獄の檻の中に閉じ込める。いくら今後の態度を改めようとも、それだけでは十分ではないのだ。ただひとつの方法は間違いを認めて謝罪し、心から許しを乞うことである。言いわけや説明をくどくどと繰り返さず、弁解もしない。

誠心誠意謝るしかないのだ。

15.　空回りする口論は空へ放り出す

だらだらと続く口論や、ばかげた言いがかりの応酬には参加せず、そのまま放っておく勇気が必要だ。無視していれば、そのまま立ち消えていく。言いがかりにいちいち反応し、理由を枚挙し真面目に対応しようとすれば、相手につけ入る隙を与えるだけでなく、鬱積した敵意と怒りをさらに増大させる結果となる。言いがかりを聞き流し、自分のやるべきことを粛々とこなしていればいい。そうすれば、相手は自分の無責任な言葉の引き起こす当然の結果に苦しむだけである。悪意の論争の輪に巻き込まれてはいけない。巻き込まれてしまったが最後、噛みつかれ、傷の痛みに悩み、他人の弱さを自分の弱さにしてしまう。今日の言い争いは、明日の誤解や非難、論争や対立の種となるのである。無益な議論を素通りさせる力は、強制的な意見の応酬や弁解の場から、あなたを遠ざけ、心の平和をもたらすだろう。内的平和は責任を持って生活し、良心の声にしたがって行動することで得られるのである。

16.　一対一の関係を大切にする

仕事や教会、地域の活動、不特定多数の恵まれない人々への奉仕活動。このようなことには一生懸命取り組むが、一方で配偶者との深く意義のある関係を築く努力はしない。自分の妻や夫と意義深い関係を築くには、不特定多数の人間に奉仕をするよりも、もっと深いレベルでの人格の高潔さ、謙虚さ、そして忍耐が必要となるのである。多くの人を喜ばせる活動は、より多くの感謝と尊敬、評価を集める。たった一人を満足させるよりもそちらの方を選ぶのも当然だと考えたくなるのも分かる。しかし、大切に思う一人のために時間を取り、一〇〇パーセントの自分を捧げることの大切さは誰もが十分知っているはずである。探る、解釈する、比較する、そういったことをすべてやめて、ただ純粋に子どもたちと一緒に過ごす時間を作るのも大変有意義で大切なことなのである、

17. 人と共有できる約束をすること

あなたの基本的な約束を、友人や家族、社員と共有できるようにすること。意見の違いが表面化してしまう問題や論争よりも、共通の約束や価値を認識することに、人々の深い忠誠心や感情は重きを置くものだ。相違点は無視されるわけではないが、共通点の下部に追いやられる。個人の観点や論点は人間関係を損なうほど重視すべきものではない。

18. まず相手から影響を受けること

私たちが人から影響を受けたと感じる程度に、人も私たちから影響を受けたと感じているはずである。「あなたがどれだけ知っているかは気にしない。あなたがどれだけ気にしてくれているかが知りたいのだ」という言い回しがある。あなたが本気で心配し、独自の感情や問題を理解してくれていると感じられたとき、人はあなたに影響を与えたという気持ちになる。その結果、その人は驚くほどあなたに心を開き、溢れる思いを語ってくれるはずだ。処方された薬を飲む気になるのは、常に医者の診

断が終わってからなのである。

19.　人と状況を受け入れること

他人に変革をもたらし能力を向上させる第一歩は、その人のあるがままを受け入れることである。否定、比較、批判は人をかたくなにし、防衛的な行動へと追い込んでいく。無条件で受け入れられたと感じたとき、そして自分に価値があると思えたとき、人は自分を守る必要から解き放たれ、自然に内側から成長を始めるのである。受容は弱さを容認することではない。他人の意見に常に賛成することでもない。他人を受け入れるという行為は、その人独特の思想と感受性に理解を示すことによって、内在的価値を肯定することなのである。

説明する――何を話すのか

20.　話す前に心の準備をする

どう伝えるかは何を言うかよりも重要である。問題や試練があって、親の助けを必要としている子どもたちが学校から帰ってくる前に、すこし休んで、自分の体勢を整えておくことが大切だ。深呼吸をして、気持ちを整理する。快活で楽しい気分になるように自分を高揚させ、帰宅した子どもたちにとって気持ちのいい環境を作るようにする。そして、子どもたちの話に耳をかたむけ、全身全霊で理解しようと努めるのだ。仕事を終えて帰宅するときにも同様に時間をとり、自問自答する。「妻（夫）

と子どもたちを心地よい気分にさせるにはどうすればいいだろう？　どうしたら今夜は皆で楽しく過ごせるだろう？」帰りの車の中で少しの間考えてみるのだ。深呼吸をして、最高の自分であろうと努力する。そのうちに疲れもどこかへ飛んでいき、新たな気分で家路をたどれるのではないだろうか。

21. 闘争と逃走を避ける——違いから学ぶ

闘争か逃げるか、争いにおいて通常とられるのはそのどちらかである。戦いの形態は実にさまざまである。暴力に訴える者から怒り、憎しみなどの感情を露にする者までいろいろな人がいる。さらに、巧妙な皮肉、とげのある受け答え、巧妙な反論、バカにしたユーモア、批判、反抗など、数え上げればキリがない。逃避にもたくさんの種類がある。自分を可哀想に思いながら身を引く人間はその最たるものだが、このようにすねている人は、後々復讐の火を燃え上がらせ報復へと乗り出すので大変危険である。また、冷淡になったり無関心になるなど、責任を回避し、相手との関わりを持たないようにするのも逃避の形としてよく見られる。

22. 教えどきを見極め、説明の時間をたっぷりとる

究極の教育の瞬間は、違いを認識するときだろう。しかし、教えるという行為は、非常に微妙な調整が必要な行為なのである。教えどきとそうでないときを常に認知していかなければならない。次に述べるのは教えてもいいときである。①対象となる人が脅威を感じていないとき（相手が脅威を感じているときに敢て教えようとすれば、怒りを買い、敵意を増大させるだけである。相手が安心し受容的になるまで待つか、適切な状況を改めてつくる方がいいだろう）。②怒りやフラストレーションを感じていないとき。愛情と尊敬の気持ちで満たされ、自分の心が安定しているとき。③相手が助けや支援を必要としているとき（ただし、相手が落ち込んでいたり、いろいろなプレッシャーにつぶされそうなときに、焦って結果を出そうとしない。溺れている人に泳ぎを教えるようなものである）。覚えておこう――私たちは毎日教えと学びを実行していると言える。なぜなら、私たちは自分たちの人格を、常に周囲に向かって発信しているからだ。

23. 制約、規範、期待、結果について合意する

これら4つの事項を明確に設定し、合意し、理解を促し、実行すること。判断基準が明確であることは個人の心の安定につながる。何が期待されているか、どこに制約があるのか、ルールは何か、そして結果は？　自分に求められていることが不明だったり、制約がころころと変わったり、独断と偏見によって規範が設定される毎日を送っていれば、人生は絶不調に陥ってしまうだろう。今日はこれ、明日はあれと、気持ちの落ち着く暇もない。このような世の中では、人をだます才覚だけを頼りに生きている人間がいるのもうなずける。人生がごまかしのゲームになれば、だまされる方が悪いという理論も成り立つのである。

24. 諦めない、屈服しない

自らの行動が引き起こした結果から本人をかばうのは、決してその人のためにならない。反対に非

常に不親切だと言えるだろう。その人間が不完全で弱いのだと公言しているようなものだからだ。同情や弁護によって無責任な行動に屈すれば、その行動を容認したことになる。それは無謀な行動を増長し促進することに繋がる。一方、無視や激しく非難する行動は、諦めの感情を示していることになる。諦めの感情は、せっかく芽生えたやる気と意欲を損なう。諦めない、屈服しないという規律は、愛によって鍛えられ、自制と責任によって生まれる。この規律がなければ、気にかけていれば屈服し、気にしなければ諦めるという、抵抗のない簡単な方法が採られるようになる。

25. 人生の岐路に立ち会う

自分の大切な人が、一時的な感情に左右されたものの見方、そのときの気分、不安定な心、自信のなさといった要因によって、重大な決断をするのを見過ごすわけにはいかない。どうすれば彼らの思考に良い影響をおよぼせるのだろうか。まず、行動する前によく考えてみることが大切だ。そのまま行動してしまえば、現在の相手との関係や与えている影響までも損なう結果となるだろう。私たちは、人間というものが何を知っているかよりも、どう感じているかを軸として行動を決定するものだと理解しておく必要がある。行動の背後にある動機というものは、頭の作用ではなく心の作用なのである。私たちの語る道理や論理が、相手の感情や心情に訴えかけていないようであれば、外国語を聞くような気持ちで、非難も拒否もせずに彼らの言葉に耳をかたむけなければならない。このような態度で臨めば尊敬と受容の心が相手に伝わるはずである。守りの姿勢は崩れ、戦おうとする感情は消失していく。そして、正しいことをしようという欲求が心の中に復活するのである。

26. 理論と感情の言葉を話すバイリンガルになる

理論の言葉と感情の言葉には、英語とフランス語ほどの差がある。相手とコミュニケーションするための共通語が見つからないときは、これから述べる4つの方法の内どれかを試すことをお薦めしたい。①時間をかける。快く時間をかけてコミュニケーションを図ろうとする姿勢は、相手が自分にとって価値のある人間だということを示唆する。②忍耐強くする。忍耐強く相手に接する態度にも相手の価値を認めている姿勢が表れている。「あなたのペースで構わないですよ。いくらでも待ちますので、気にしないで下さい。あなたにはそれだけの価値があります」③あくまでも理解しようとする。理解に向けての誠実な努力は、戦いや守りの姿勢を相手から取り除くはずだ。④自分の感情を隠さず表現する、言葉ではなく態度でも理解しようという努力を示す。言葉と態度の一致を心がける。

27. 効果的に人に任せる

効果的に人に任せるためには、勇気が必要である。程度に差はあれ、他人が失敗をおかす可能性をも容認し、自分のお金と時間をかけて仕事をさせることだからだ。この勇気は忍耐、自制、他人の可能性への信頼、違いを尊重する心から生まれる。効果的な人任せは、与える責任と受け取る責任という双方向性の責任のやり取りである。それには次の3つの段階がある。まず初めに望む結果についての合意。ここでは、出すべき結果についての明確な相互理解を得る。

使用可能な資源は何か、権限は？　自由裁量の幅やガイドラインなどをあらかじめはっきりさせておく。次に、人に任せる。重要なのはその間、任せた相手を全面的に支援すること。監督者はヒューマン・リソースとして協力し、常に当人のやる気を盛り上げなければならない。失敗を恐れてハラハラしているだけの、いわば敵であってはならない。使える資源を提供し、障害を取り除き、任せた人物の判断と行動を支え、ビジョンを与え、必要な訓練を施す。そしてフィードバックを共有するのである。3つめの段階は、結果の報告である。これはおもに結果について自己評価を意味する。履行方法を検討、考察させる。結果そのものが、委任のプロセスが成功したかどうかのすべてを物語っていることは言うまでもないからだ。

28. 意義深いプロジェクトに参加させる

意義深いプロジェクトへの参加は、癒しの効果がある。しかし上司にとって意義深いことは、部下にとってはまったく意味のないことかもしれない。その人が企画、立案の段階からプロジェクトの一員になっていることが、意義を感じる条件だといえよう。人は皆、大義の一部分となっていたいのだ。大義がなければ人生が意味のないものになってしまう。リタイアをして張りのない生活を送るようになってからの寿命は短いのが常である。人は緊張によって活力を持続させる。私たちの今現在の状況と、将来こうありたいと望む状態との張り詰めた関係によって維持される。素晴らしい目標は努力によって達成される価値があるのだ。

29. 「農場の法則」で教える

畑を整地し、種を蒔き、苗を栽培し、水をやり、下刈りし、収穫する、といった「農場の法則」を教える。自然のプロセスに焦点を当て、人間の成長もこのシステムに組み込まれているのだということを説明する。そして、蒔いたものしか刈り取ることはできないという事実から、代償を払わなければ得るものはないということを説明し理解させる。

30. 自然の因果関係から責任ある行動を学ぶ

自分の行動が生む自然で必然的な結果から、責任ある行動の大切さを学び取らせるのは大変親切な行為であると言えるだろう。多分この行為は嫌がられ怒りをかうだろう。しかし、好き嫌いは人格の成長の度合いによって変わっていくものである。だから負の感情を持たれることを恐れてはならない。正義の主張は、真実の愛がなければできない行為なのだ。その人の人格の成長と安定を心から願っていなければ、嫌われるのを覚悟であえて厳しい行為を選んだりはしないのである。

3つの大きな過ちを克服する

他人に影響をおよぼそうという試みの中で、私たちが共通しておかす3つの間違いがある。すべての間違いは、３つの影響の分野を省略したり無視したりすることで起こる。

間違い1　人を理解する前に助言すること

相手に助言やアドバイスを与えようとする前に、相互理解の関係を構築しなければならない。相手はこう思っている。「私に影響をおよぼしたいのなら、まず私を理解してほしい。私の考え方や立場、状況を本当に理解していなければ、どうやって助言やアドバイスをしていいのか、あなたに分かるはずがない。私の個性によってあなたが影響を受けなければ、あなたのアドバイスに影響を受けようとは思わない」

解決策――感情移入の傾聴――理解してから理解される

間違い2　行動や態度を変えずに関係を築こうとする、あるいは再構築しようとする。

私たちはしばしば、行動や態度を根本的に変えようとせずに他人と関係を築こうとしたり、壊れた関係の修復を試みたりする。しかし、過去の矛盾した行動や不誠実な態度が周知の事実になっている場合、「友情を勝ち取るテクニック」などの付焼刃的方法が通用するはずがない。ここでエマーソンが的確に表現した言葉を紹介したい。「あなたの人格があまりにも強く語りかけるので、私の耳にはあなたの言葉は聞こえない」

解決策――一貫性と誠実さ

間違い3　良い人間関係と信頼が十分に築けていると思い込んでいる

私たちは、良い人間関係と信頼が十分に築けていると勝手に思い込み、周りの人々に明確な説明をする必要がないと思っている。愛のないビジョンから動機が抜け落ちているように、ビジョンのない愛は目的、ガイドライン、基準を欠き、揚力を持たないのだ。

解決策——ビジョン、ミッション、役割、目的、ガイドライン、基準を説明し話し合う

結局、私たちの行動や言葉よりも私たち自身がどういう人間かということが、雄弁に、そして説得力をもって他人に語りかけるのである。

Chapter
11

第11章

家庭と結婚生活を豊かにする8つの方法

Eight Ways to Enrich Marriage and Family Relationship

仕事の成功は、家族の人間関係や結婚生活の失敗を補ってはくれない。人生の帳簿には、バランスの欠如という負債がしっかりと書き込まれるのである。

夫・妻や子どもとの人間関係は、他の関係と同じように、エントロピー増大、つまり乱雑さと消滅へ向かう傾向がある。結婚と離婚を繰り返すことは、人生で最も悪質で無益な行為のひとつである。短期間で終焉をむかえるロマンスと情事は、中絶された子どもはもちろん、生まれた子どもにも恐ろしい結果をもたらす。

結婚生活と家族関係を健全に保つことは簡単なことではない。まず原則中心の夫・妻チームを先頭にして進むのがいいだろう。次に示す8つの原則中心の課題に従えば、家族の人間関係は再生され、豊かになるだろう。

1．長期的な展望を持ち続ける

家庭生活や夫婦生活について長期的な展望を持たなければ、いずれやってくる困難や揉めごと、苦難に耐えることはできない。しかし長期的な展望と意志があれば道は開ける。

短期的な展望や考え方しか持っていなければ、私たちは泥沼にはまっても、自力で脱出しようともがくだけである。短期的な展望しか持っていない者にとって、夫婦や家庭の問題は、自己実現の特急列車を邪魔する目障りな障害物にすぎない。

あなたは結婚生活や家庭における長期的展望や短期的展望を持っているだろうか。次のような実験をして調べてみよう。紙を用意し、左上に「短期的な展望」、右上に「長期的な展望」と書く。真ん中に夫婦や家族に対してあなたが抱いている疑問や関心事、関連事項を書き出す。たとえば夫・父親や妻・母親の役割、経済の計画、子どものしつけ、親戚との関係、出産計画、ライフスタイルなど。そして各項目について短期的展望、長期的展望を検証してみよう。

この作業は、夫・妻や子どもとの関係について深く洞察する機会となるだろう。そして理想と現実をつなぎ、ふたつの側面（抽象的、理想的で霊的な側面と、堅実で世俗的、日常的な側面）に分断された人生からあなたを救い出すきっかけともなるだろう。

2．結婚生活と家庭生活の脚本を書き直す

子どものころは最も依存心が強く、傷付きやすく、愛と受容と家族を必要とする。そして子ども時代の体験が私たちの人生をかたち作る。親や他の大人は子どもにとってお手本である。子どもは良かれ悪しかれ、模範と一体化してしまうものだ。したがって結局、大人が人生の脚本を与えることになる。この脚本は私たちの一部となり、私たちの役割を決める。またこの脚本は意識的に選択されるというより、知らぬ間に心に染み込んでいる。それは私たちの奥深くに潜む傷付きやすさ、他人への依存心、愛と受容、帰属意識、自分の価値や重要性を感じる心から生まれてくる。したがって、模範を示すことは親の最も基本的な義務と言える。なぜなら親は人生の脚本、ほぼ確実にその後の人生を決定づけることになる脚本を子どもに手渡すのであるから。

人間は聞いたものより、見たり感じたりしたものにはるかに大きな影響を受ける。脚本は九〇パーセントが模範や親との関係、一〇パーセントが語られた言葉によってつくられる。したがって私たち

が毎日生きる姿こそが、何よりも子どもに大きな影響をおよぼすわけである。親として崇高な道徳的原則を雄弁に語る一方で、いつも人の悪口を言ったり愚痴をこぼしたり、冷酷であったり薄情であったりする人間であってはならないのである。

私たちは脚本に強く影響を受けているが、それを書き換えることもできる。新しい人間像と人間関係を自分のものとすることができる。新しい脚本は本で正しい原則を読むだけでは手に入らない。その原則を体現している人と関わりを持ち、その人に自分を重ね合わせることによって可能となるのだ。正しい原則は、間違った模範や規範を補償してはくれない。正しい原則を生徒に教える方が、原則を理解し、愛するよりもずっと簡単だ。感情移入して心を開き、自分を理解してもらったり、愛されたりするより、素晴らしい助言を与える方がずっとたやすい。相互依存的に生きるより自立して生きる方がずっと楽である。道を照らす光となるより人を裁く方が楽である。模範となるより批判者となる方が簡単なのである。

結婚生活で直面する問題のほとんどは、期待される役割に対する見解の相違や脚本の対立から生じてくる。たとえば、ある夫は庭の手入れをするのは妻の役割だと思っている。なぜなら彼の母親が手入れをしていたからだ。一方妻は、それが夫の役割だと思っている。なぜなら彼女の父親がそれをやっていたからだ。対立する脚本があらゆる問題を積み重ね、あらゆる違いを増幅していくことで、小さな問題が大きな問題へと発展してしまう。夫婦間あるいは家庭の問題が、期待する役割の違いや、脚本の対立によって増幅されたものでないか、よく調べてみる必要があるだろう。

3. 自分の役割を再考する

夫・妻や親には3つの役割がある——生産者、マネージャー、そしてリーダーである。生産者とは目標を達成するために必要な活動を自分で行う人のことである。たとえば、自分の寝室を掃除する子ども、ゴミを出す父親、赤ん坊をベッドに寝かせる母親などは生産者である。また生産者は、より良い結果を出すために道具を使うこともある。

結果を重視する親は、たとえばきれいに片付いた部屋や手入れの行き届いた庭のことだけを気にする。こうした親はほとんどの仕事を自分でやっていて、子どもが割り当てられた仕事をしていないと言って叱る。もちろん子どもはその仕事をやる訓練も受けてないし、準備もできていない。

多くの生産者的親は、人に任せる術を知らない。だから全部仕事を自分でやって、それに忙殺されてしまう。そして毎晩疲れきって、イライラしながら愚痴をこぼし、みんなが役に立ってくれないことに落胆しながら眠りにつく。彼らは問題を解決するには自分で鍬を握り、仕事を片づけないといけないと思ってしまう。だから彼らの仕事は規模が小さく、いつまでたっても低空飛行である。彼らは人に任せる術を知らないので、ほかの人に仕事を任せて自主的にこちらの期待にそった働きをしてもらうことができない。あるいは人に任せようと思っても、結局「人にやり方を説明したり訓練したりするより、自分でやった方が早い」と思ってしまう。そして仕事を任せることをあきらめ、自分でやって疲れ果て、苦しみと自己憐憫に終わる。いつまでも、こなしきれないほどの仕事に追い立てられ、疲労と落胆から解放されることはない。彼らはミスに過剰反応し、すぐに直しにかかる。いつも辺りをうろつき、絶えず仕事をチェックする。そして子どものやる気を疑い、結局、自分が予測した通りになってしまう。「ほらね。初めからできないと分かっていたんだ」

一方、マネージャーの役割を果たす親は、人任せがうまく、子どもに家や庭の仕事を的確に与える。人に任せる術は、てこの原理のようなものであり、ひとつの入力で多くの出力を生み出すことができる。マネージャーである親は子どもという生産者に弱点があれば、これを補う。またシステム構築（特にトレーニング、コミュニケーション、情報管理、補償のシステム）の必要性を理解しており、正しい原則に基づいた手順と手法を標準化する必要性も理解している。したがって作業の多くは自動操縦によって行われる。しかし、まさにそのために、柔軟性に欠けた官僚的な方法重視、システム重視の傾向に陥りやすくなる。やがてマネージャーは、効果ではなく効率に焦点を合わせるようになる。つまり正しいことをやるのではなく、正しくやることに集中するようになるのである。

結婚生活や家庭生活は本質的に相互依存的なものである。だから家庭の中にマネジメントがないと、家族の日々の役割や仕事のやり方がコロコロ変わってしまうことになる。手順や方法が定まっていないので皆が疲れてしまい、役割が明確に決まっていないために、誰がやるべきかで対立が起こる。そして、やり残された仕事をめぐって口論が始まってしまうのである。優れたマネージャーになるには、高いレベルの自立、心の安定、自信が必要である。そうでなければ、積極的にコミュニケーションをとって協力して働いたり、人に仕事を任せたりすることはできないし、柔軟に相手の要求や事情にあわせて行動することもできない。

リーダー役の人間は変化をもたらす。しかし変化は人を狼狽させ、恐怖や不安感をあおる。そういうときは、変化に反対する人が心配していることを感情移入して聴き、彼らが気にしていることを語ってもらい、受け入れ可能な新しい解決策を一緒につくっていくことで、懸念をやわらげてあげよう。こうしたリーダーシップが発揮されなければ、家族の反感は強まり、古くさく融通のきかない、いわば官僚主義的な雰囲気が生まれてくるだろう。また夫婦間の関係も冷たい調和とでもいうべき状態に陥ってしまうだろう。

優れたマネジメントが行われているのに、リーダーシップが欠けている家庭は多い。たとえば、前に進んではいても、進む方向が間違っていたり、素晴らしいシステムとチェックリストを備えておきながら、思いやりや温もり、感情が伴わない、といった家庭である。こうした家庭では、子どもは一日も早く家から出て行きたいと感じるようになり、いったん外に出ると、家族としての義務を感じる場合にだけ帰ってくるようになる。こうしたことは個々の家庭だけでなく、親戚どうしの関係でも見られる。お互いへの愛情と関心から頻繁に集まってくる家族もあれば、ある特定の人物への義務感から、必要なときだけ、いやいや集まってくるような家族もある。後者のような家族関係では、中心になっていた人物が死ぬと、皆それぞれ別の道を歩み始め、離れた町に住み、兄弟姉妹や、いとこ、おじ、おばなどの親戚よりも、近所の人や友人に親しみを覚えるようになる。

母親は生産者、父親がマネージャーで、リーダーは不在という家庭では、子どもは無理矢理やらされる場合を除いてほとんど仕事をしない。リーダーの役割は、模範とビジョンを与えて方向性を示し、相手に愛を与え鼓舞して、やる気を起こさせることである。また、尊敬の念に基づいてお互いを補い合うチームをつくり、効果性を重視し、方法、システム、手順よりも結果に焦点を合わせることである。

これらの3つの相互依存的な役割――生産者、マネージャー、リーダー――は結婚生活や家庭生活において欠かせないものである。結婚生活の初期では、夫も妻も3つの役割をこなさなければならないが、おそらく生産者の役割の比重が他にくらべて大きいだろう。子どもが成長し、責任を負うことができるようになると、マネージャー、リーダーとしての重要性が増してくる。最終的には、親あるいは祖父母には、リーダーとしての役割が最も大切になる。

4・目標をリセットする

結婚生活と家庭生活において望むものを手に入れようとするとき、非常に重要で影響力の大きい教訓がある。それは、私たちが生産的であることを可能にする財産や資源を守り、強化していかなければならないということである。このふたつの目標を「P」と「PC」と呼ぶ。P（Performance）は望まれる成果のことである。PC（Performance Capability）は生産能力、つまり結果を生む財産や資源の保全・強化のことである。

たとえば親がPCを無視してきたため、息子との信頼関係のレベルが低く、コミュニケーションも機械的で閉じたものになっているとしよう。こうした状況で経験と知恵が必要な問題が生じても、息子は父親の助言に対して心を開かないだろう。父親は息子に助言を与えたいという気持ちもあるし、必要な知恵も持っているだろうが、信頼がなければ息子の心を開くことはできないのである。つまりPCを十分にやってこなかったために、P（望まれる結果の生産）は今や重大な危機に瀕しているわけである。結局、息子は感情的で短期的な見通しに立った決断をしてしまい、長期的に多くのマイナスを生む結果となってしまうだろう。

ＰＣを無視してきた場合、関係を修復しようとすると、大きな代償を支払わなければならない。代償を支払う、つまり信頼口座への預け入れをするにはさまざまな方法がある。しかしある人にとって預け入れになるものが、別の人にとっては引き出しとなってしまうことがある。「ある人間にとっての薬は、他人にとっての毒である」。人生の法則にしたがって実りある人生を送る「Ｐ」には、愛の法則にそって生きること「ＰＣ」が必要となる。ここにも近道はないのである。

夫婦や家族間の人間関係を改善しようとするとき、応急処置や心構えのテクニックを用いたり、見返りを与えることで相手を操ったり、本音と建て前を使い分ける偽善的な生き方をしたりすることで、人格的欠陥を一時的に隠すことができるかもしれない。しかし次に人生の嵐が襲ったとき、それは白日のもとにさらされるだろう。結婚生活は、優しさ、思慮深さ、小さな親切、思いやりに満ちた言葉、無条件の愛といった預け入れを常に要するものなのだ。

Ｐを得るために、ＰＣを無視した場合、一時的に多くのＰを得ることがあるかも知れないが、結局はＰを減らしてしまう。たとえば、威圧的な態度を取ったり、相手を操ったりすることで、短期的に望む結果を得られるかも知れないが、結果的に信頼やコミュニケーションのレベルが低下し、冷めた不毛な人間関係になってしまうことがある。結婚生活に当てはめてみると、言葉なしでも意思が通じ合い、たとえ間違いをおかしても理解しあえるような豊かな人間関係ではなく、お互いに干渉しない、別々に生きる二人がひとつ屋根の下で暮らしているという状態である。これがさらに悪化すると、お互いが相手の言葉を監視し合い、考え事を口にすることすらはばかられるような関係、つまりお互いに敵意を抱き、相手から身を守らなければならないような関係におちいることもある。こうした結婚生活は、裁判での闘争に発展したり、あるいは子ども、セックス、世間体、イメージの投影だけで結びついているような家庭内冷戦へと至ることもある。

ある意味、結婚生活の不和や離婚の原因となる身勝手さは、「P」、つまり望む結果ばかりを得ようとすることによって起こる。たとえば身勝手で思いやりのない夫が、甘言・小細工・威圧のテクニックを使って、一時的に望む結果を手に入れても、最後には「PC」の欠如によって関係は損なわれてしまうだろう。

同じことが親子の関係にも当てはまる。もし親が結果を得ることにばかり集中して子どもを脅迫・威圧し、叫んだり怒鳴ったり、飴と鞭で操ろうとしたり、反対に甘やかしたり放任したりしていると、親子関係は悪化してしまう。しつけはもはや存在せず、ビジョン、基準、期待が不明確であいまいなために混乱が生じてしまう。

子どもがまだ小さくて、脅迫や小細工にだまされやすいときは、間違った方法を用いても親は望む結果を手に入れることができる。しかし子どもが大きくなってくると、親の脅しはもはや同じような速効性を発揮しなくなる。高い信頼関係と相手を尊重する心がなければ、子どもに対して影響力を持つことはできない。信頼口座は常に預け入れを必要とする。子どもが大きくなる前から「PC」を実行して預け入れをしておかないと、成長してから残高不足になり、親子関係の破綻や子どもに対する親の影響力の低下につながる。

信頼残高はすぐに減ってしまうが、預け入れによって増やすこともできる。たとえばある人との信頼口座に、私が二〇万ドルの残高を持っているとしよう。ときどき五千ドルとか一万ドルとかの少額を引き出しても、まだ相手は優しく対応してくれるし理解を示してくれるだろう。たとえば、私が相手に相談する暇もなく、仕方なく独断で消極的な決定を下さなければならなかったとしよう。この行動によって一万ドルが引き出されても、もし二〇万ドルの残高があったなら残りは一九万ドルである。次の日にきちんと時間をとって、決断の内容と理由を相手に説明すれば、一万ドルの預け入れをして残高を元に戻すことができる。

ＰＣとは、Ｐを得るためだけの小細工などではなく、その人の人格や高潔さ・誠実さから自然に出てくるものである。もし不誠実に相手を操るためのテクニックとしてＰＣを行っていると、間違いなく相手に見抜かれてしまい、結果的に大きな引き出しとなってしまうだろう。逆に、小さくともこつこつと誠実に預け入れをしていけば、非常に大きな貯えを築くことができる。私たちは忍耐、思いやり、共感、親切、奉仕、自己犠牲、誠実さなどの形でこうした小さな預け入れをすることができる。また過去におかした間違い、過剰反応、身勝手な行動などの引き出しについて真摯に謝罪することでも預け入れが可能である。

5．家庭生活を構成し直す

家庭生活を実りあるものにするには、４つのシステムが必要である。もし、①「目標と計画」がなければ、何に基づいて②「奉仕としつけのプログラム」を計画するのか？　また、③「教育と訓練」や、

④「コミュニケーションと問題解決」の基準は何に求めるというのか？

もし教育と訓練のプログラムが欠けていたら、どうやってコミュニケーションのスキルや問題解決能力を向上させ、責任感を持ち、割り当てられた仕事をし、親のしつけに従う気持ちを子どもに植えつけていくというのか。コミュニケーションと問題解決能力を向上させるシステムを持っていなかったら、家族の価値観を明確にして目標を定め、計画を練ることなどできるだろうか。教育と訓練をほどこし、奉仕と貢献の精神を植えつけ、子どもを納得させた上でしつけをすることができるだろうか。奉仕としつけのシステムを確立していなかったら、目標達成、計画の実行、スキルの向上、教育と訓練はどうやってなされるというのか。

4つのシステムすべてが重要であり、どれも欠くことはできないのである。多くの親はふたつか3つぐらいに焦点を合わせており、ひとつが成功すれば他の欠陥を補ってくれると信じている。人間は、自分が得意なことや好きなことをやりたがるものだ。自分が気持ちよくできないことをやるようにと言われると、怖がったり、慌てたりする。しかし誰かがリーダーシップを発揮し、変化と成長のプロセスを後押しする（4つのシステムすべてが必要不可欠である理由を理解させ、古い考え方や行動のパターン、あるいは自分の脚本とは違った心構えやスキルを身につけられるよう手助けする）ことで、人々は変化の痛みを乗り越えて「新生」への道のりを進んでいけるのだ。

6・3つの重要なスキルに磨きをかける

時間管理、コミュニケーション、問題解決能力は、結婚生活と家庭生活のあらゆる側面で必要とされるスキルである。幸いにも、このスキルの向上は私たちの手の中にある。他人の行いを変えることは難しいが、自分自身の問題、特に時間管理、他人とのコミュニケーション、人生の課題や問題をどうやって解決するか、といったことは自分でいくらでも改善していけるのである。

同じ時間を使って人の何倍も仕事をこなす人もいるが、割り当てられた時間は皆に平等なので、時間管理というのは間違った言い方かもしれない。与えられた時間内で自分を管理するという意味で、むしろ自己管理と言った方がいいかもしれない。ほとんどの人の時間管理は危機対応策になっている。外的な状況、問題、出来事に支配され、問題対応を中心に考えているために、空いた時間を優先事項に割り当てる。一方、効果的な時間管理者は機会を中心に考える。彼らは問題を否定も無視もせず、防ごうとするのである。ときに緊急の問題対応に追われることもあるが、問題の本質を慎重に見極めたり、長期計画を立てたりすることによって、基本的に緊急事態に発展すること自体を回避するのである。

時間管理の本質は優先事項を決定し、それを中心に計画を練り実行することである。優先事項を決定するには、自分の価値観や最大の関心事をじっくりと検討し、明確にすることが必要である。この優先事項をもとにして長期と短期の目標及び計画を設定し、さらにスケジュールや時間割りを決める。あとは、もっと重要な――もっと緊急の、という意味ではない――事柄が浮上してくるまで、自分をコントロールして計画を実行していかなければならない。

コミュニケーション能力は問題解決の前提条件であり、最も基本的なスキルのひとつである。コミュニケーションとは相互理解であると定義できる。コミュニケーションにおける大きな問題は「変換」

の能力である。つまり自分の意図することを言葉に変換し、また逆に相手の言葉を意味に変換する能力のことである。したがって最初の課題は、自分の意図を言葉にすることであり、次の課題は相手が伝えようとしている意味を理解できるように聞くことである。「正確な変換」と効果的な双方向コミュニケーションの鍵は高い信頼関係である。信頼する相手となら言葉なしでもコミュニケーションできるし、たとえ言葉を間違えても、相手はこちらの伝えたいことを理解してくれるだろう。しかし信頼レベルが低ければ、どんなに優れたテクニックと明確な言葉を使い、どんなに一生懸命コミュニケーションに努めても、大きな効果は得られないだろう。つまり高い信頼関係があれば、コミュニケーションは簡単で時間もかからず、正確であるのだが、信頼度が低ければコミュニケーションは非常に難しく、非効果的で骨が折れるものとなってしまうのである。コミュニケーションの鍵は信頼関係であり、信頼関係の鍵は信頼性にある。したがって誠実な生活を送ることが、効果的なコミュニケーション環境を維持する最高の保障となるのである。他の自然のプロセスと同様に、ここにも近道や応急処置はない。

次は問題解決能力である。コミュニケーションのスキルは、結婚や家庭といった実生活の中で相手と話し合いながら問題を解決できるかどうかで試される。問題解決の基本的なアプローチでは、次の4つの問いがテーマになる。①私たちはどの地点にいるのか？ ②どこへ行きたいのか？ ③どうやって行くのか？ ④目的地に着いたことをどうやって知るのか？

最初の問い——私たちはどの地点にいるのか？——は現実のデータを収集・分析する重要性を指している。第二の問い——どこへ行きたいのか？——は価値観を明確にし、目標を定めることを指している。第三の問い――どうやって行くのか？――はさまざまな案を創出・検討して絞り込み、実行のための行動計画を作ることを意味する。第四の問い――目的地に着いたことをどうやって知るのか？――は判断基準を設定し、目標あるいは目的の達成具合を観察・計測することを指す。

結婚生活や家庭生活でよく見られる状況であるが、問題が感情的なものに発展すると、多くの人は最初のふたつの問い――私たちはどの地点にいるのか？　どこへ行きたいのか？――については推論で済ませ、第三の問い――どうやって行くのか？――をめぐって議論したり争ったりする。これでは問題を増幅し、欲しいものへの心の出費を増やし、欠乏マインドを育てるだけである。そして勝利とは相手を負かすことであると捉え、二分法（どちらか一方しか選べないという考え方）で考え、Ｗｉｎ‐Ｌｏｓｅの解決策を取るようになる。両者がこのような対応をすれば、Ｌｏｓｅ‐Ｌｏｓｅはまず避けられない。片方が力や脅迫に屈し、Ｌｏｓｅ‐Ｗｉｎを選択しても、問題は一時的に解決するだけで、さらに深刻な問題が水面下で進行していくのである。

私たちが望むものはＷｉｎ‐Ｗｉｎの解決策、つまり両者が積極的に決定に参加し、実行計画を考えるやり方である。そのためにはただ時間をかけるだけでは駄目だ。忍耐、自制、勇気と思いやりが必要である。つまり高い成熟度を有し、高度な能力を発揮することが必要なのだ。

7．心の安定を得る

ほとんどの人は外から安定を得ている。たとえば環境、財産、妻や夫を含む他人の意見などからである。外部に安定の根拠を求めることの問題は、私たちがそれらに左右されてしまうことである。つまり根拠にしているものに何か起こると、自分の生活が打撃を受け、足下がぐらついて不安になってしまう点である。

状況に左右されず、不変で信頼に足るものを基盤にして、その上に相互依存を築かなければならない。人生の脚本を書き直し、新しい脚本にそって生きていくには、大変な勇気が必要だ。勇気は、自己の価値を感じることと心の安定から生まれる。環境や他人の意見に影響を受けない7つの基盤を以下に示そう。

真北の原則

ありとあらゆるものの根源、どんな状況でも完全に信頼できる強固な基盤は、普遍の原則に従うことで得られる。これは良心を育て、常にそれに従うということである。忠実に従えば従うほど、より大きな知恵、力、方向性を得て、結婚生活を豊かに幸せにし、直面するさまざまな課題・問題を解決し乗り越えていけるようになるのだ。

豊かな私生活

心を落ち着け、熟考し、精神を高める書物を読む習慣を育てよう。多くの人は、いつも誰かと一緒に忙しく行動しているので、独りでいると飽きてくる。独りになり、熟考し、何もしないで静寂と孤独を楽しむ。そして考え、書き、聴き、計画を立て、想像し、思案しリラックスする。そんな習慣を身につけよう。こうした豊かな私生活によって、私たちは自分の価値を感じとり、安心感を得ることができる。

自然を讃える

自然の美、特に美しい山々や海岸の景色、朝焼けや日暮れの美しさに心を奪われるとき、私たちは壮大な創造を目の当たりにし、その無言の美と強さを我々の魂に刻む。それはまるで新鮮な酸素を体いっぱいに取り込むようなものである。自然は自分の脚本の良いお手本であり、多くの美しい原則やプロセスを私たちに示してくれる。

渓谷、湖畔、川、海岸、山など美しい自然に囲まれて静かな休暇を過ごすとき、あなたはどういう状態だろうか？　普段より深く物事を考え、静かで平和な気持ちになれるのではないだろうか？　一方、楽しみ満載で予定もびっしり、パーティー、お祭り、サーカスに遊園地とあちこち飛び回って休暇を過ごしたらどうなるだろうか？　へとへとに疲れきって帰ってきて、本当の休みが欲しいと思うのではないだろうか？

刃を研ぐ

肉体、情緒、精神的側面を常に鍛える習慣を持とう。少なくとも一日置きに有酸素系の運動やストレッチングなどを行おう。週末だけの運動では不十分だ。なぜなら負荷のかけ過ぎとなるため、かえって体を壊してしまうからだ。私たちは年をとるにつれ、そうした週末だけの運動に耐えるだけの柔軟性や弾力性を失っていくものだ。定期的に活発な運動することは、輝かしい健康に不可欠であるうえ、長生きするためだけではなく、その間の生活の質にも大きな影響を与える。私たちは、のこぎりを引くのに忙しすぎて、のこぎりの刃を研ぐことができないなどということはないのである。

奉仕する

匿名の奉仕活動は特に重要だ。奉仕のために自分を捨てたとき、初めて自分を発見することができるというのは正にパラドクスである。私たちが、自らを顧みず他人に奉仕し、他人を祝福するとき、私たちはその結果として心の安定と平和という心理的・精神的な報酬を得るのである。この報酬は非常に大きなものである。

誠実さを示す

私たちは、自らに与えられた叡智に従い、常に約束を守り、自らの行動を価値観に従わせようと努力することで、矛盾のない人生を送ることができる。私たちの自尊心は気分に左右されなくなり、自分を知っているために自信を持てるようになる。誘惑にさらされても、自分を裏切らず誠実でいることができるだろう。誠実さはすべての善と偉大さの基礎である。自分の価値観に誠実であることから得られる心の安定があれば、自分を印象づけようとしたり、自分の努力をおおげさに語ってみたり、資格、財産、ファッション、交友関係、ステータスから力を借りてきて偉そうに見せようとする必要性を感じなくなる。皮肉を言ったり、悲壮感を漂わせたり、ユーモア精神を失ったりすることもない。

私たちのユーモアは自然で健全な、その場にふさわしいものになるだろう。

自分を信じてくれる人

安定の最後の基盤は、私たちが自分を信じられないときでも、私たちを信頼し愛してくれる人である。ある意味これは外的で不完全な基盤である。しかし私がここで取り上げたいのは、正直かつ誠実で、（絶対的ではないが、それに近い意味で）私たちが頼ってもいいくらい強固な安定した心を持つ人のことである。私たちを理解し、心配してくれる人、無条件の愛を与えてくれる人である。そして皆から見捨てられたときも、自分が自分を見捨てたときも一緒にいてくれる人のことである。

ほとんどの母親と多くの父親は子どもに無条件の愛を注ぐ。母親がそうするのは、子どもの可能性と良心を信じて無条件の愛を与える自分を生み出したこの世界に子どもたちを送り出すためだろう。原則中心の人もまた母親と同じような能力を持っている。

そのような人がいれば私たちの人生はまったく変わる。あなたはどうだろうか？　あなたが自分を信じていないときでも、あなたを信じてくれた先生、指導者、コーチ、アドバイザー、友人はいるだろうか？　いつでもあなたのそばにいてくれた人はいるだろうか？　あなたを甘やかしたり、あなたの前に屈する人ではなく、あなたと対等に向きあい、どんなときでもあなたを見捨てない人に出会ったことはあるだろうか？

私がワクワクするのは、どうしたら自分がそのような人間になれるか、ということを考えるときである。

8・家族のミッション・ステートメントをつくる

ミッション・ステートメントをつくることは、家族を結びつける最も強力な体験となる。目先の楽しみを得ることばかり考えて、正しい原則や信頼残高を増やすことを基本にした生活を送っていない家庭が多すぎる。そのため家庭内でストレスがたまってくると、大声を出したり、おおげさに反応したり、相手を批判したり、皮肉ってみたり、押し黙ったりする。それを見た子どもは、この方法（逃走か闘争か）が問題を解決するやり方なのだと思ってしまう。そしてこれが子から孫へと受け継がれていってしまうのだ。だから私は家族のミッション・ステートメントをつくることを勧めるのである。家族憲章を創案することで、問題の本質に迫ることができる。長期的な計画を立て、望む結果を得るためには、中心的価値と目標を定め、それにそったシステムを構築していくことだ。基本を守り、基本に忠実であるべきだ。家族の中心は不変であり、いつもそこにあるべきだ。そして家族のミッション・ステートメントはそれを反映したものになるべきである。自分たちに問うてみよう。「何に価値を見いだすのか？　私たち家族はどうあるべきか？　何を守るべきなのか？　最も大切な使命、私たちの生きる目的は何なのか？」

成果物（家族のミッション・ステートメントが書かれた紙）と同様に重要なのが、それをつくる過程である。家族のミッション・ステートメントが憲法（家族を導き、統治し、高めるもの）として機能するものであるなら、その作成には家族全員が参加すべきだ。ミッション・ステートメントは、家族全員が価値を認める原則を体現したものとならなければいけない。何週間も何ヶ月もかけてじっくりとミッション・ステートメントをつくっていこう。オープンに感情を表現できるような場をつくろう。裁こうとする態度は捨て、子どもにとって大切なものを深く理解しようと努めてみよう。自由な時間をたっぷり取って忍耐強く取り組んでいこう。

私たちが初めて家族のミッション・ステートメントをつくりはじめたときのことが、懐かしく思い出される。当時フットボールをやっていた息子はこう言った。「俺たちは最高の家族だ。やってやるぜ！」。私たちは何ヶ月も素晴らしい時間を過ごした。お互いの理解を深め、最後にミッションを中心に団結し、お互いを支え合っていくことを誓った。ここにそのミッション・ステートメントを紹介したい。ただし、これをあなた方にまねして欲しくはない。ひとつの参考例として見てほしい。

「私たち家族のミッションは、秩序と誠実さと愛と幸福とくつろぎを得られる成長の場をつくり出し、それぞれが責任を持って自立し、相互依存の関係を保ちながら価値ある目標へ向かっていけるようにすることである」

私は、このミッション・ステートメントが家族に大きな影響をおよぼすのを見てきた。私の子どもたちは人生の節目節目で、このプロセスで心に固定された目標や、社会貢献や価値ある目標の達成という観点に基づいて決断を下してきた。あなたにも家族の結束を高めるこのプロセスを、ぜひ体験していただきたいと思う。

Chapter
12

第12章

自分の子どもを人生の勝者にしよう

Making Champions of Your Children

サンドラと私には九人の子どもがいる。そして私たちは子どもたち全員を人生の勝者だと思っている。もちろん子どもたちも私たちも勝利を達成したということではない。私たちは、知恵と強さと寛容さと、より良く生きるための力を授かるよう毎日祈っている。

私たちは自分の子どもを勝利者にするためにさまざまな努力を行ってきた。以下に述べる10の鍵は、あなたが率いる社員を勝者にするときにも当てはまるものだ。

1. 子どもの自尊心を高める

生まれたときから子どもを認め、信じ、肯定的な対応をする。子どもの可能性への信頼を表現し、自分の子どもどうしを比べたり、他の子どもと比較したりしないようにする。

人が能力を発揮したり可能性を開花するための鍵は、自分をどう感じているか、ということにあると私はずっと信じてきた。そして自分をどう感じるかは、他人、特に親からどう見られているか、扱われているかに大きく影響される。

子どもが学校に上がる前、私たちは時間をかけて子どもの話を聴き、一緒に遊び、彼らを認めることで自尊心を育てようとした。私は今でも末っ子のジョシュアととても長い時間を過ごしている。そして心の底から楽しんでいる。旅行でたとえ一日でもあけると、帰ってきて再会を祝い、近くの店に息子をつれていく。車に乗るとすぐに彼は体をくっつけてきて言う。「また一緒だね。二人だけだね」「よしよし、いい子だ」。店に着くころにはお互いのことで心は一杯になっている。夜になると「パパ、今日もお話してくれる?」「もちろんさ」。私は彼を横に座らせ話を始める。

2・真の成功を促す

成功には二種類ある。真の成功と表面的な成功である。真の成功とは原則中心の人格形成であり、表面的な成功とは周りが認める成功である。これはいつも子育てのテーマとなってきた。私たちは、子どもが真の成功を目指すよう鼓舞してきた。そして人格の欠陥を補うために、表面的なもの（人気、評判、持ち物、生まれながらの才能など）から力を借りてきたり、代用したりしないよう促してきた。

たとえば息子のショーンは南アフリカに派遣されたとき、真の成功・偉大さを見せてくれた。常に自制心を失わず、他人を愛し、皆を肯定して、ついには多くの人に影響を与えるに至ったのである。そして彼は苦しみながらも、人間の重大な問題は、神の御心と栄光、あるいは人間の知恵と名誉を巡る問題であるということを学んだのである。

3・興味を持ったことをやらせてみる

息子のジョシュアは映画『ベストキッド』を見てカラテのレッスンを受けたいと言い出した。私はすぐに手続きをとった。二週間もすれば他のものに関心を抱いて、カラテに興味を失うだろうということは十分承知していたが、夢中になっているものがあれば、やらせてやりたいと思ったのだ。つまり彼の選択を尊重したのだ。最近では廊下でフットボールを投げているときに「ぼくってフットボールうまいでしょ」と言っていた。彼は自分がいろいろなことをうまくやれると信じている。

子どもに本物の才能があることに気づくと、私たちはそれを伸ばそうとする。たとえば私はショーンが運動競技を始めるずっと前から、運動能力があると見抜いていた。小学校に入ったころ、私は彼の柔軟性、敏捷さ、バランス感覚に気づいた。私は彼に聞いてみた。「どうして徒競争をやらないの？」。しかし彼は、挑戦したら負けるかもしれない、負けるぐらいならやらない方がましだと考えて、いつも躊躇していた。しかしついにある日、学校の徒競走に参加し、彼は見事一着となった。自分がやれるという感覚をつかんだ彼は、以降いろいろな競技に挑戦するようになった。

4．楽しい家庭をつくる

私たちは子どもに、学校や仲間や外の環境よりも、家から喜びや満足を得てほしいと思う。基本的に子どもが反感を覚えるようなものが、家の中にないことを望んでいる。家庭の雰囲気は明るく楽しく肯定的で、多くの機会を子どもに与えるものであってほしいと思う。家庭は限界や不可能を感じさせないようなものであるべきだ。「計画を立てて、努力しさえすれば何だってできる」ということを伝えられるような家庭にするべきだと思う。

少なくとも月に一度は子どもと過ごす時間をとって、子どもにとって特別なことをするようにしよう。また一対一で話す機会を頻繁に持つようにしよう。誕生日を盛大に祝うのもいい。私たちは誕生週間を設け、一週間をまるごと捧げるようにしている。ほかにも何かあれば皆で祝うようにしている。家族で集会を開いたり、お祈りの時間を持ったりもする。私たちは、こうした前向きな習慣を大事にし、なぜお互いを評価し、愛しているのかを皆が話す機会を持つようにしている。

5．将来の計画を立てる

私たちは、家族の大きな行事は遅くとも半年前には計画するようにしている。

家族の伝統行事になるような楽しい催しを計画することは、子どもを勝者にするチャンスであるのに、多くの親はそれをやろうとしない。どんなことでもその楽しみの一部は計画にある。催しの実現もさることながら、期待に胸をふくらませるというのもそれに負けず劣らず楽しい体験だ。お金がないからできないというのであれば、それは単なる口実、言い逃れである。楽しむのにお金をかける必要はない。大事なのは家族で楽しい時間を過ごすということである。子どもたちが計画に参加し、期待に胸ふくらませ、みんなが行事に参加したという意識を共有し、後で振り返ってみたとき、楽しかったと思えるような体験をすることが大切なのである。

もちろん親戚もこの行事に参加することが大事だ。私たちの子どもはいとこたちと仲良くしていて、彼らの幸せや成功などもいろいろと気にかけている。私たちはよく四世代で集まるのだが、みんなお互いのことを大切に思っている。私たち家族は十代の子どもでさえ、こうした家族の絆を失いたくないと思っている。またこうしたことは、子どもを勝者にするうえでも重要である。なぜなら子どもがアイデンティティーや自尊心を得ることができ、ケアやサポートを受けることもできるうえ、奉仕の機会も与えられるからである。

6．優れた模範を示す

私たちは、優秀であることが暗黙の規範となるように、家族全員が自分たちのやることについて優秀であろうとしている。私たちの子どもは読み書きの能力がとても大切であると知っているので、親が勉強や宿題をするように言ったことは一度もない。それは学校でも望まれることであるが、むしろ私たち家族の文化の一部なのだ。また宿題は子どもから頼まれれば手伝うが、できるだけ自分の力でやらせるようにしている。

以前家族全員で集まって、テレビの見方について話し合ったことがある。私はさまざまな文献や調査結果を読んで、アメリカ人、特に私の家族がテレビを長時間見過ぎており、それが思考力の低下を招いていることを知った。しかし、もしこの情報を紹介してテレビの時間を一方的に制限したら、何が起こるかはっきりと分かっていた。家族から不満が噴出し、叫び声やら禁断症状が出ることは目に見えていた。

そのかわり家族会議の場で、テレビが家族にどんな影響を与えているかというデータや、テレビ番組でどんな価値観が支持されているのか、といったことを話し合った。テレビを家庭のごみ箱とみなす人や、見えにくいが強力な影響をおよぼす麻薬的電化製品と考える人がいることを説明した。さらに私の意見を強調するために、悪徳に関するアレクサンダー・ポープの有名な言葉を引き合いに出した。

悪徳は醜い顔をした怪物
顔を見せれば嫌われる
だが何度も見れば慣れてくる
我慢が同情に変わり、ついには抱擁する

結局、テレビを見る時間はできるだけ一日一時間に抑え、質の高い娯楽番組や教育番組を見るということで落ち着いた。もちろんいつも時間を守れるわけではなかったが、結果は目を見張るものがあった。子どもたちは宿題を今まで以上に完璧に真剣にやるようになり、以前はテレビを見ていた時間に読んだり、考えたり、調べたり、作ったりするようになったのだ。

7．自分の可能性に気づかせるために、子どもの想像力を養う

ショーンが高校のフットボール・チームでクォーターバックをやっていたころ、二人でよくイメージ・トレーニングをやったものである。特に試合前の晩は時間をかけてやった。

頭に思い描くということは、すべてのものは二度つくられる、という原則に基づいている。まず知的な創造があり、次に物理的な創造がある。ほとんどの運動トレーニングは肉体的なものである。精神面での強さや集中力の重要性を説くコーチはたくさんいるが、イメージ・トレーニングをきちんと体系的に教えることは滅多にない。しかし世界レベルのスポーツ選手は、ほぼ例外なくイメージ・トレーニングをやっている。彼らは実際に勝利を収めるずっと前に、文字通り頭の中で勝利しているのである。

8．子どもの友人の面倒をみる

強いチームが人をつくる、ということはよくある。だから私たちは、子どもが属するチームやクラ

ブ、学校やクラスに多くを投資するのだ。家、友人、学校、教会が一体となれば強力な教育システムをつくることができる。そして誰かが、そこから外れてしまったら、引き戻すようにするのだ。たとえば、子どもの友だちが何か問題を起こしたりしても、見捨てるのではなく正しい道に戻してやるべきである。

9・人を信用し、信頼し、認め、祝福すること、そして人に奉仕することを教える

ショーンは自分の使命において、感情移入が人に影響を与える鍵であることを学んだ。感情移入とは相手の感情や知覚に細心の注意を払って接することである。もし人々を勝者にしたかったら、一人の人間、特に気力を失い孤立した人間に注意を向けるべきである。九九人に影響を与える鍵は一人の人間にある。

ショーンは大学のころ、フットボール・チームの誰もが見向きもしない新人選手に関心を払っていた。それは見せかけではなく、本当に興味を持っていたのである。彼は、人間が自分の可能性を発揮できない大きな原因は、自分自身を疑っていることにあると信じていた。だから彼は人を認めようとしたのだ。人間は可能性に基づいて扱われると、才能を発揮できるようになる。人間を成功に導く鍵は、彼らを信じ、認めることにある。

10. 子どもを援助し、支え、反応を返す

私たちは子どもたち全員と電話や手紙を交換して、お互いを認め合うようにしている。いつもお互いを認め合うことで、大きな結果が生まれる。彼らは他人にとっても大きな心の支えとなっているのだ。

私たちは正直な意見を交換することでもお互いを信頼している。こうした意見は成長には欠かせないものだからである。ショーンはいつも自分への意見を歓迎している。たとえば、大学時代フットボールのコーチには「ぼくはいつでも意見を聞きたいんです。厳しい意見でも、ぼくを傷つけるつもりでないことは分かっていますので、気づいたことがあれば、いつでも言ってください」と言っていた。彼は知識と技術を持つ者から、いつも学びたがっていた。ときには非常に厳しい訓練もあったが、そんなときでも彼は素直で教えやすい。

人生の勝者をつくるには絶え間ない努力が必要だ。そしてこの終わりのない奮闘の中で、私たちは基本に戻る必要性を何度も感じるのである。

第二部

マネジメントと組織の成長

Managerial and Organizational Development

序章
Introduction

随分と昔のことになるが、私がまだ二〇歳だったころ、効果的なマネジメントとリーダーシップのスキルと原則について、自分の倍以上も年上の男女を訓練し、成績をつけるという役割を任されたことがあった。それは屈辱的で恐ろしい体験であった。

このように私を含めて多くの人は、ふと気づくと何らかの「マネジメント」の地位についているものである。たいていの場合、準備が整う前にこうした責任を負わされてしまうことになる。しかし失敗しながら学んでいき、そのうち必要な能力を身につけ、自信を持つようになるのである。

この第二部ではマネージャーなら誰もが直面する問題やテーマ――管理、人に任せること、参加、望む結果、合意――に焦点を当てて論じていく。さらに組織におけるリーダーシップについても触れる。組織のリーダーになると、私たちはまったく新しい問題に向き合うことになる。緊急の問題もあれば慢性的な問題もある。フォーチュン誌の五〇〇社から小さな会社、慈善組織、家庭にいたるまであらゆる組織は、多くの共通する問題を抱えている。効果的な組織の条件に境界はないのである。

主に会社組織における構造、戦略、連携、システムについて扱っていくが、優れた人格形成に必要な条件についても、原則中心のリーダーシップのPSモデルにそって触れていきたい。いかなるリーダーも、個人の誠実さと組織の誠実さは切り離せないものであることを忘れてはならない。またどんなリーダーも、組織のミッションと共有するビジョン、つまり会社の憲法を見失うことは許されない。

マネジメントのジレンマを解決する

原則中心のリーダーシップは、マネジメントと組織における典型的なジレンマを解決する際にも役に立つ。

・変化と柔軟性と絶え間ない改善という性格を持ちながら、安定性と安全性を維持するにはどうしたらよいのだろうか？

・社員が戦略のもとに団結し、それをつくった者と同様に、戦略に対して忠誠心を持つようになるにはどうしたらよいのか？

・社員の創造性、資源、才能、エネルギーは今の仕事では必要とされておらず、また使ったとしても見返りが得られないような状況の中で、どうしたらそのような能力を解き放たせることができるのだろうか？

・結果を出すために社員に厳しくするか、好かれるために優しくするべきかというジレンマは、誤った二分法に基づいているということを、明確に理解するにはどうしたらいいだろうか？

・どうしたら勝者の朝食（ビジョン）に基づいて、勝者の昼食（フィードバック）から勝者の夕食（方向修正）へと進んでいけるのだろうか？

・どうしたら不明瞭で、無意味で、批判めいた陳腐な決まり文句の代わりに、ミッション・ステートメントを憲法（組織全体を導く偉大な力）にすることができるのだろうか？

・経営者が社員を顧客として扱い、現場の専門家として働いてもらうような企業文化をつくるにはどうしたらいいのだろうか？

・何年にもわたって批判や攻撃にさらされ、乏しい資源を奪い合い、政治的かけひきが横行し、明確な指針を示されることもなく働いてきた社員や各部署の間に、チーム・スピリットや調和の精神を植えつけるにはどうしたらいいのだろうか？

以下の各章を読めば、組織における効果的なリーダーシップの基本原則を理解し、こうした問題やそのほかの難しいマネジメントの問題を自分自身の力で解決することができるだろう。

ふたつの基本原則

原則中心のリーダーシップは、個人、人間関係、マネジメント、組織という4つのレベルで内から外へ実行される。どのレベルも「必要であるが十分ではない」つまり、私たちは4つのレベルすべてを、関連する原則に基づいて実践しなければならないということだ。この第二部ではマネジメントとリーダーシップの基本原則に焦点を当てて論じることとする。

・マネジメントのレベルにおけるエンパワーメント

もしあなたが、周りからほとんど信頼されていなかったら、どうやってマネジメントを行うのだろうか？　もし相手の人格や能力に欠陥があると考えるなら、どうやって彼らをマネジメントするのか？　信頼関係がなかったら、相手をコントロールしなければならない。しかし高度な信頼関係がある場合、マネジメントはどう変わるだろうか？　その場合は、あなたは社員を監督しなくてもよいだろう。なぜなら社員自身が自分を管理するからである。そしてあなたは助言を与える立場となる。また望む結果を明らかにするため、彼らと実行協定をつくり上げ、組織のニーズと個人のニーズをすり合わせる。あなたは結果に対して責任を負うが、彼らも参加して合意に基づいて結果を評価する。彼らの知識の方がどんな測定システムよりも優れているので、社員自身に評価を任せる。しかし、低い信頼関係しかない場合、測定システムに頼らざるをえないだろう。なぜなら彼らは、あなたの聞きたい内容を語るようになるからである。

・組織のレベルにおけるアライメント

コントロール志向のマネジメントが行われるような、信頼性の低い組織はどのようなものであろうか?――非常に階層的である。コントロールがおよぶ範囲はどれぐらいだろうか?――とても小さい。あまりに多くの人間をコントロールしなければならないからである。そこではあなたが方法を定め、管理するという、使い走りの人任せが行われる。問題があれば、あなたが修正できるように、結果がすぐに報告される。また社員のやる気を出すために飴と鞭のシステムが採用されている。こうした原始的なシステムをとっていても、ゆるやかな競争の中では生き延びていけるだろうが、熾烈な競争にさらされたら、ひとたまりもないだろう。

一方、高い信頼性がある場合、組織はどのように構築されているのだろうか?――とても平等で柔軟である。コントロールの範囲はどうだろうか?――非常に広い。なぜなら社員は自分自身を監督するからである。あなたと彼らの間には信頼残高があるので、彼らは気兼ねなく楽しげに仕事をする。

あなたは彼らの約束を取りつけ、彼らをエンパワーすることができる。なぜなら、基本原則の上に共通のビジョンが築かれ、それにそって企業文化が形成されているからである。さらに、あなたが戦略、方法、構造、システムを、あなたの宣言したミッション（あなたの憲法）と現実世界の実情に合わせようと奮闘しているからである。

あなたに取り組んでほしい課題は、会社の方向性、文化から外れたものがあれば、その問題に対して四つのレベルにおいて、それぞれ4つの基本原則に基づきインサイド・アウトのアプローチで取り組むことである。

Chapter 13

第13章 豊かさマネジメント

Abundance Managers

豊かさマインドとは「この世界には、私の夢をかなえるのに十分なだけの天然資源、ヒューマン・リソースがある」、そして、「誰かの成功によって私の分が減ることはない。同様に私の成功が必ずしも他人の失敗を意味するわけではない」という骨身に滲みこんだ信念である。組織や個人の成長への取り組みに二〇年以上関わってきたが、その中で豊かさマインドが優秀さと凡庸さの違いとなっているのを、何度も目にしてきた。これは豊かさマインドが、小さな考え方や敵対関係を消し去ってしまうからである。

私たちの社会や組織には否定的エネルギーが多すぎる。人々は問題が起こると、まず法的手段に訴えることを考える。多くの人が一番になりたがり、自分の取り分と縄張りを守ることに汲々としている。そうした自己中心的な行為は、資源は限られている、という信念から生まれている。私はこれを欠乏マインドと呼んでいる。

学校や仕事の世界でよく目にする一般的な分布曲線は、欠乏マインドを生む一因となっている。そこには合計が0になる様子が描かれているためである。もし学校で欠乏マインドを植えつけられずに済んでも、スポーツや実社会の経験の中でそれを獲得してしまうだろう。

欠乏マインドを持つ人は、すべてをWin-Loseで考える傾向がある。彼らは「決まった量しかないのだから、誰かが取れば自分の分は少なくなってしまう」と信じている。また彼らは他人の成功、特に会社の同僚、家族、近所の人の成功を心から喜ぶことがなかなかできない。どういうわけか他人の成功によって自分が何かを失うように感じるからである。

もし人生をゼロサム・ゲームと見るなら、誰かの勝利は自分の負けになるわけだから、物事を競争や対立の観点で考えるようになる。もし条件付きの愛しか与えられず、いつも他人と比較されて育ったら、欠乏マインドの脚本を身につけ、二分法で考えるようになるだろう。持っているかいないか、私がOKなら、あなたはだめ、逆に私がだめなら、あなたがOKなどといった考え方になるのである。

私は今まで、豊かさマインドと欠乏マインドの間を何度も行ったり来たりしてきた。豊かさマインドを持っているとき、私は人を信頼し、心を開き、与え、自分も他人も生かし、違いに価値を見いだす。また違いが強さを生むことに気づく。そして統一とは同一ではなく、一人の弱さをもう一人の強さが補うような相補的な一体性のことであることを知るのである。

豊かさマインドを持つ人は、交渉においてはWin‐Winの原則を採用し、コミュニケーションにおいては理解してから理解されるという原則を用いる。こうした人は、積極的な意味でも消極的な意味でも、他人を負かしたり勝ったりすることや、他人と自分を比べることで満足を得ることはない。また独占欲を持たない。いつも他人に自分のいる位置を報告させて、自然なプロセスを強引に進めようとはしない。さらに他人の意見で安心することもない。

豊かさマインドは心の安定から生まれるものであり、人の評価、比較、意見、あるいは財産や交友関係から得られるものではない。心の安定をそうしたものから得ている人は、それらに依存するようになる。彼らの人生は、安定の源に起こることに影響を受ける。欠乏志向の考え方をする人は、資源とは不足するものだと考える。したがって彼らの同僚が昇進したり、友人が素晴らしい評価を受けたり、あるいは大きな成果を上げたりすると、心の安定やアイデンティティーが脅かされる。お祝いの言葉を口にしながらも、内心では大いに気を揉んでいる。彼らは、他人と比較して自分が上だと思うことによって心の安定を得ており、自然の法則や原則に忠実であることによって安心感を得ているわけではないため、そうしたことが起こると、まるで何かを失ったかのように感じるのである。

原則中心になればなるほど、私たちは豊かさマインドを発達させ、力、利益、評価を共有することに喜びを感じ、他人の成功や幸福、達成や評価、幸運を心から祝福することができるようになる。そして他人の成功は自分から何かを奪うのではなく、自分の人生にプラスになると思えるようになるのである。

豊かさマネージャーの7つの特徴

・正しい原則に立ち返る

『7つの原則』の中で、万物の根本をなす最も基本的な源は、原則であると述べた。そして、もし他のもの――妻あるいは夫、仕事、お金、持ち物、遊び、リーダー、友人、敵、自己――が中心であったら、ゆがみと依存が生じてしまうことを指摘した。

豊かさマインドを持つ人は、心の安定の源から大きな力を得ている。それによって彼らはいつも優しく、開かれた心を持ち、人を信頼し、他人の成功を心から喜ぶことができる。それがあるから自分を再生できるし、豊かさマインドを養うことができる。そのおかげで成長し向上し、やすらぎ、洞察、創造的刺激、導き、保護、進むべき方向、心の平和を与えられるのである。彼らはこの源泉に帰るのをいつも楽しみにしている。たとえ数時間でもそこを離れ、リフレッシュできないとなると、禁断症状のような心の痛みを覚える。それは食料も水も与えられない肉体が感じる痛みにも似ている。

・孤独を好み、自然を楽しむ

豊かさマインドを持つ人は、ひとりになる時間をきちんと取っている。欠乏マインドを持つ人は、バタバタした生活を送っているため、ひとりでいると飽きてくる。ひとりになって考えを深め、静寂と孤独を楽しめるようになろう。熟考し、書き、聴き、計画し、準備し、想像し、再び考え、リラックスしよう。

自然は多くの価値ある教訓を私たちに与え、心にエネルギーを補充してくれる。静かな自然の風景は私たちを瞑想に誘い、平和をもたらし、人生の原点へ回帰させてくれる。

・定期的に刃を研ぐ

毎日頭と体を鍛えて刃を研ぐ習慣を身につける。

知能を鍛えるために私が勧めているのは、広く深く読むことである。経営者向けの講習をときどき受けて、自制力と責任感を強めよう。教育を受け続けることで、私たちの経済的安定は、今の仕事や、上司の意見、人事制度よりも、自分の生産能力に依存するようになる。潜在的な求人市場は「未解決の問題」とも呼ばれている。率先力を鍛え、自分の価値を高め、問題が解決できることをアピールするような人材は、慢性的に不足しているのである。

カール・ボールは著書『Executive Jobs Unlimited（果てしなき管理職の仕事）』の中で、定期的に刃を研ぐ習慣を持たない人は、切れ味が悪くなるだけでなく、しだいに時代遅れになり、無難に仕事をこなそうとするようになる、と指摘している。そして保身と政治に走り、金の手錠をはめるようになるのである。

・匿名で他人に奉仕する

内的安定を高めてくれる源に何度も立ち返ることで、他人に効果的に奉仕する能力や積極的な気持ちをいつでも回復できる。彼らは匿名の奉仕が大好きで、奉仕とはこの世界に住むという特権を得るための家賃であると考えている。自分の利益を考えずに他人に奉仕すれば、豊かさマインドと内的安定という報酬を受け取ることができるのだ。

・長い間親密な関係を保っている人物がいる

普通それは妻・夫や親友であり、自分を信じられなくなったときでも私たちを信じてくれる人である。決して甘やかすのではない。彼らはあきらめたり、屈したりしない人間なのだ。こうした人がいるおかげで私たちの人生は大きく変わる。

豊かさマインドを持つ人は、多くの人に対してこのような役割を果たしている。誰かが岐路に立たされていると感じると、その人に対する自分の信頼を伝えて、心の支えとなるのだ。

・他人を許し自分を許す

彼らは社会的失敗や小さな失敗をしたからといって、いちいち自分を責めたりしない。他人の無礼に目くじらを立てることもない。過去のことをくよくよ悩んだり、未来の空想にふけることもない。彼らは今この瞬間に集中し、慎重に将来の計画を立て、変化に柔軟に対応する。彼らはユーモアがあり、間違いがあれば、それを認めた上で忘れる。そして自分のできる範囲内のことを楽しくやるような、自分に正直な人間なのである。

・問題を解決する人間である

彼ら自身が問題解決の一部である。彼らは問題と人を分けて考える。自分たちの地位をめぐって戦うのではなく、相手の興味や関心に注意を集中させる。しだいに相手は彼らの誠実さを感じるようになり、創造的な問題解決のプロセスに参加するようになる。こうして生まれた相乗効果的な解決策は、もはや妥協策ではないので、初めに提案されていたものよりはるかに優れたものになることが多いのである。

農場の法則

詰め込みや先延ばしは農場では通用しない。牛の乳は毎日しぼらなければならない。その他のことも自然のサイクルに合わせてしなければならない。たとえ悪気がなくても、自然の法を破れば結果は正直に出る。私たちは自然の法則と基本原則、つまり農場の法則に支配されているのだ。

時を経ても変わらないのは農場の法則だけである。収穫を得ようと思ったら、土を耕し、種を蒔き、雑草を抜き、水をやって育てなければならない。結婚生活あるいはアイデンティティーの危機をむかえた若者に手を差し伸べるときも同じである。すぐに効く応急処置などない。相手の心の中に入っていって、新しい成功の方程式をずらりと並べ、ポジティブな考え方を植えつけて問題を素早く解決するなどということは、不可能なのである。

収穫の法則は破れない。自然の法則、原則は私たちを支配しているのである。したがってこの農場の原則を、自分の生活や人間関係の中心に置こう。そうすることで、あなたの心は欠乏マインドから豊かさマインドへと変わっていくだろう。

Chapter 14

第14章

7つの慢性的問題

Seven Chronic Problems

私たちは毎日宣伝の嵐にさらされている。そこには簡単に素早く不安を解消し、成果が得られるという謳い文句があふれている。私たちが忘れがちなのは、ほとんどの「驚異的な薬」は急性の症状に効くだけであって、慢性の症状には効果がないということだ。

急性の病気とは、すぐに痛みを感じるものを指す。一方慢性的な病気は、急性の痛みの下に潜む、頑固で永続的な病である。

ほとんどの人は急性の症状や問題に目を向け、解決しようとする。激しい痛みを今すぐ楽にしてほしい、あるいは壊れた人間関係をすぐに修復したいと思う。しかし、彼らがそこに見いだすのは、即効性があり、他の人には効き目があるように見える応急処置、しかけ、そして、テクニックを使えば使うほど、慢性的な問題は悪化するという事実である。

自分の余力が枯渇する。仕事のスタイルが危機管理のマネジメントになってしまう。いつも頑張りすぎて、人に任せるべき仕事までしてしまう。人の意見が気になって、誰からも好かれようとしてしまう。ただただ疲れきってしまっている。もし私がこうした慢性的な疲労をかかえていたら、病気を発症しているかもしれない。そしてそれが具体的な症状として表れ、私は即効性を約束する薬を使ってこの症状に対処しようとする。

しかしそれは虚偽の約束である。慢性的問題にきく応急処置はないのである。問題を解決するには自然のプロセスを適用しなければならない。秋の収穫を得るための唯一の方法は、春に種を蒔き、水をやり、雑草を刈り、肥料をやって長い夏を過ごすことなのである。自然の仕組みの中で働くときは、私たちは人生の現実をよく理解しているように見えるが、社会的仕組みの中ではすぐに応急処置をとろうとする。たとえばどれだけ多くの学生が、学校で詰め込み式の学習をしていることか。どれだけの学生が一夜漬けで良い成績を取り、卒業の単位まで取っていることか。彼らも心の中では、毎日必要なことをやっていないために、最高の教育を受けそこなっていると気づいている。しかしある箇所に痛みを感じると、その痛みに対処してしまう。そして別の危機が訪れると、今度はその対処に追われる。

このような生き方をしていると、人間は崩壊して燃え尽きてしまう。そして他人と健全な関係を保つ能力、特にストレスやプレッシャーのもとで関係を保つ力がほとんどなくなってしまう。彼らの人生は自分の身に起こったことの結果である。つまり、完全な被害者となってしまうのである。

思い切った手術が必要かもしれない

多くの組織や個人は深刻な慢性的問題に苦しんでおり、長期的な解決には、手術のような思い切った手段が必要になることも多い。

私は以前、病院で外科部長を務める友人のもとを訪れたときに、二〇種類もの手術を見せてもらったことがある。血管移植の手術では、助手も務めた。彼が三本の血管を取り替えるあいだ、私は助手として患者の胸を開いておく器具を押さえていた。そのとき、私は血管を手に感じることができた。その血管は老廃物やコレステロールが詰まって固くこわばり、脆弱であった。

「どうしてきれいに掃除しないんだ？」と私が尋ねると、

「しばらくの間は進行を止めることができるが、しだいに老廃物やコレステロールが血管の中にたまってくるんだ」と彼は答えた。

「ではこの三カ所を治したんだから、患者の血管はきれいになるんだね？」

「いや、これは全体の問題だ。彼は慢性的な血管障害、つまり心臓の問題をかかえているんだ。補足的な循環系が発達しているので、運動はしているようだが、彼はそれ以外にも生活習慣を改善しなければいけない。彼のかかえる問題は慢性的なものだ。今回私は、酸素の供給が止まって心臓発作を起こす可能性がある三本の血管を処置しているだけなんだ」

人々は生活習慣を変えるのを嫌がる。しかし、最も深刻で慢性的な問題に対処しようとするなら、生活習慣を変えざるをえないのである。

組織内の慢性的問題

組織をつくるのは個人である。いくら仕事の中で自制心を鍛えても、個人の性向は組織の中に持ち込まれてしまう。そして組織の中で私たちは日々の業務の中に組込まれた習慣のパターンに働きかけるのではなく、緊急の痛みをともなう症状に対処するために応急処置を求め続ける。

個人のかかえる慢性的な問題は組織の慢性的な問題になってしまう。なぜなら「臨界量」をこえる人間が毎日会社の門をくぐってこうした問題を仕事場に持ち込むだけでなく、根の深い深刻な問題に応急処置で対処し、つかの間の満足を得ることをよしとするような社会的風潮が世の中にはびこっているからである。

これは特にアメリカにおいて顕著な現象であるが、私の国際的経験から言って、以下に述べる7つの問題は、ある程度どこの国にでも当てはまるものである。さらにそれは世界中の多くの組織だけでなく、組織内の部署や個人にも当てはまるものである。

問題1

価値観とビジョンが共有されていない──組織の中に、ミッションへの深い理解や忠誠心がまったく見られない。あるいはそもそもミッション・ステートメントが存在しない。

ほとんどの経営者は、ミッション・ステートメントをつくりだすことに何が含まれているのかを知らない。ミッション・ステートメントは、組織の隅々にまで浸透するような価値観とビジョンを真摯に体現したものである。ミッション・ステートメントをつくりだす作業は忍耐、長期的な展望、社員の有意義な参加を必要とするが、それを高く評価している組織は少ない。またミッション・ステートメントを持っている組織は多いが、それを作成する作業に社員が参加していないため、彼らはミッションに忠実でないことが多い。したがってそれは企業文化の一部になりえない。文化は、その定義から言って共有されたビジョンと価値観を持っているはずである。しかもそれは組織全体でつくり出され、理解され、実行されるミッション・ステートメントに示されているはずである。

私の経験から言わせてもらうと、もし会社に憲法がなく、憲法にしたがって統治されない場合は、他の6つの問題も組織内にかかえ込むことになる可能性がある。

最大の効果を求めるために、ミッション・ステートメントは4つの基本的な人間のニーズを扱うものにするべきである。①経済的ニーズ、②社会あるいは人間関係のニーズ、③心あるいは成長のニーズ、④精神あるいは貢献のニーズ、この4つのニーズすべてを扱ったミッション・ステートメントは少ない。多くは心や成長、向上のためのニーズを無視している。またWin-Winの関係、公平な報酬、原則と価値観への忠誠、オーナーや社員はもちろん、コミュニティー、供給者、顧客への貢献とサービス、などの文言が見られないものもある。

このひとつ目の慢性的問題は、見えない氷山のようなものである。もし会社にミッションらしきものがある場合、問題は見えにくくなる。そのため経営者は、ミッションが深く共有されていないことに気づかないかもしれない。しかしビジョンと価値観が共有されてないと、そこから多くの問題が生じてしまうのである。

問題2　方針の欠如した戦略——戦略が幼稚である、あるいは戦略がミッション・ステートメントを有効に表現しておらず、現実の状況、需要、ニーズに合致していない。

近年、効果的な戦略は「道路地図」から「コンパス」へと変わってきた。なぜなら現実はまるで未開の荒野のように予測がつかず、道路地図はすぐに役に立たなくなるためである。こうした環境に柔パスが必要とされている。

古いプランニングの手法は目標（到達すべき地点）、方法（どのようにしてそこへ到達するか）、手段（資源をどう使うか）がテーマとなる。一方新しい手法は、社員がコンパス、原則、価値観にしたがって、目標に到達する道をつくりだすというものだ。ほとんどの組織では、外的な状況から予測を立て、それが戦略を計画することであると考えていることが多い。こうした組織のリーダーは「五年後にどうありたいか?」とか「どんな組織にしたいか?」という問いを一度も本気で考えたことがない。その代わりに、自分たちの置かれている現実、環境に対して敏感に反応するようになる。したがって戦略が現実を反映していても、ビジョンが欠けている。またあまりにもミッションやビジョンにかたよりすぎて、現実に対応していない戦略を立てている組織もある。

優れた戦略にはビジョンと現実の両方が反映されている。ミッション・ステートメントから戦略を導き出し、ビジョンと価値観だけでなく現実や環境も反映したものとし、時代遅れのサービスや商品をつくりださないように注意しなければならない。しかしこのバランスを取ることは難しい。非常に高度な判断力と叡智、現実社会の動きをとらえるレーダー、価値観と結びついた良心と忠誠心などが必要となってくるからだ。また組織の中心に深く根付いた共通の価値観がないと、内的な安定は得られないだろう。外からの気まぐれな圧力にすぐに影響を受け、動揺してしまうからだ。

問題3

貧弱なアライメント――組織の構造と価値観、ビジョンとシステムの間に整合性が見られない。構造とシステムが戦略の方針を支持・補強していない。

アライメントの問題はそこら中に蔓延している。自分に問うてみよう。「私たちのミッション・ステートメントは憲法となっているだろうか？　すべてを統治する法則だろうか？　新しく組織に加わる人もこの憲法に忠誠心を持つだろうか？　すべてのプログラム、システム、構造は憲法にしたがっているだろうか？」。もし答えが「ノー」なら（普通はそうだが）、あなたの組織はアライメントの問題をかかえているということだ。

組織内で価値観が共有されていなかったら、安定の源を持っていないことになる。ではどこに安定の源を求めたらよいのか？　厳格な構造とシステム。なぜか？　それによって予測が可能となるからだ。太陽が明日も昇るだろうという感覚と一緒である。厳格な構造とシステムを持つことで、予測できるという感覚を持つことができる。しかしこれでは現実の動きに柔軟に対応できず、あっという間に破滅してしまうだろう。それは多くのアメリカの企業や業界が身をもって証明している。

アメリカの企業に多く見られることであるが、六から七社、または一〇社くらいまでの範囲で競合していたものが、ある日突然五〇社以上の相手との戦いをせまられ、まったく違う価格競争にさらされてしまうことがある。構造を変えなければとても太刀打ちできないのは分かっている。「世の中こんなもんさ」とあきらめて古い体制のままの会社もあれば、変化に対応するため構造とシステムを簡素化して規模を縮小する会社もある。その結果、社員は驚き、恐怖を感じてしまう。しかしこれは古い体制にしがみついたまま、新しい構造を模索しているのと同じである。

多くの経営者は、資本主義を信奉していると言いながら、封建主義を奨励している。民主主義を信奉していると言いながら、独裁主義を支持している。情報公開と透明性を謳《うた》いながら、閉鎖性、密室会議、政治的策略を認めるかのような行動をとる。

この慢性的問題は、社員どうしの争いや部署間の貧しい関係（なわばり争い）などの症状を引き起こす。そして応急処置として、表面的な解決策がとられる。たとえば、コミュニケーションのスキルを高めるための短期トレーニングが行われるかもしれない。しかし、信頼関係が崩れてしまっていてはまったく無意味だ。次の解決策は、報酬システムを見直して社員にやる気を出させようとするものかもしれない。しかし、自分の飯の種をめちゃくちゃにされて、明日何が起こるか分からないような状況に追い込まれた社員は、会社にだまされたと思うだろう。そして会社の方針がチームワークと協力だったとしても、この報酬システムのせいで、成績を上げるために仲間どうしで競争しなければならなくなるのだ。

問題4　誤ったスタイル——マネジメントの哲学が、共有されたビジョンや価値観と一致していない。またはミッション・ステートメントのビジョンや価値観が、組織のスタイルと矛盾していることがある。

ある意味この慢性的問題は、他の三つの問題よりもずっと根深いものかもしれない。なぜならほとんどの人のスタイルは、家庭、学校、職場で早い時期に指導者の影響を受けて、獲得されるものだからである。私たちが初期段階で出会う指導者は、私たちのスタイルに大きな影響をもたらす。なぜなら他人に強く依存している時期は、相手に受け入れてもらいたいという意識が非常に強くなるからである。好むと好まざるとかかわらず、独裁主義的な父親や、虐待を加える父親でさえ、子どもにとっては唯一の生存の鍵であるため、そのスタイルを受け継いでしまうのだ。

自分のスタイルが権威主義であろうと、あるいは放任主義であろうと、民主主義だろうと、自分のスタイルと一致しない価値観をともなう世界に足を踏み入れたとき、人間は生まれ変わる必要性にせまられる。新しい価値観に首まで浸かって生活しなければならないため、自分のスタイルを書き換えてしまうのである。そしてそれは自分にとっての新しい憲法となる。

社員のスタイルは、経営幹部のスタイルに強く影響を受ける。そしてほとんどの場合、リーダーシップではなくマネジメント志向の指導を受ける。その結果、彼らは人ではなく物を考え、原則ではなく効率を考えるようになる。そうした指導を受けているのだから当然である。

これだけの多様性や流動性を持つ社会では、組織のビジョンや価値観に自分のスタイルを合わせていくのは、ときに難しい課題である。自分のスタイルを、ある程度調整する必要が出てくるかもしれない。だからこそ原則中心のリーダーシップが重要になるのだ。もし原則中心であれば、スタイルが原則と矛盾しない範囲内で、人生の表面的な部分において非常に柔軟に対応できる。

経営幹部あるいは年老いた犬が、新しいスタイルや芸を身につけられるものだろうか、といぶかる人もいるだろう。歌手だろうと、コメディアンだろうと、経営者だろうと、人間のスタイルは一〇、二〇代、三〇代ぐらいまでにはしっかり刻みこまれてしまって、石に彫られたように変えようのないものだ、と主張する人もいる。しかし、確かにスタイルを調整したり変えたりするのは難しいが、不可能ではないと思う。私たちのリーダーシップのスタイルは状況に応じて変えることができるはずであるが、そのためには新しい指導者や、模範になる人が必要となるだろう。

よく議論のテーマとなるのが、リーダーはつくられるのか、生まれつきのものなのか、ということである。私は、何らかの指導を受けて正しい原則を学び応用することによって、生まれ変わるのだと考えている。だから優れたリーダーは指導者となり、まったく新しい世代を育て、大きな変革をもたらすのである。しかしその負担は非常に重い。重大な変化を生むには、自分の身を犠牲にし、大きな苦しみを味わわなければならない。

組織内では、同じ基本原則に基づいている限り、スタイルが人によって違うことは許される。しかし、自分のスタイルに合った環境を見つける方が賢いと言えるだろう。自分のスタイルが合う組織もあれば、合わない組織もあるからだ。スタイルを変えることが難しいと知った上で、どこが自分に一番合うのかを判断し、自分のスタイルと組織のスタイルが一致しているかどうかを見極めるためには、真の叡智が要求される。

問題5　スキルの欠如——スタイルとスキルが合っていない。マネージャーに適切なビジョンを応用

するスキルがない。

違うスタイルを身につけたくても、根本的にスキルが欠けている人をときどき見かける。たとえば彼らは完全に人に任せる術を知らない。他人の視点に立つための感情移入の仕方を知らない。第三の案を創造するための相乗効果の用い方を知らない。Ｗｉｎ－Ｗｉｎの実行協定をつくりだす方法を知らない。しかし知識やスキルの欠如は深刻な慢性的問題ではない。教育と訓練を通して解決できるからである。

たとえばスキーの初心者はすぐにあるスタイルを身につけ、ある程度のレベルに達して、特定のコースでは快適に滑ることができるようになる。しかし、さまざまな条件のコースをこなしていくスキルは身につけていない。彼らのスタイルやスキルは、ある特定の雪質、地形、天候条件のもとでは有効であるが、どんな条件でも対応できるものではない。たとえやる気と肉体的能力と目標を持っていても、効果的にゲレンデをこなしていくためにはスキルを向上させる必要があるのだ。

人間はスキルを向上させる過程で、自分の目標も向上させ、スタイルを変えることさえある。たとえば、新しい時間管理ツールを得て、付随するスキルの訓練を受けると、人生に大きな変化が見られるようになる。また感情移入のスキルを学び実践するようになると、自分のスタイルが向上していくのを発見するかもしれない。実際、潜在能力開発運動の父カール・ロジャースは、人の変化を助けたいなら、相手に感情移入することである、と述べている。そうすることで、新たな自己洞察力を得て、自分の潜在能力に気づき始める。まさにプロセスが彼らを変え始めるのである。

問題6

低い信頼関係――社員同士の信頼関係のレベルが低く、信頼残高が不足し、その結果、閉鎖的なコミュニケーション、低い問題解決能力、協力とチームワークの低下といった弊害が生じる。

信頼は人間関係の質を決定する。信頼とは、ある意味、鶏が先か卵が先かという問題と同じである。たとえば信頼関係を築く最も良い方法は、ミッション・ステートメントを作成したり、アライメントの課題について話し合うことである。しかし、慢性的問題や緊急の問題を無視して信頼を築こうとしても、相手はあなたの言葉をあまり信用せず、状況を悪化させてしまうだけである。

スキル・トレーニングをいくら頑張っても、低い信頼関係はコミュニケーションを駄目にする。たとえば社員同士が信頼関係を築けていない会社では、経営者が実行同意書、職務要件書、ミッション・ステートメントをつくっても、社員は賛同しない。もし賛同が得られなければ、それは憲法としての効力を持たない。代わりに社員は職を守り、階層構造を築くために手順書と規定をつくろうとする。

「あなたを信じることができる」、「あなたは信頼性がある人だ」、「あなたは間違いを認める人間だ」、「あなたは話しやすい人だ」、「あなたはオープンで教えやすい人だ」、「約束を守る人だ」――こうした信頼感は、あらゆるものを支える基本的な感覚である。もしあなたが二面性のある人間なら、低い信頼関係を改善することはできないだろう。自分の振る舞いに問題があれば、言葉で隠すことはできないのである。

信頼関係は誠実さだけでは得られない。能力が伴わなければならないのだ。言い換えれば、たとえあなたが正直な医師であったとしても、能力がなければ信頼されない、ということだ。ときどき、私たちは誠実さに重点を置き過ぎて、仕事の能力や自分自身の能力への意識がおろそかになることがある。しかし正直であっても仕事の分野で専門的能力に欠けていれば、信頼関係を築くことはできない。

問題7

自己統一性がない——価値観が習慣に一致していない。つまり実際の行動と価値観あるいは信念との間に相関関係が見られない。

もし誠実さが欠けていたら、どうやって信頼口座をつくることができるのだろう？　どうやって信頼関係を築くことができるのか？　どうやって新しい環境が要求する条件に、自分のスタイルを合わせるのか？　本物の信頼関係が結ばれるような組織内環境をどうやってつくりだすのか？

もし会社に誠実さが欠けていたら、どうやって顧客を満足させるのか？　どうやって優れた社員を雇うことができるのか？　どうやって会社を存続させることができるのか？

価値観にしたがって生きていない人は、おそらくミッション・ステートメントを持っていないのだろう。もし価値観の明確なステートメントがなければ、私たちの習慣はバラバラになってしまうだろう。またミッション・ステートメントを持っていても、それにそって生きていない人もいる。その場合、偽善的で二面的な生活を送っていることになる。

会社の二面性も同じようなものである。ただ違う点は、個人が組織を構成しているので、個人の二面性が積み重なっているという点である。だから、組織に7つの慢性的問題のいくつかが発見された場合、経営幹部が自分以外のところに問題の原因を求めるなら、私は彼らに、問題の原因のひとつがそこに映っているのを見せるために鏡を差し出す。原因を求めて他人を見る必要はない。ただ自分に問えばよいのだ。「自分は誠実だろうか?」と。

問題は解決することができる

こうした7つの慢性的問題は、直すことができる。また、慢性的問題はいたるところで見られる。あなたの抱えている問題は競争社会にも巣食っている。仕事の成功は、競争の中で測られる相対的なものであり、優秀さなどの理想と比較するべきものではない。そしてほとんどの組織は多かれ少なかれこうした問題をかかえているので、社員は仕事を辞める日までこうした問題と共存していくようになる。痛みが耐えられなくなるまで、こうした問題は放置されたままになるだろう。

賢明なリーダーなら、単に症状に対処するのではなく、これら7つの慢性的問題を根本的に治療し、より良い組織をつくることができると私は信じている。そのためには心を入れ替え、信頼を築き、構造とシステムをつくり直さなければならない。リーダーの多くは、ある程度それをやろうと努力している。そして豊富な知識と能力、収益性、生産性、協調性を備えた質の高い組織をつくるため、利益という結果と同じくらいに、人間を重視し始めている。

Chapter 15

第15章

マネジメントのパラダイム転換

Shifting Your Management Paradigm

ヴィクトル・ユーゴーはかつて「時代を味方につけた思想ほど力強いものはない」と語った。

問題は味方につける方法である。どうしたらもっと効果的になれるのか? ゆっくりと少しずつ前進したいのなら、心構えや行動を変えればよい。しかし組織や人間の成長において、飛躍的進歩、劇的で革命的な変化を望むなら、考え方を変えることだ。これは、あなたが世界を見るときの視点、人間についての考え方、マネジメントやリーダーシップについての考え方を変えるということである。さらに言い換えれば、パラダイム、つまり現実を理解したり表現したりするための枠組みを変えるということである。壁を突破するような劇的な変化は、古い考え方と決別することから生まれる。人はそのパラダイムが変化するにつれ、今までとはまったく違う洞察、知識、理解の仕方を知り、目を見張るほどの変化を遂げることになる。それは歴史を見れば明らかである。

・何世代にもわたって、莫大な数の人々が感染症などの病気で命を落としてきた。戦争では戦死者の何倍もの人間が病気で死んでいる。また数えきれないほどの母親や新生児が、出産時に命を落としてきた。しかし発酵、腐敗、感染症などは目に見えない小さな微生物によって引き起こされるというパラダイム転換は、なかなか医者に受け入れられなかった。フランスのルイ・パスツールやハンガリーのイグナツ・フィリップ・ゼンメルヴァイスらの努力によってパラダイム転換が起こらなければ、感染症などに対する医学の大きな進歩はなかったであろう。

・アメリカという自由の国を誕生させたのもパラダイム転換であった。トーマス・ジェファーソンが独立宣言の中で、統治される者の合意によって政府はその権限を得る、と記したとき、まったく新しい形の政府が産声をあげた。もはや民は神聖な力に支配されることもなく、領主を押しつけられることもない。人民の声によって選ばれた者だけが、公務執行者としての資格を与えられるのだ。このパラダイムによって、人類の歴史上最も自由で豊かな国が生み出された。

・誤ったパラダイムは国を危機に陥れる。一五八八年当時、スペインはヨーロッパで最も豊かな国であった。新大陸から持ち帰った莫大な量の金が山積みにされ、その艦隊は7つの海で無敵を誇っていた。しかしイギリスはその圧力に屈しなかった。無敵艦隊がイギリスとの海戦に破れ、ほうほうの体で退散したとき、まさにパラダイムの転換が起こったのだった。それは機敏な動きが可能な新しい戦艦と才能にあふれた優秀なイギリス海軍の船長が、新時代の海の支配者となった瞬間であった。

現代のビジネスの世界でも同じようなパラダイム転換が、ときに同じような原因で引き起こされている。世界でも有数の大企業が、その財務力、技術、戦略、不動産などの財産にあぐらをかいている間に、市場の流れに適合した新しいパラダイムを持った小さな会社が現れ、顧客を奪い取ってしまうケースなどは、先に述べたスペインの無敵艦隊の話と一緒である。

今度はあなた自身のパラダイム転換について考えてほしい。もしあなたが結婚しているなら、独身だったときのことを思い出してほしい。結婚したとき、あなたのパラダイムにどんな変化が現れただろうか？　まったく違った世界が見えたのではないだろうか？　自分の責任についてまったく違った捉え方をするようになったのではないだろうか？　今までと違ったパラダイムや地図を通して人生をながめてみると、根本的、劇的、革命的な変化が訪れる。もしあなたが祖父あるいは祖母だったら、初めて孫を授かったときのことを思い出してもらいたい――新しい呼び名で呼ばれ、新しい役割を与えられたときのことを。

新しい役割と新しい呼び名を得ることで、あなたの振る舞いや心構えは劇的な変化を遂げる。実際、人間のパラダイムを変える一番手っ取り早い方法は、名前と役割を変えることである。

はじめてマネージャーになったときのことを覚えているだろうか？　あなたはすべてを違った視点で見るようになったのではないだろうか？　それは驚くほどの変化ではなかっただろうか。今まで不平を言っていたような問題も、自分が問題解決の責務を負うと違って見えたのではないだろうか？テクニック、訓練、やるべきことのリスト、今受けているプレッシャーなどに注意を集中していると、小さな進歩しかできない。もし飛躍的な進歩を遂げたいのなら、パラダイムを転換し、まったく新しいものの見方を身につける必要がある。

4つのマネジメント・パラダイム

ここで4つのマネジメント・パラダイムを紹介したい。それぞれに長所はあるが、4つのうち3つは人間の性質に対する誤った仮定に基づいているので、根本的な欠陥があることを指摘したい。

４つのパラダイム

ニーズ	メタファー	パラダイム	原則
肉体的／経済的	胃袋	科学的	公正さ
社会／情緒	心	人間関係 （好意的な権威主義）	思いやり
心理的	知性	ヒューマン・ リソース	才能の開発と発揮
精神的	精神（人間全体）	原則中心の リーダーシップ	意味

１．科学的なマネジメントのパラダイム

このパラダイムは、人間を胃袋（経済的な存在）と見なすものである。こうした考え方をする場合、マネージャーとしての仕事は、社員をばかにしたやり方、つまり飴と鞭の手法を用いることである。彼らの鼻先に飴をぶらさげて誘惑し、鞭を隠して社員を操るのである。彼の考え方はこうである。「私が支配者だ。私に従いなさい。私は選ばれた人間だ。私は何が正しいか知っている。飴と鞭を使って部下を正しい方向に導いてやろう。もちろん報酬と福利厚生についても私は公平である」。しかし実際には社員の胃袋に合わせて考えているだけである。

このパラダイムに示されている人間に対する考え方は、人間を経済的な生き物と見なすものである。つまり人間は経済的な安定を得るために生きている、と考えているのだ。こうした考え方を持つマネージャーは、飴と鞭の手法をふりかざして社員を働かせることになる。もしその考え方が正しければ、社員は自分が食べていくために、あるいは家

族を養うために働いていることになる。

こうしたマネージャーのマネジメント・スタイルは権威主義的になるだろう。マネージャーが決断を下して命令し、社員は報酬や手当を得るために、言われた通りに協力して働き、自分の時間を捧げる、というスタイルだ。こうした考え方に基づいて経営を行っている組織やマネージャーは多い。彼らは社員の人間性をもっと理解する必要がある、などと口では言っているが、実際にやっていることは、経済的報酬をうまく使って社員を思いのままに操ろうとすることなのだ。

2．人間関係のパラダイム

人間は胃袋だけでなく心を持った社会的存在である。人間は感情を持っている。だから公正さだけでなく、優しさ、思いやり、礼儀、礼節を持って接しなければならない、という考え方がこのパラダイムである。しかしこれでは、権威主義から好意的な権威主義へと移行したにすぎない。自分は選ばれた数少ない人間であり、何が正しいか知っている、という意識を持ったままだからである。これは権力を保持したまま、社員に公正に、そして親切に接している状態なのである。

このパラダイムが示しているのは、社会経済的人間という考え方である。人間は経済的欲求だけでなく、社会的欲求も持っている——人間らしい扱い、好意と尊敬を受け、帰属感を感じられるようにする必要がある——というものである。人間性に対するこうした見方は、人間関係を見直す運動の基礎となっている。

この考え方によるマネジメントは、依然としてマネージャーが決定して命令を下すという管理的なものであるが、少なくとも社員どうしが親交を温められるような社交や余興の場を提供し、調和のとれたチームや会社の精神がつくられていくように努力はしている。こうしたマネージャーは社員と仲良くしたい、好かれたい、という気持ちが強く、厳しい基準や期待を押しつけることを嫌うので、寛大で優しく甘い態度をとる。多くのマネージャーは誤った二者択一に陥り、「厳しくするか優しくするか、強いか弱いか、管理するかされるか」と考えるようになる。そしてほとんどの場合、寛大さを持って接するよりも、権威主義を用いた方が大きな成果を得られるので、社会経済的な考え方を選択した者は、好意的な権威主義のマネジメント・スタイルを用いてこの二者択一やジレンマを解決する。

好意的な権威主義者は、何が子どもにとって一番良いことか知っていて、子どもが自分の希望にそっている間だけ世話をするような父親と似ている。そして期待を裏切ると、それを忘恩と不忠の表れとして捉え、「あれほど面倒を見てやったのに、恩をあだで返したな」と考える。

3．ヒューマン・リソースのパラダイム

これは公正さや思いやりだけでなく、能率についても考えるというパラダイムである。この考え方は貢献というものを考慮し、胃袋と心に加えて、知性を人間に見いだしている。言い換えれば、認識し、思考を行う存在として人間を捉えているのである。このパラダイムでは、人間性に対するより深い理解に立って、社員の才能、創造性、豊富な資源、知恵、想像力をもっと有効に使っていこうとする姿勢が見られる。そして目標達成を誓うことで人間は必要なことを自主的に行うということを認識したうえで、マネージャーは人に任せることを積極的に行うようになる。また人間こそ重要な資源で

あり、資本ではなく、物的財産でもなく、心と知性を持った人間こそが会社の財産であることを確認する。そして社員にとって最適な環境、才能に働きかけて創造力を発揮させるような環境をつくり出す努力を行うようになる。また人間は意義ある貢献をしたいと考えており、才能を伸ばし、それを使って人から認められたいと思っている、という認識も見られる。

この段階では、社員の精神的な面も重視されている。経済的安定、社会的帰属意識に加えて、人間的に成長し、創造性を発揮して、価値ある目標の達成のために効果的に貢献したいという社員の気持ちを考慮するのである。このパラダイムを持つマネージャーは、社員を「隠れた才能と能力の宝庫」であると感じている。目指すべきは、この可能性を見つけ出し、成長させて組織の目標を達成することである。このように社員の経済面、社会面、精神面を考慮し、その成長と発展への強い欲求と、建設的、創造的に自分の才能を使いたいという切実な願望を理解したマネージャーは、社員が才能をフルに発揮して組織の目標へ貢献できるような環境づくりに努力するようになる。

4．原則中心のリーダーシップ

今度は公正さ、思いやり、能率に加えて、効果性を考えるパラダイムである。これでやっと人間全体をとらえることができる。人間をただ単に資源や財産と考えたり、経済的、社会的、精神的側面だけを考慮するのではなく、その神聖さをも考えるのである。つまり彼らは意味を求めている——何か意義のあることをしたいという意識を持っている——ということを理解するのである。人間は、あまり意味のないもののために働きたいとは思わない。たとえそれが知的な満足感を与えるものであったとしてもだ。自分を高め、昇華させ、最高の自己へと導くような、崇高な目的が不可欠なのだ。

このパラダイムでは、実証済みの原則にそってマネジメントが行われる。この原則は自然の法則と社会的価値観であり、何世紀にもわたってすべての偉大な社会、優れた文明を特徴づけてきたものである。それは価値観、思想、理想、規範、教訓という形で表れ、人間を高め、満たし、エンパワーし、鼓舞してきたのである。

原則中心のマネージャーは、社員の実際の創造的エネルギー、才能と率先力は、現在の仕事で要求されている以上のものであることを理解している。「私を信じて」という彼らの心の叫びが聞こえるのである。ＩＢＭの基本精神は、個人の能力と高潔さを信じる、というものである。原則中心のパラダイムにしたがえば、人間に対する新しい見方を支える根拠を得ることができる。そして社員はその見方にそうような働きを見せるようになるだろう。

人間は自分の創造性を、目標や夢につぎこむ。そのエネルギーの多くは組織に費やされる。そのため、消極的な相乗効果は、社員の才能を膨大に無駄遣いしていることになる。積極的なエネルギーの方程式は、「参加」＋「忍耐」＝「献身」である。机の後ろに座っている社員は、机の前の顧客と同じように扱われるべきである。献身をただで買うことなどできないのだから。人間の身体は金で買えるが、心と頭は買うことができないのである。

トム・ピーターズは、権力の中心がエリート権威主義者のグループの手から離れるにつれ——どんなにそれが建前上のものであっても——組織のすべての人間がより大きな権限を与えられたと感じるようになる、と指摘している。

このパラダイムはマネジメントとリーダーシップの考え方に一八〇度以上の大転換をもたらすものである。今までのマネージャーは、警察官、審判、裁判官にたとえられたり、他人のあら探しをして反対意見ばかり唱える人物と受け止められてきた。しかしこれからのエクセレント・カンパニーのマネージャーやリーダーは、チアリーダー、コーチ、ファシリテーター、勝利者の育ての親といった比喩がふさわしい。そして彼らを応援する太鼓の音――悲しくも今までは聞くことができなかった太鼓の音――は社員から自然にわき起こってくるだろう。

人間は価値ある目的に貢献したいという思いを持っているものである。そして個々の任務を超えた大きな事業やミッションに参加したいと思っている。たとえ自分の知的能力を発揮できるものであっても、意味を見いだせない仕事には参加したくないと思っている。自分を高め、鼓舞し、エンパワーし、最高の自己へと導く目的や原則を欲しているのだ。

年棒一〇〇万ドルで、穴を掘ってそれを埋め戻すという作業を週五日、一日八時間六五歳になって引退するまで続けるという仕事を引き受けるかどうか、と私はよく質問してみる。経済状態を改善するために、引き受ける人もいるだろうと思うかもしれないが、高い給料をもらっても数年以内に気が狂ってしまうか、仕事の合間に時間と金を有意義な活動につぎこもうとするようになるだろう。世の中にパンだけしかなければ別だが、人間はパンだけでは生きていけないのだ。

人間性に対するこの深い洞察では、仕事をやる気と満足感を得られるものにするということの重要性が強調されている。原則中心のリーダーは、日常的で退屈な反復作業を自動化して機械にやらせるようにし、社員には誇りを持てるような仕事を与える。彼らは意思決定などの重要な事柄に社員が参加するように奨励する。そして重要な決定事項であればあるほど、困難な問題であればあるほど、社員の能力に期待をかける。また社員の洞察力と能力を向上させるために、自己コントロールや自己決定力を高める場を積極的に増やしていこうとする。

会社で調査を行ってみると、社員が原則に基づいたマネジメントを求めているという実態が浮かび上がってくる。彼らは人生に意味と目的を求めているのである。上司に自分の人間性すべてを考慮した扱いを期待しているのだ。しかし彼らは、人間関係のパラダイムにしたがって、自分の言うことを聞く人間を求めている、という面もある。つまり、「あなた（上司）には私の意見を聞いてほしいが、君（部下）には良き兵士のように私の命令にしたがってもらいたい。私に協力し、私を助け、したがってほしい」ということである。

科学的マネジメント（胃袋）のパラダイムは「きちんと報酬を払ってほしい」、人間関係（心）のパラダイムは「きちんと扱ってほしい」、ヒューマン・リソース（知性）のパラダイムは「私をうまく使ってほしい」、原則中心のリーダーシップ（人間全体）のパラダイムは「ビジョン、ミッション、役割、目標について話そう。私は意味ある貢献をしたい」というものである。

もちろん私たちは、公正さと思いやりの原則を擁する原則中心のリーダーシップのパラダイムを培っていくべきである。それは社員の才能を活かして効率を上げるだけでなく、社員や組織の効果性を飛躍的に進歩させるものなのである。

Chapter
16

第16章
PSパラダイムの優位性
Advantages of the PS Paradigm

私は以前、テキサスのダラスに本拠地を置く大企業の経営者たちと共に仕事をしたことがある。

私は彼らにこう質問してみた。「ミッション・ステートメントはありますか?」

彼らは渋々それを持ち出してきた。そこには「株主の資産を増やすこと」と書かれてあった。私は言った。「これを壁に貼って、顧客や社員たちを鼓舞しているのですか?」

「これはあくまでプライベートなものでして、別に真剣に取り組んでいるわけではないのです。実際ビジネスなんて金を稼ぐためにやってるだけなんですから」

私は言った。「確かに金を稼ぐことは重要な目的だと思います。ではこの会社の文化がどんなものか言い当ててみましょう」

私はひとつずつ指摘していった。社員どうしの対立、部署間の争い、思想の違いで対立するグループ、口答えや悪口、表面的な付き合いやお愛想。次に職場の様子について指摘した。部署間の既得権益を守り、販売ノルマを達成するための競争や昇進にうつつを抜かす社員たち。

彼らは言った。「どうしてそんなに分かるのですか?」

「あなた方が間違った推測に基づいて今言ったじゃないですか。社員の経済的欲求さえ満たしていれば良いと。だから皆が仕事以外のもので自分の欲求を満たし、仕事以外の活動で意義のある貢献をしようとするのですよ」

「どうしたらいいのでしょう?」

私は新しいマネジメントのパラダイムについて説明を始めた。彼らは説明を聞きながら、会社の文化を根本的に変える必要性を感じとったようだった。そして私に尋ねた。「どれくらい時間がかかりますか？」

私は言った。「それは、あなた方がどれくらい痛みを感じているかによります。もし感じていないなら、変わることはできないでしょう。もしあなた方が会社の現在の状況に困惑し、良心の痛みを感じているならば、そして会社全体がその痛みを共有しているなら、成し遂げることができるでしょう。一年ないしは二年以内に、バランスのとれたミッション・ステートメントをつくり、それにそって企業スタイル、構造、システムを整える準備ができるでしょう」

「スティーブン、ひとつ見落としていることがありますよ。私たちは仕事が速いんです。今週末にでも早速それを完成させますよ」

この発言に見てとれる彼らの理想のビジネス、理想のパラダイムは何か？　彼らの思い描く究極のビジネスは、不動産取引のように一週間で売買することなのである。こうした間違ったマネジメントのパラダイムに基づいて作業してきたために、彼らは本当のチームワークを創りだせるような文化を持ち得なかったのだ。

組織の経営手法を分析し、目標の達成を容易にするために私が推薦したいのが、組織の姿をより正確に記述するパラダイム――PSパラダイムである。

ひとつのPと7つのS

原則中心のリーダーシップのPSパラダイムでは、人間（People）を表すPを除いて、すべての要

PSパラダイム

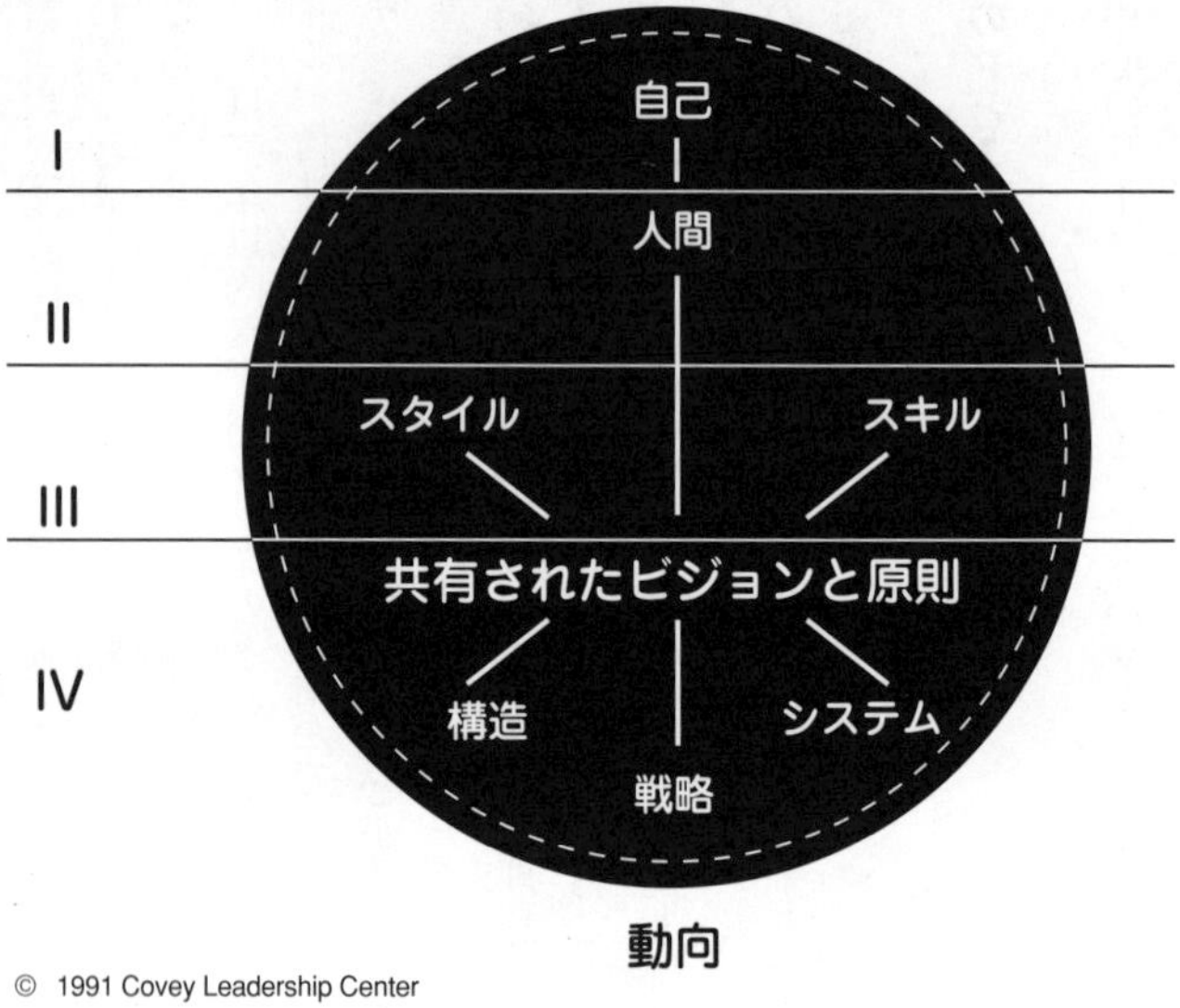

素がSという頭文字から始まる。

・**人間**（**People**）

PSパラダイムが基礎に置いているのは、組織の構造、マネジメントのスタイルやシステムの効率性ではなく、人間の効果性なのである。その認識は、人間はプログラマーであり、したがって最も価値ある存在であるというものである。つまりプログラマーである人間こそが、個人、人間関係、マネジメント、組織のレベルにおいてすべてをつくり出すという点に着目しているのである。社員が自分自身をどう見ているか、同僚や組織をどう捉えているか、そうしたものが形として現れたものが企業文化なのである。

・**自己**（**Self**）

私たちは組織の中、外にかかわらず、自分の「外側」にある事柄に目を向けがちだ。しかし、意味ある変化を起こしたいなら、影響の輪の中、つまり自分が直接力をおよぼせる範囲から始めなければならない。これもやはりインサイド・アウトのアプローチである――変化や改善は自分の中から始まる。

・スタイル（Style）

参加型スタイルのマネジメントは、より大きな変革、率先力、責任感を生み出すが、同時に予期せぬ行動を生む可能性も増してくる。しかしそれを恐れてコントロールを強化するよりも、参加型が生む利益の方を重視すべきである。また口先だけで参加を謳《うた》い、実際はコントロール体質のままだと、社員はしらけてしまうので注意していただきたい。

・スキル（Skill）

仕事の委任、コミュニケーション、交渉術といったスキルは効率的な組織の基本条件である。幸いなことに、こうした技術を学習し向上させることは、継続的な教育と訓練で可能である。

・共有されたビジョンと原則の共有（Shared vision and principles）

仕事をするには、マネジメントの型を定め、社員どうしの関係を組織化・形式化する必要がある。Ｗｉｎ－Ｗｉｎの実行協定では、上司と部下が共通の原則に基づいたビジョンを共有し、両者が自由にやるべきことをやる環境が整えられる。部下が実際の業務を遂行し、上司は彼らに助言を与える奉仕者となる。しかし協定が結ばれていなければ、部下は結果に責任を持たないまま仕事をすることになり、上司は監視をしなければならない。そのため上司は奉仕することはできない。

・**構造とシステム（Structure and systems）**

組織では多くの人間が相互依存的に関わり合っており、そうした交流は組織の構造やシステムに支えられている。人間の体は組織の最適なモデルである。神経系システムがメッセージ（情報）を運び、循環器系システムが栄養（報酬）を運び、骨格システム（構造）が体の形をつくり、呼吸器系のシステムが酸素（フィードバック）を供給する。

こうしたシステムは相互依存的であり、ひとつのシステムに大きな変化が生じると、全体のバランスが崩れてしまう。人間の体と同じように、組織も均衡状態を保たなければならない。均衡状態を保っている組織では、苦悩や痛みはあまり見られないが、生産性には大きなばらつきがある。ある組織は非常に創造的で相乗効果的である。つまり、チームスピリット、使命感、情熱、目的意識、やる気、そして前向きな精神にあふれており、痛みをともなう障害もあまり見当たらない。ところが別の組織では、深い対立や政治的駆け引き、攻撃や防衛、低い生産性と低利益体質といった悪弊が見られる。こうした組織でも均衡状態は保たれている。ただそれはレベルの低い均衡状態である。

ほとんどの組織は6つのシステムを持っている。

1．情報

組織内の出来事に対して先入観を持たず、正確でバランスのとれた見方をするために、経営幹部は関係者の情報システムを構築する必要がある。これは組織内部で何が起こっているか、また関係者が何を考え、何を感じているかを知るためのシステムだ。正確なデータが正しい判断を生む――これは賢明な判断の前提条件である。

2．報酬

お金、評価、責任、機会、地位、職場の整備・改善などの恩典を与えることはすべて報酬である。そして効果的な報酬のシステムは、経済面と精神面の両方を考慮している。このシステムは、相乗効果的に働き、チーム精神を育てていく鍵となる。

3．訓練と人材開発

効果的な人材育成プログラムでは、学習者が学習に責任を持ち、インストラクターや教育機関は、効果的な支援を提供する役にまわる。トレーニングはシステム主導ではなく学習者主導で行われる。つまり学習者がトレーニングの手法を選択し、自分が合意した目標に向かって自分のペースで進んでいくことになる。また学習した内容を第三者に教えることも必要とされる。それが学習内容の理解と定着度を大幅に高めることになるからである。さらに各人の目指すキャリアと、トレーニング・プログラムの目標は緊密な関係を持つように設定されている。

4．採用と選抜

原則中心のリーダーは人員を募集・選抜する際、候補者の能力、適性、関心と仕事の内容が一致しているか、という点を入念に検討する。好きなことや得意なことは、仕事での貢献内容に大いに関係してくるからである。面接、審査、採用までの流れの中で重視されるのは、お互いにとって利益になるかどうかという点である。また候補者の職業上の功績が、会社の求めるものに合っているか、という点も重要なポイントである。そこに不一致があれば、オープンに話し合うべきである。さらに採用、昇進、降格、解雇にあたって、効果的なリーダーは尊敬する同僚や監督者の助言も求める。

5．構造

家が住人の好みや要求を満たすべく設計されるように、仕事も社員のスキルや関心に合うように設計されるべきである。社員は仕事の内容、会社全体の使命と自分の仕事との関わり、どのような貢献ができるのか、といった事柄に対するはっきりした認識を持つ必要がある。またどんな資源や支援システムが利用可能なのかも知っておく必要がある。さらに結果を得るためにどんな方法を使うかは、ある程度本人に決めさせるべきである。また住宅の配線がそうであるように、成長や新しい機会を与えるための準備はもちろん、フィードバックのシステムは初めから組みこんでおくべきである。

6．コミュニケーション

Ｗｉｎ‐Ｗｉｎの実行協定や説明責任を果たすために、社員一人一人と個別に話しをすることは、効果的なコミュニケーションのための鍵である。必要に応じてスタッフ・ミーティングを開き、行動志向型の議論を行うことも同じ効果がある。節約につながるアイディアに報奨金を出す社員提案型システム、正当な方針と手法を公開すること、昇進面接、匿名社内調査、臨時委員会でのブレインストーミングなども効果的なコミュニケーションの鍵である。コミュニケーションのシステムを、共有するビジョンやミッションを中心に構築すれば、もっと効果的に機能するだろう。こうしたシステムがよく機能不全におちいるのは、他人と高い信頼関係を築くことが苦手な欠乏マインドを持った人間によって設計されているからである。彼らは自分の周りの才能に恐れを抱いている。すべてのアイディアは自分の中から出てきてほしいと感じている。そのため他人を評価したり、エンパワーしたりするのがとても困難になってしまう。

・戦略

戦略は公表されたミッションや使用可能な資源、市場の動向に合致したものであるべきだ。さらに戦略は常に見直され、市場での競争や変化に合わせて変えていくべきである。

・環境

組織内外にはさまざまな環境の変化（事業環境）が見られる。こうした環境の変化を定期的にチェックし、戦略、ビジョン、システム、その他のものがすべて外の現実を反映するように調整しなければならない。賢明な経営者ならば、市場のトレンドや動向を的確に読み、会社が転覆したり、暗礁に乗り上げたりすることのないように気を配るだろう。

すべてはプログラマーである人間から始まる。困難なSを変えるために、まず簡単なSから始めなければならない――これらは人間の精神の表れにすぎないのだから。

質の高い製品とサービスの鍵は、質の高い人間である。そして質の高い人間の鍵は、その人格、能力、他人との信頼口座である。原則中心の人間は質を通して量を、人間関係を通して結果を得る。結婚生活、家庭生活、仕事や共同体での生活の中で、彼らを導くガイドラインは次のようなものだ。「陰で人の悪口を言わない。他人のために建設的な批判をすることはあるが、卑怯な攻撃はしない。誰かと意見が合わなければ、その人と直接会って自分の見方を説明し、解決を図る」。こうしたことを実行するには、大変な勇気と強さが必要である――それは原則中心であると共にPSパラダイムを持つことから得られるのだ。

4つの特徴

パラダイムは自然のモデルである。パラダイムを改善することは自然をより深く理解しようとすることである。この理解への努力はどの分野でも理論、説明、モデルなどと呼ばれている。もしパラダイムに欠陥があれば、行動や態度がどんなに立派であっても意味がない。

PSパラダイムは、他のパラダイムより的確に自然を記述する4つの特徴を持っている。

1．全体論的である

言い換えれば、それはすべてを扱っているのである。経済、物理的構造、テクノロジーは構造の中に位置づけることができ、仕事のスタイルとスキル、補完的なリーダーシップのスタイル、社員のスキルは、マネジメントの中に位置づけることができる。閉じたシステムではなく開かれたシステムの中の流れ（組織、業界、社会の内部の環境）のすべてを扱っているのだ。

世の中の動向に完全に一致している組織はない。誰もが会社の内外で厳しい環境にさらされる。しかし主体的で原則中心の人間は、そうした環境の被害者にならない。彼らは常にアライメントを目指し、彼らが日々生活し、仕事をする環境――社会からの影響あるいは経済、社会、政治的なトレンド、文化的な影響力、国際マーケットなど――を理解しようと努力する。

2．生態学的である

これはあらゆる生態系がそうであるように、すべてが他のあらゆるものと関係しているということである。生態系では私たちはすべてと関わり合っているだけでなく、あらゆるものが相互に関係し合い、相互依存的である。ある分野での率先力が、他のすべての分野に影響をおよぼす。組織を機械的で、非有機的で、非生態学的な分断されたものと見なすマネジメント・パラダイムもあるが、すべての組織は、より大きな生物圏の中の生態系であり、自然の一部である。自然には仕切りがない。それは分割できないひとつの全体なのである。環境に対する意識の高まりによって、アメリカ人は自然生態系をより強く認識するようになってきた。

3・成長的である

これは代数を学ぶ前に算数をマスターしなければならないように、何ごとも順序を踏まなければならないということである。成長と進歩は連続的なプロセスをたどるのである。しかし多くの古いマネジメント・パラダイムは非成長的であり、必ずしもプロセスにそう必要はないと説いている。どんなレベルからでも取りかかることが可能で、応急処置で状況を改善できるというのである。しかし連続的な成長のプロセスは創造の六日間のたとえを通して、その正当性を私たちに強く訴えかけてくる。真の成長は自己から始まり、インサイド・アウトで進んでいくのである。

4・このパラダイムは主体的な人間に基づいたものであり、生命のない物や植物・動物に基盤を置くものではない

自然界の他の生物と違って、人間は自分の意志に基づいて選択することができる。もちろん、子どものころのトラウマや現在の環境、精神的な傷のせいで、意志の力や影響力が弱い人もいる。競争志向の人は、欠乏の観点に立って物事を防衛的に考える傾向がある。肯定と無条件の愛に生きる人は、内的な安定と豊かさマインドを持つ傾向がある。

ほとんどのマネジメント・パラダイムは社員を物と見なし、その効率を高めようとしている。だから多くの経営者が人間を消耗品と見るのである。もしそうした見方が企業の中に広がれば、社員は自分たちを守るために、団結したり労働組合を結成したり、略奪的で日和見主義的な攻撃的マネジメントをやめさせるような立法を求める運動を起こしたりするであろう。あなたは物事の能率を高めることはできるだろうが、人間に対して効果的にならなければならない。もし感情の問題で能率的であろうとしたら、結果は逃避、あるいは闘争反応か信頼残高の引き出しに終わるであろう。

ＰＳパラダイムは、この４つの特徴――全体論的、生態学的、成長的、そして物ではなく人間志向――によって、マネジメントと原則中心のリーダーシップに相応しいものとなるのである。

Chapter 17

第17章

エンパワーメントの6つの条件

Six Conditions of Empowerment

どの分野の研究においても、私たちは対象の本質に関して、なにがしかの仮定を行う。そんなとき、もし基本となる仮定や前提が間違っていたら、たとえ論理展開が正しくても結果は間違ったものになるだろう。

正しい結果は、正しい前提・仮定に基づき、矛盾のない推論を行うことによってのみ得られるのである。

こうした単純で自明とも言える真実を、人々は忘れてしまうことがよくある。客観的知識の世界も、もしかするとその基盤は主観的知識なのかもしれない。私たちは各分野で、その基盤を成す前提が正しいかどうかを、調査や研究によって可能な限り検証することができる。たとえば心理学の基盤となっているのは、人間性に対する仮定である。気づいているかどうかは別として、人間性に対する仮定に基づいて社員のやる気を起こさせようとしている点で、リーダーはビジネスの世界の心理学者と言える。

『アイアコッカ――わが闘魂の経営』（ダイヤモンド社）の中でリー・アイアコッカは、大学で工学とビジネスのコースの他に、心理学と異常心理学のコースを四年間履修していたと記している。「冗談ではなく、これらは大学で最も役に立つコースだったと思う。（州立病院の精神科病棟での）コースの研究課題は、まさに人間の行動の基盤に他ならなかった――彼らを突き動かすものは何なのか？」

今日ほとんどの経営者は原則中心のリーダーシップの正当性を認識している。しかし問題は実行するかどうかである。経営者はどのように「人間全体」の仮定に基づいて行動するのか？　この人間性への深い配慮は、どのように組織に反映されるのか？　経営者は、深く組織に根づいた権威主義や好意的な権威主義をどうやって取り除くのか？　どうやって余分な精神的・構造的「障害」を排除し、社員に人間性重視の視点に立って考え行動する自由と柔軟性を与えることができるのだろうか？

ジェネラル・エレクトリック社のモットー「ぜい肉を落として機敏になろう」はさまざまな状況に当てはまる。私はヨーロッパへの家族旅行で忘れられない体験をした。旅が始まって少し経つと、服、お土産、プレゼント、パンフレット、記念品などで鞄が一杯になり、身動きがとれなくなってしまった。そこで旅行が終わる数日前、荷物の三分の二を友人に持ち帰ってもらった。私たちはとても身軽に動けるようになり、心のおもむくまま自由に行動できるようになった。鞄に余裕があるか、荷物を持ちきれるか、と心配することもなくなった。

組織においても同じことが言える。経営者らがヒューマン・リソースを最大限効果的に活用し、成果を得るためには、人間性に対する誤った仮定を排除し、組織をシンプルにしなければならない。リー・アイアコッカが指摘するように、組織を構築するにあたっては、社員が働く動機について考察する必要があるのではないだろうか。建築家の「形態は機能にしたがう」という格言がある。私たちは戦略とシステムをつくり出す前に、人間性に対する仮定を明確にしなければならない。

社員にやる気を起こさせ、その能力を最大限発揮させるために、組織のニーズと目標が、社員個人のニーズ、目標、可能性と重なるような領域を見つけなければならない。そうすれば私たちはＷｉｎ－Ｗｉｎの実行協定を結ぶことができる。協定が確立されたら、合意内容に基づいて、社員が自分自身を監督する。私たちは社員の補佐役となり、彼らが自発的に合意事項の達成に向けて取り組めるような環境をつくり出せばよいのである。社員は実行協定に示された基準にしたがって自分自身を評価し、結果を報告する義務を負う。

エンパワーメントの4つの条件とは、①Ｗｉｎ－Ｗｉｎの実行協定、②自己管理、③社員を支援する構造とシステム、④結果報告責任である。

Ｗｉｎ－Ｗｉｎの実行協定とは上司と部下の心理的な契約なのである。そして以下の5つの要素に関して何が期待されているのかを明確に理解・合意していることを示すものである。①望む結果、②ガイドライン、③使える資源、④説明責任、⑤実際の結果への対応。

Ｗｉｎ－Ｗｉｎの実行協定を作成・実行していく方法を理解するために、この五つの要素をひとつずつ解説していこう。

1．望む結果を明確にする

まずどんな結果を望んでいるのかを話し合う。何をどの程度までやればいいのかを明確にする。そして予算を決め期限を設ける。結果を達成することを約束させ、その手段・方法については自由に選択させる。続いて目的達成に向けての日程と期日を定める。目的は、組織の戦略、目標、職務設計と個人の価値観、目標、ニーズ、可能性が一致した領域に設けられるべきである。Ｗｉｎ－Ｗｉｎの考え方では、上司と部下が何を期待しているのかを明確にし、望む結果を得るという約束を取り交わすことが必要なのである。

2．ガイドラインを設定する

望む結果を得るために欠かせない原則、方針、手順を社員に伝える。手順について触れるのは最小限にとどめて、最大限の自由と柔軟性を与えよう。組織の方針や手順についてのマニュアルは大ざっぱなものとし、その背後にある原則に主眼をおいて説明すべきである。そうすれば状況が変わっても、社員が身動きできなくなるという事態は避けられる――状況にかかわらず彼らは自分の能力を発揮し、定められた価値観の枠内で、率先力と判断力を用いて望む結果を得るために必要な行動をとることができる。

またガイドラインには、経験上、組織の目標達成や価値観の維持に有害であると分かっている方法や禁止事項を明記しておくべきである。目標管理型のマネジメントの多くは、禁止事項やタブーをはっきりと明示していないために、失敗に終わってしまう。社員は結果を得るために無制限に自由と柔軟性を与えていると感じ、結局は同じ失敗を繰り返したり、組織のタブーをおかしてしまったり、積み上げられてきたものを台無しにしたり、必要以上の責任を感じたりして、しだいに率先力を発揮することに対して臆病になっていく。

その結果、社員の態度は「目標管理型マネジメントのことはもう忘れて、何をやってほしいのか指示してください」というものになる。彼らの希望は打ち砕かれ、心に深い傷を負い、お金のためだけに仕方なく仕事をこなし、仕事以外のところで自分の崇高な欲求を満たそうとするようになる。

禁止事項やタブーを決める際に、さまざまな分野でどの程度の率先力が与えられるのか明らかにしておくようにしよう。指示があるまで待つべきなのか、疑問があれば質問するべきか、研究して意見を述べるべきなのか、行動したらすぐに報告するべきか、あるいは定期的に報告するべきか、といったことを明確にしておこう。そうすれば期待が明確に示され、制限も定められる。
ある分野では指示を待って行動するという率先力のレベルだが、別の分野では「自分の判断で適切だと思うことをやりなさい。定期的に行動内容と成果を報告しなさい」というように高いレベルの率先力を付与するという具合だ。

3・使える資源を明確にする

社員が、結果を出すために使えるさまざまな資源、つまり金銭的、人的、技術的資源などを明確にしよう。組織構造やシステムがどんな仕組みになっており、どのように活用できるのかを説明しよう。こうしたシステムには情報、コミュニケーション、トレーニングなどが含まれる。あなた自身や他の人材を資源として考え、その活用法を示すこともできるし、ある程度の制限を設けて経験を共有し、それをどう活用するかは社員に任せるという方式も可能である。

4・責任を明確にする

結果に対する責任を持たせることは、Ｗｉｎ‐Ｗｉｎの実行協定に真剣に取り組む動機を与えることになる。もし報告責任がなければ、社員はしだいに責任感を失い、悪い成績を環境や他人のせいにするようになる。しかし成績評価の基準づくりから参加していれば、望まれる結果を出すことに強い責任感を持つようになる。
結果を評価する方法には三種類――測定、観察、自己査定がある。評価方法を明確にしよう。またいつ、どのように進展報告書を作成し、報告会が開催されるのかも決めておこう。もし信頼関係のレベルが高ければ、マネージャーや他の審査員よりも社員自身が厳しく自分を評価するであろう。またその場合、自己査定の方がいわゆる客観的な査定よりも正確であることが多い。なぜなら査定システムが測りきれないことも、彼ら自身が知っているからである。

5．実際の結果への対応

望む結果が得れた場合、あるい得らされなかった場合にはどうなるのか、賞罰などを明確にする。良い結果ならば、表彰、昇進、新しい契約、トレーニングの機会、柔軟なスケジュール、特別休暇、より大きな責任、恩典、昇給などが与えられる。悪い結果が出れば、懲戒、再教育、あるいは解雇などの処分が考えられる。

自己管理を目指して

Ｗｉｎ‐Ｗｉｎの実行協定の５つの側面は、仕事を引き受ける前に当事者が理解しておくべきことが基本的に網羅されている。望む結果、仕事のガイドライン、使える資源、報告の仕方、結果に応じた賞罰などである。しかし社員がどのような手段を用いるかについては触れていない。Ｗｉｎ‐Ｗｉｎは自己コントロール能力や自己決定力を尊重し、望む結果を得るためにガイドラインの枠内で必要なことを実行するという社員の主体性を認めているのである。これはヒューマン・リソース活用の原則と言えるであろう。

Ｗｉｎ‐Ｗｉｎの実行協定に二人以上の人間が関わっている場合、心理的な契約は、すなわち社会的契約をも意味している。チーム、部署、あるいは事業部門全体で、この協定を立ち上げることもある。その場合でも人数にかかわらず、協定内容を決定していく過程には全員が参加することが必要である。参加することによって、この社会的契約は心理的契約よりも強い影響力、効力、動機づけを持つものになる。なぜなら意味のあるチーム・プロジェクトや挑戦に参加したいという人間の気持ちや社会性に働きかけるからである。

Ｗｉｎ‐Ｗｉｎの心理的、あるいは社会的契約の強みは、当事者の能力・成熟度や環境にかかわらず適用できるという、ほとんど無限の柔軟性を持っている点にある。もし社員の仕事に対するやる気や実行力が低ければ、得られる結果もレベルの低いものとなるだろう。こうした場合は——手法などを含む、より詳細なガイドラインを設定する。使える資源を活用しやすく、分かりやすく、強力なものにする。より厳密で明確で細かい基準にしたがって、結果を報告させる回数を増やす。結果に対する賞罰を迅速に決定し、フィードバックをより強力なものとする——といった方策をとればよい。

反対に社員の成熟度、やる気、実行能力が高い場合、Ｗｉｎ‐Ｗｉｎの協定は、より広範囲で長期的な素晴らしい結果を生み出すものとなり、特に手法や方針に関するガイドラインを設ける必要はあまりないであろう。そして使える資源をそれほど明らかにする必要もなく、報告回数も減らし、成果を評価するために査定だけでなく、自己査定を用いることもできるだろう。また物的な報酬よりも、心理的な報酬に重点を置いた長期的な報奨を与える制度を確立できるだろう。

いったんＷｉｎ‐Ｗｉｎの実行協定が確立されると、社員は合意事項に基づいて自分自身を監督することができる。マネージャーは補佐役となり、社員が自己決定力と自己コントロール能力を発揮して、望む結果を出すべく取り組めるような組織環境をつくる役に回る。また社員は協定の作成に参加しているので、定期的に結果を報告することに抵抗を感じない。基本的に定められた基準にしたがって自分自身を査定する。Ｗｉｎ‐Ｗｉｎの実行協定が正しく設定されていれば、望む結果を達成するために必要なことを、ガイドラインを守りながら実行することができるのである。

社員を支援するシステムがあれば、Ｗｉｎ‐Ｗｉｎの協定はスムーズに遂行できるようになる。こうしたシステムには戦略のプランニング、組織構造、職務設計、コミュニケーション、予算、報酬、情報、人材募集、審査、配属、トレーニング、能力開発などが含まれる。また社員が自分の成績に関する情報を閲覧することができ、それを必要な修正に役立てるようにしておくことも大切である。

支援システムとして位置づけられているものが、実際は有害なＷｉｎ‐Ｌｏｓｅのシステムであった場合、Ｗｉｎ‐Ｗｉｎの協定は無効になってしまう。特に報酬システムなどがこれにあたる。経営者がＷｉｎ‐Ｗｉｎを語りながらもＷｉｎ‐Ｌｏｓｅに報奨を与えるような行動をとっていると、システムを壊してしまうことになるのだ。目の前の植物に「大きくなれ、大きくなれ」と言いながら、別の植物に水をやっているようなものである。

すべてのシステムはＷｉｎ‐Ｗｉｎの協定の下に統合され、協定を支えなければならない。Ｗｉｎ‐Ｗｉｎは募集、採用、社員教育にも反映されるべきである。また戦術的行動は言うまでもなく、能力開発、報酬制度、職務設計、会社の構造、戦略設計、ミッションと目標にもＷｉｎ‐Ｗｉｎは活かされなければならない。

Win-Winの実行協定

Win-Winの実行協定では、社員自身が評価を行う。彼らは、どんな結果が求められているのか、評価の基準は何なのかということを前もって明確に理解しているので、評価を行う最適な立場にいるのだ。

古いタイプのマネジメントでは、上司が評価基準を部下に示さず、仕事が終わるころになって突然それを明らかにするというケースが見られた。これは言うまでもなく社員を侮辱するものであり、優れた評価法とは言えない。事前に期待が明確にされ、約束が交わされない限り、不透明な査定は社員を困惑させ、ときには侮辱とさえ受け止められるだろう。

良きマネージャーとは支援者であり、裁きを下す者ではない。自分自身をWin-Winの協定におけるヒューマン・リソースと見なし、部下が新しい職責を負ったときにはトレーナーとなり、キャリア計画や能力開発の相談を受けることもある。Win-Winの協定を作成するときは、部下を参加させ、評価を自分自身で行わせる。もし信頼関係のレベルが高ければ、この評価はマネージャーが査定するよりも、ずっと正確で完全で正直なものとなるだろう。なぜなら彼らは細かい内容や条件を詳しく知っているからである。

また元の協定から外れた条件や、変化の兆しに気づいたときは、マネージャーは協定を再検討し、必要があれば計画と内容を変更することも考えるべきである。

残りのふたつの条件

前述した4つの条件の中心に位置するのが、スキルと人格というふたつの条件である。人格とはどんな人間であるか、スキルとは何ができるか、ということである。これらは他の4つの条件を確立するのに必要な才能である。したがって、信頼関係、Ｗｉｎ‐Ｗｉｎの実行協定、社員を支援する構造とシステム、自己管理と自己評価の前提条件となるものである。

信頼性の低い組織では、優れたＷｉｎ‐Ｗｉｎの協定をつくり、自己管理と自己評価に任せることは難しい。代わりに、管理システムと、第三者による管理と評価が必要になってくる。マネージャーは今まで述べてきた4つの条件を確立する前に、まず信頼口座に預け入れを行い、信頼関係を築いてＷｉｎ‐Ｗｉｎの実行協定を確立する条件を整える必要がある。そうしていったんＷｉｎ‐Ｗｉｎの協定が設定されればと、他の条件は自然に、そして必然的についてくるのである。

Ｗｉｎ‐Ｗｉｎの協定に欠かせないのは、誠実さ（価値観と習慣の一致、言葉と行動の一致、感情と表現の一致）、成熟（勇気と思いやり）、豊かさマインド（誰もが満たされるだけの量がある）という人格的特徴である。こうした特徴を持つ人は、他人の成功や達成を心から喜ぶことができる。

またスキルでは、コミュニケーション、計画と組織化、相乗効果的な問題解決という3つのスキルが必要不可欠である。なぜならそれは、効果的な組織の他の4つの条件を確立するものだからである。

エンパワーメントの6つの条件

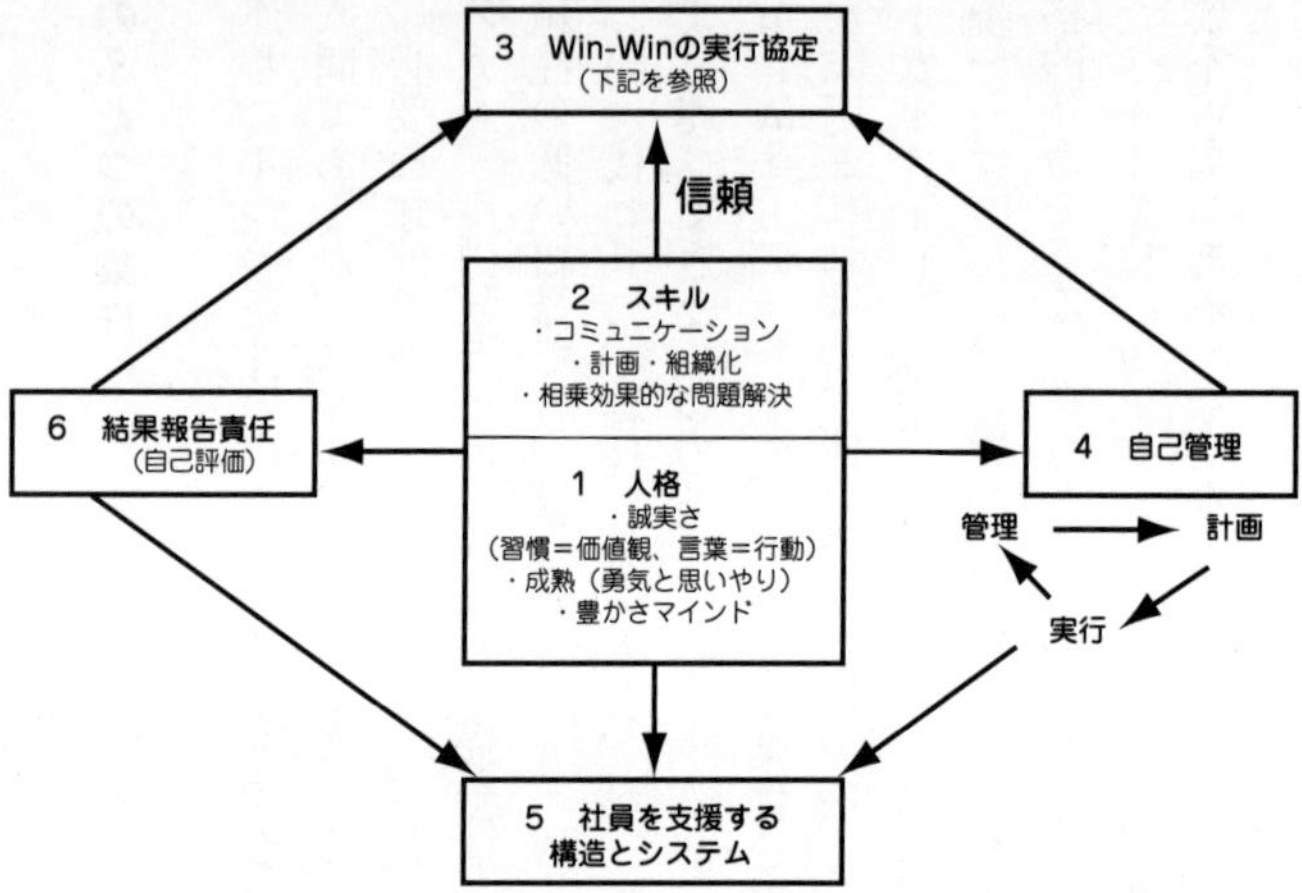

Win-Winの実行協定――心理的／社会的契約――全員が内容を完全に理解し、期待像を明確にする
1. 望む結果――社員の価値観／目標／ニーズと、組織のミッション／戦略／目標／職務設計の一致（達成期限を設ける）
2. ガイドライン――方針、禁止事項、率先力のレベル、2～3の手法例
3. 使える資源――人間、資金、構造、システム
4. 結果報告責任――業績の基準、報告書の提出期限など
5. 実際の結果への対応――組織に生じる結果と社員に与えられる賞罰など（経済的・精神的な報酬、付与される機会や責任の範囲の見直し、恩典など）

もし社員が二枚舌を使い、言葉と行動が一致せず、人前では愛想良く振る舞いながら裏では陰口を叩くような組織風土であれば、気づかない間に確実に信頼関係が崩れていき、必然的にWin-Loseの環境が生み出され、外部からの監視、コントロール、評価が必要になってくるであろう。

これら6つの条件は非常に相互依存的であるため、ひとつでもバランスを崩すとすぐに他の5つの条件に影響が出てしまう。実際ひとつでも人格的特徴に変化が表れると、他のすべての条件に影響をおよぼすことがある。たとえば成熟（ここでは勇気と思いやりであると定義する）について考えてみよう。もしマネージャーが大変な勇気を持ちながらも、思いやりに欠ける傾向があれば、彼は自分の意見を明確に積極的に主張するであろうが、人の話を聞くのは下手で、真の感情移入を伴った聴き方はできないだろう。その結果、部下とはＷｉｎ‐Ｌｏｓｅの関係になる。そして自分のやり方が部下にとっても最良の方法であると信じて、我が道を行くであろう。そこでは部下が本当の気持ちを語ることも許されないだろう。彼は部下のやる気を内部から引き出すことに失敗し、外的な動機づけや監督、管理システムや査定法、報酬システムを用いて部下の行動を操作する必要が生じてくる。

逆にマネージャーが思いやりにあふれてはいるが、勇気を欠く場合、そして部下に好かれたいという気持ちや受け入れられたいという欲求が強い場合、部下との間にＬｏｓｅ‐Ｗｉｎの心理的契約を結び、部下は自分勝手に振る舞うようになるだろう。こうした契約はさまざまな形の自己中心的行動を生み、組織の混乱をもたらす。社員は成績の不振や失敗を他人のせいにしたり、会社に対して過大な要求をしたりするようになる。こうした行為はますますＬｏｓｅ‐Ｗｉｎの協定を強化し、経済的に立ち行かなくなった組織では、生き残りと体裁の維持のためにＷｉｎ‐Ｌｏｓｅの中央支配が始まる。無秩序は独裁者を生むのである。パトリック・ヘンリーが語ったように「もし我々が自分自身を賢明に管理することができなかったら、独裁者が我々を支配するであろう」。

結果を重視する

Ｗｉｎ‐Ｗｉｎの実行協定のもたらす力を説明するために、私の体験談を紹介したい。以前私はコンサルタントの一人として、数百もの支店を持つ巨大な銀行の組織改革に携わったことがある。この銀行は幹部候補の六ヶ月の社員研修のために七五万ドルを計上していた。

この研修は、大卒の新人にさまざまな部署を順番に経験させるというものだった。ある部署で二週間研修したら、次の部署に移ってまた二週間研修を受け、六ヶ月のプログラムが終了したら各支店に赴いて幹部補佐の地位に就くという仕組みである。

経営トップが望んだのはこの研修の内容を分析し、改善することであった。まず初めに取り組んだのは、目標の理解を徹底させることであった。研修生に期待する内容についての認識があるのかどうか調べたところ、明確なものはなかった。期待の内容は、非常に曖昧で一般的であり、多くの幹部たちの間で目標や優先事項について意見の不一致が見られた。

私たちは、幹部候補生がそれぞれの部署に配属される前に、研修で何を身につけるべきか、ということについて経営幹部たちに明確な内容を打ち出してもらった。彼らは約四〇個の目標を提出してきた。私たちはそれを煮詰めて四〇個の目標――望む結果――にまとめた。

次のステップはそれを研修生に示すことであった。彼らは仕事に魅力を感じていて、早く幹部補佐として実際の業務を始めたいという気持ちを持っていた。そして目標を完全に理解し、目標と一体化して、その達成のために必要なことは喜んで実行するという気概を持っていた。

彼らは目標を理解し、評価基準を理解した。また目標達成のために活用できる資源（参考資料を閲覧したり、部署の責任者に相談したり、外部教育機関を利用するなど）についての知識も得た。そして四〇個の領域で必要な能力を身につけたことを証明できれば、すぐに幹部補佐としての仕事を始められることを理解した。

研修生のモチベーションは高まり、平均して三週間半で目標を達成することができた。

この結果に多くの経営幹部たちは驚きを隠せなかった。中にはほとんど信じない者もいた。彼らは慎重に目標と基準を調べ直し、基準が達成されたかどうかを確認するために結果を検証した。そして多くは、研修生が成熟した判断をするための経験を積むには三週間半では短すぎるという意見を述べた。

私たちは「結構です。それでは、経験に基づいた判断が要求される課題や問題の解決力習得など、さらに難易度の高い目標を書き出して下さい」と答えた。その結果六個の目標が追加され、もし研修生が先の四〇個に加えて新たに六個の目標を達成すれば、六ヶ月のプログラムを終えた研修生よりも高い能力を身につけたことになるだろう、と誰もが納得した。

私たちは研修生に六個の追加目標を伝えた。この段階ではすでに、学習は彼らの自主性に委ねられていた。そこでは彼らのエネルギーと潜在能力が解放され、驚くべき成果が見られた。そしてほとんどの研修生が一週間で六個の目標を達成したのである。

言い換えれば、六ヶ月のプログラムが五週間に短縮され、研修生たちとＷｉｎ‐Ｗｉｎの実行協定を結ぶことでさらに良い結果をあげることができたのであった。

これはトレーニングだけでなく、経営の分野にも当てはまる、さまざまな意味を含んでいた。銀行の賢明な経営幹部らはそのことに気づいたが、中にはこのプロセスを脅威に感じ、地位を得るためにはもっと時間をかける必要があると感じている者もいた。しかし結果については誰も否定できなかった。

Ｗｉｎ‐Ｗｉｎの実行協定こそ、望む結果を得るために必要な手段なのである。

マネジメントの手紙

ピーター・ドラッカーは、かなり前から「マネジメントの手紙」というコンセプトを紹介している。これは望む結果、ガイドライン、使える資源、結果報告責任、実際の結果への対応を手紙に明記して、社員からマネージャーに送るというものである。

かなり以前から私はこのコンセプトをさまざまな分野で応用している。コンサルタントとトレーニング、自分自身の仕事の管理と構築、ブリガム・ヤング大学の大学院生や学部生の教育、家庭生活などにおいてである。私は、生産能力を発揮し、生産性を高めようと本気で望むなら、この章で述べてきた効果性の6つの条件に取り組まなければならないと確信している。

また、これは簡単なことではないことも承知している。時間と忍耐力が必要だ。根の成長を確認するために、植物を抜き取ったまま観察することはできないのである。またＷｉｎ‐Ｗｉｎの実行協定は一晩で完成するものではない。明晰な思考と正直なコミュニケーションに時間をかける必要がある。またお互いに影響を与えながら交流していくためには、高い成熟度も必要だ。さらに、自制心、一貫性、継続してやり抜く決意と何らかの補強も欠かせない。こうした努力が少しでもおろそかになれば、

６つの条件に悪影響をおよぼし、優れた成果は得られないだろう。

このコンセプトに対する信頼が高まるまで、小さな成果を得ることから少しずつスタートするとよい。そしてしだいに大きな責任を負う分野へと拡張していくのだ。もし社員がＷｉｎ－Ｗｉｎの実行協定を含む手紙を書かないなら、あなた自身が手紙を書いて、合意内容が正確に反映されているか彼らに聞いてみよう。もし手紙が脅威となるならば、書かなければよい。その場合、口頭でお互いが正確に合意内容を理解していることを確認すべきである。また状況や考え方が変わったときには柔軟に変化に対応していけるものであることも重要である。

マネージャーはその態度も重要である。原則的には「我々はどこへ向かっているのか？」「あなたはどこへ向かっているのか？」「あなたの目標は何か？　私にどのような支援ができるだろうか？」といったものになるだろう。そして現場では「うまく行っているかい？　何か手伝おうか？」というものになる。

私がこうした考え方をするようになったのは、随分前にある上司から受けた影響がもとになっているのだが、彼の態度は正に「あなたの成し遂げたいことは何ですか？　私にどんな援助ができますか？」というものだった。彼の誠実さと潜在能力への信頼のおかげで私はエンパワーされ、彼を有効な資源として活用させてもらいながら、目標を達成するために必要な努力を行い、大きな力を発揮することができたのである。

また私は、相手に対して抱くイメージが自己達成されるということを確信するようになった。つまり、私たちは自分の意見を支持する証拠を自分自身でつくり出すのだ。したがってもし私たちが人間性と潜在能力に対して肯定的な考え方を持てば、その考え方を支える証拠を見い出すようになり、最後には自分で確信を得て納得するようになるのである。

Chapter
18

第18章
マネジメントへの期待
Management Expectations

私たちは、ある種の暗黙の期待を持って、新しい仕事や人間関係を始めたり、未知の状況に足を踏み入れたりする。家族や組織における厄介事や問題は、その集団に身を置く個人の不明確で不確かな、そして未消化の期待感がひとつの大きな原因となっているのだ。役割や目的に対する人々の矛盾する期待が痛みと問題を生み、人間関係にストレスを与えている。

軋轢《あつれき》を生む期待

「軋轢を生む期待」の例を述べよう。

・企業の合併

ふたつの異なった組織文化がひとつになるとき、双方の経営者は頭の痛い問題に直面することになる。両組織の意志を統合し、歯車をかみ合うようにしようとするのだが、社風というものは一朝一夕にでき上がったものではなく、長い年月をかけて培われてきたものであり、それをいきなり変えようとしても所詮無理な話なのだ。経営コンサルタントに相談すれば何とかなるだろうと考えるかもしれないが、企業文化の変革は最大の難関だと言ってもいい。コンサルタントは魔法使いではない。「はい、明日から社風を変えて下さいね」では駄目なのである。このような改革は、社員教育とコミュニケーションを時間をかけて行なっていくことが必要なのだ。しかし、企業どうしの吸収合併において、本当に有意義な当事者間のコミュニケーションを行おうとする企業は希有である。高飛車な態度か温和な態度かは別として、当事者が交渉の席で取るのは、ほとんどが、Ｗｉｎ－ＬｏｓｅかＬｏｓｅ－Ｗｉｎのアプローチである。

・婚姻関係

昔は決して決して語られなかった結婚生活における問題や期待が、今はオープンに話し合われるようになってきた。しかし、男性と女性の役割分担についての議論は未だに続いている。たとえば、保守的な家庭で育った若者が「俺が一家の大黒柱だ。お前は子どもの面倒をみろ」的な暗黙の期待を結婚生活に持ち込めば、相手はかなりショックを受けるだろう。年齢差があるカップルも、男女の役割の考え方の違いが原因でよく争いを起こしている。現代社会に生きる多くの女性が家庭の外で職業を持つのが当然だと考えている。社会が専業主婦を評価せず、家事を行っても感謝しない、援護もしないという風潮が女性の社会進出に拍車をかけているようだ。

・教育

さまざまな特別利益団体は自分たちに都合の良いように、彼らの色眼鏡で教育を見ようとする。同様の問題にも異なった見解を示し、まったく違った解決策を提示するのが常だ。近年、学校での人格教育に力を入れようとする傾向が現れ始めた。伝統的な両親が揃っている家族形態が崩壊しつつある昨今、学校が生徒に人格教育をほどこす必要性は増大している。

・親子関係

親子関係において、双方の意見の矛盾が顕著になることがよくある。子どもがティーンエイジャーであればなおさらだ。親が抱く子どもの役割についての暗黙の期待と、子どもの見解が同じであることは極めて珍しい。しかし子どもは、どの成長と発展のステージにいるかによって、考え方を変化させていくはずだ。

・政府との関係

政府の仕事とは国民の役に立つ善行を積極的に行うことだろうか、それとも悪事を働かないように人々を見張ることだろうか。私の考えは後者なのだが、もし私が、政府が国民に善行を施すのは当たり前だ、と考えている人間と一緒に働いていたら、職場での衝突を生み、互いに失望や不信感を抱くきっかけとなるだろう。

・雇用と昇進

新規採用者が抱く仕事内容と会社への期待と会社側の思惑とに、大幅な開きが生じる場合がよくある。新しい社員が入社して間もないころ、いわゆる会社と社員の蜜月期間には、双方の期待もおぼろげで、話し合いをする余地が十分ある。両者が率直に、そして積極的に話をしようと思える初期の段階で、暗黙の期待のズレを調整し、明確にしておくことが必要である。会社の不平等なシステムが最も表面化しやすいのは雇用と昇進のときだろう。たとえば新入社員が古くからいる社員よりも高額の給料を貰っていることが判明したらどうだろう。元からいる社員は「なぜこんなに長い間働いている私が、入社したばかりの青二才よりも給料が少ないんだ!?」と怒り心頭に発することは間違いない。経営者がこのような社員の期待に背いたときの波紋は大きく、自分の取った行動を後悔することになるだろう。まず、経営者に対する職員の信頼が大幅に低下する。職場の志気は下がり、真面目に働くのが阿呆らしくなった社員は内職やアルバイトを始め、仕事とは関係ない計画や予定を積極的に立て始める。皆、経営者の動きに敏感になり、すぐに心配し、ほとんど被害妄想的な不安を抱くようになる。最後には、物事を最悪な観点からしか見られないようになっていく。

・部門横断プロジェクトと全社規模のプロジェクト

異なった部署や、違う専門分野に属する人々が接するときにも摩擦を生むことがある。部門間横断プロジェクトや全社を挙げた取り組みでは、期待に反目する行動や離反が数多く見られるはずだ。

・顧客との関係

製品を生産し、顧客に販売、サービスを行う会社で長年キャリアを培ってきたベテラン・マネージャーであれば誰でも、企業の限界を超えたサービスを要求する消費者の危険性を熟知しているはずだ。彼らは、人々の企業側に対する期待を顧客情報管理システムなどを通じて監視し、顧客の過度の要求に関しては感情移入の傾聴をし、対処する。

サービスの達人は、顧客がどのように感じているのか、何を期待しているのかを一生懸命理解しようとする。「彼らは今、何を考えているのだろうか?」「私たちに何を期待しているのだろう?」「商品を購入した人は、どんなアフターサービスを欲しているのだろう? そして、生産者である私たちと、どのような交流を持ちたいと思っているのだろうか?」などと常に自問し、検討する。もし顧客の意識と期待を理解できなければ、彼らは落胆し、幻滅し、去っていくだろう。そうなれば、企業は財産である顧客を永遠に失ってしまうのである。

・利害関係者の摩擦

成功した企業にはさまざまな利害が生まれる。社員、取引先、顧客、株主、各種団体など、たくさんの人々や組織との絆ができてくる。それぞれの利害関係者が独自の計画や思惑を持っており、それはときとしてさまざまな摩擦を生む。摩擦は、紛争に発展したり、組織を無力化することにつながり、その結果、企業は間違った方向に進んでいくかも知れない。

問題——暗黙の期待

ひとつの期待は一人の人間の希望であり、その人の欲求の具体的表現である。彼、もしくは彼女が身を置いている状況に求めていること、たとえば、結婚生活、家族、あるいは仕事関係において抱いている望み、これが期待なのである。私たちは、ある種、暗黙の期待を心に抱くような状態になるときがある。個人は過去の経験や、以前担っていた役割に基づいて、自分が何を期待するかを決定する。

または他者との人間関係を参考にして、相手に求めることを導き出すのである。しかし、人々が抱く期待の中には、かなり非現実的なものもある。現実を直視せずに抱く願望、こういったものの出所は、テレビや雑誌、さまざまなメディアに溢れる夢物語であることが多い。

期待と現実の間には往々にして格差が生じる。期待とは、想像上の地図、いわゆる「～すべき」の地図なのである。それに対して現実は「～である」の地図だ。しかし、人々は彼ら自身の地図が正確であると勝手に思い込んでいる。この勘違いゆえに「これが正しい地図だ。あなたの地図は間違っている」という考え方が生まれるのだ。

暗黙の期待――欲求、願望、要望――は私たちが常に携帯している鞄である。その鞄をいたるところに持ち込み、相手との関係についての願望、会社に対する要望、あるいは顧客としての欲求などを、状況に応じて取り出しているのだ。たとえば、買い物に出かけるとする。買い物をするとき人は、店の接客係に常に丁寧な態度で接してくれることを求める。さらに、店員は商品知識を豊富に持っているのが当たり前だと考えているはずだ。もしある店で、接客係が失礼で無能だったため、期待が裏切られたら、どうなるだろうか？　二度とその店を訪れたくない、と思うのではないだろうか。そして、よりよいサービスを提供し、必然的に、心理的欲求を満たしてくれる顧客重視の店へと足を向けるようになるはずである。

賢いマネジメントは、物事をはっきりと説明し、表明することだ。「私たちがすること、しないこと」を明確にするのである。そうすれば顧客は、「オーケー、あなた方のことがよく分かりました。そのサービスを受けたいと思います」もしくは「部分的にはよいのだが、我々が求めているすべてのニーズを満たしていないので、方針を変えて下さい」など、企業側の姿勢を理解したうえで、自らも期待を表明することが可能となるのである。企業は、自分たちのミッションと使用できる資源を明らかにしたうえで、その資源をどのように使っていくのか、資源を使って何をするのか、またはしないのかを明確にしなければならない。このようなメッセージを顧客に向かって発信していくことが大切なのである。

ソリューション――実行協定

実行協定は、矛盾する期待から生じる問題を解決する大変効果的な方法であり、経営者が自らの期待を表明するために使用できるツールなのである。実行協定を結ぶことにより、すべての期待を明確にすることができる。

実行協定は、役割と目標を取り巻くさまざまな期待に関する明確な約束であり、相互理解を推進するものである。経営者が社員と、または社員団体との間に実行協定を確立することができれば、マネジメントにおける多くの問題は解決するはずである。

実行協定では、さまざまな関係者の期待がすべて具体化され、誰の目にも明らかになる。関係者の間に信頼関係があり、他者の話に真摯《しんし》に耳をかたむける用意ができている場合、加えて、確実に自分の意思を伝えようとする努力を怠らず、相乗効果を発揮しようと努力し、互いの期待から何かを学びとろうとする姿勢がある場合、Ｗｉｎ‐Ｗｉｎの実行協定を確立することが可能となるだろう。Ｗｉ n‐Winの実行協定では、すべての関係者が期待像に対して同じ理解を共有することができるようになる。

実行協定には3つの側面がある。ふたつの前提条件（信頼とコミュニケーション）、5つの構成要素、そしてシステムと組織の構造の強化である。

・信頼

人々は互いに暗黙の期待と隠された目的を持って物事に望む。本当の意図や感情は通常、表に出ることはない。信頼のレベルが低いので、本音で語り合うことができないのだ。「信頼」は、優れた実行協定を作るための前提条件なのである。そして、信頼の土台となるのが、約束を重んじて実行するという、信頼できる人格なのだ。

約束が形骸化され、尊重する意志が失われた状態では、Win‐Winの実行協定を確立するのは難しいだろう。土台となるものが何もないからだ。企業や部署は、それなりの実行協定を作ることはできるだろう。しかし、実行可能な小さい約束を結び、その協定を守るというプロセスからスタートし、徐々に企業内に信頼を育成していくか、再構築していくことが必要となる。現状において最良の実行協定を作成することは、たとえそれが妥協の産物であっても、有益なことである。そこからスタートし、相乗効果が発揮できる、優れたWin‐Winの実行協定へと進んでいけばいいのである。

実行協定は常に全当事者にオープンで再交渉が可能でなければならない。状況が変化すれば、それに応じてコミュニケーション・プロセスを開始し、適宜、適応した協定へと変えていけばよい。協定には、不可侵、不変でなければならない原則もいくつかあるだろうが、ほとんどは協議によって変更可能なものであるはずだ。

・コミュニケーション

次の前提条件は、コミニュケーションである。これは実態検討のプロセスである。「えっ、君はそんな風に考えていたの？　全然気づかなかった。私が先に行動を起こすと思っていたんだね。なるほどそうか、じゃあ今度は私が何を考えていたか話す番だ……」

これは横のコミュニケーションであり、部下と上司といった縦方向のコミュニケーションではない。企業に貴重な貢献をする対等な立場のメンバーとしての確認手続きであり、情報認証と共有の方法なのだ。「実は、私は君がもっと率先力を発揮してくれると思っていた。君が動くのを待っていたんだよ！　今、君の考えを理解したので、今後はそれを検討し考慮したうえで、私なりの提案をしていこうと思っている」

これが仕事での関係において、互いの期待像を明確にしようとしている二人の会話である。このような開かれた会話は、組織文化的な背景があって初めて可能となるのだ。残念なことに、多くの企業では期待の公言を許さないような組織文化ができ上がってしまっている。しかし、職場での日常会話、すなわち非公式な場での会話では、「あなたの目的は何ですか？　本当は何を心配しているんですか？」など、期待に関することが常に中心的な話題となっているのである。

私はロジャー・フィッシャーとウィリアム・ユーリーによる共著『ハーバード流交渉術』（三笠書房

で述べられている交渉術を推奨したい。この交渉術は、当事者それぞれの期待を明確にすると共に、双方に実りのある協定の確立を目指した、賢明なプロセスである。そして次に述べる4つの基本的原則を交渉の過程で考慮していくというものだ。

・人を問題から切り離して考える。
・立場よりも望む結果に集中する。
・相互利益になる選択や第三案を考える。
・客観的な基準を要求する。

このWin‐Winの交渉プロセスには感情移入の能力と、まず最初に相手を理解しようとする姿勢が必要となる。人々の心には、自分自身を表現したい、まず自分を理解してもらいたいという欲求が渦巻いている。「初めに他者の望みを探る」というのは、相手の要求や希望を引き出し、何が最良なのかを知り、幸せを願い、成長を促進する行動である。その人にとって何が一番いいのかを推測することはできない。感情移入の傾聴によって、相手を理解し、それを実行協定に反映させるのだ。

まず初めに役割と目的に関するそれぞれの期待を明確にすることが、高い能力を発揮するチームをつくる鍵である。期待の明確化は、異なった立場の人々が共通の目的を持ち、その達成に向かって進むことができるチームづくりを推進するだろう。たとえば、営業部門、製造部門、仕入部門など、いろいろな背景を持つスタッフが期待像を共有し、建設的で高い精神性に満ちた環境において仕事を進めていけるようになるはずだ。

人々が、互いに理解し合えたと感じ、各自の胸の内に秘めていた暗黙の期待をはっきりと表明することができるようになれば、組織にも驚くべき変化が起こるはずである。皆が「君がそんな風に考えていたとは、思いもしなかった。俺は君が言ったことを誤解していたみたいだ。やっと、あのときどうして君があんな態度をとったのか理解できたよ。そうか。じゃあその次の週に俺がやったこともたぶん違う風に取られてるんじゃないかな。どう？」「そうだよ。俺はまさにそう思っていたんだ！」などとオープンに話し合い始めるのだ。

人々は本音を出せるようになると、安心感を覚える。「いやあ、本音を打ち明けたのですっきりしたよ」と、ほっとする。実際、癒し効果や心の治癒力のある状態である。目標や意向を公の場で披露すれば、関係者各自の立ち位置がはっきりする。皆の立場を理解してはじめて、次のステップ、交渉のプロセスに移ることができるのである。

Ｗｉｎ‐Ｗｉｎ実行の原則

Ｗｉｎ‐Ｗｉｎの実行協定を策定するときは、次に述べる原則を心に留めておいていただきたい。

・手段や方法を管理するのではなく、望む結果を明確にすること。
管理にばかり気を配ってしまうと、日常の雑務や些細な作業に埋没し、本当に必要なマネジメントに費やす時間がなくなってしまう。結果、管理範囲が著しく制限されることになるだろう。

・ガイドラインに厳しく、方法、手順には寛大に。
守るべきガイドラインを明確にし、具体的にどう遂行していくかは、当事者任せにすることによって、社員それぞれが率先力を発揮し、状況の変化に柔軟に対応することが可能となる。結果、組織が潤滑に機能するようになるだろう。
・使える資源を明確にする。
組織の中で使える資源と外部のネットワークを明らかにすること。
・基準の設定には、すべての社員を参加させること。
皆が納得できる基準や評価基準を設定し、例外として受け入れられる実行の形態などの事項も設けること。
・信頼を持続し、洞察力を持って物事を判断すること。
客観的と呼ばれる評価方法や、数値のみに頼った評価をせず、信頼に基づき、洞察力を持って結果を査定すること。
・プラス、もしくは、マイナスの結果に対する、相互理解に到達すること。
そして、望む結果が得られたのか、得られなかったのか、結果を設定すること。
・実行協定が組織の構造とシステムによって後押しされているのを確認すること。
そして組織の支えが一時的なものでないように念を入れること。

コントロールのマネジメントから自由裁量のマネジメントへ

Ｗｉｎ－Ｗｉｎの実行協定は、職務要件書などとはまったく性質を異にするものだ。世の中のほとんどの企業は、すでに職務要件書を作成しているだろう。そこには、社員がするべき仕事は何か、そして与えられる地位に対してどのような期待が持たれているかなどが詳細に、そして明確に記述されているはずである。しかし実行協定は職務要件書を超越した、多次元のものなのである。Ｗｉｎ－Ｗｉｎの実行協定では、暗黙の期待を織り込むことによって、相乗効果のコミュニケーション・プロセスを生み出すことができる。

ほとんどの職務要件書は、社員にとってのＷｉｎを考慮に入れていない。社員にとってＷｉｎは、仕事を持ちお金を稼ぐということに尽きる。記述書は他人の心理的、精神的、社会的な欲求は関知せず、企業の期待をとうとうと述べているだけである。他者をまったく無視していると言ってもよいだろう。

さらに、普通の職務要件書は仕事の方法の記述に終始しており、社員が外からコントロールを受けることを前提としている。実行協定は、社員を外からのコントロールではなく、内的な力によって主体的にコントロールすることを可能とする。他者や周囲の状況が個人をコントロールしている状態は、「了解しました。やります。なぜならこの約束の実行は、私のＷｉｎでもあるからです」と個人が言える状態へと変化するのである。

実行協定は、管理のマネジメントから自由裁量のマネジメントへと組織のアプローチを転換させるはずである。大抵の企業が自由裁量のマネジメント形態を取っていない。それはＷｉｎ－Ｗｉｎの実行協定を使用していないからである。

たとえ企業組織として実行協定を使用していなくても、個々のマネージャーが、自らの判断で実行協定を取り入れることはできるはずだ。しかし、彼らが相手にしているのは、社会的な意志という大きなものであり、いきなり精神的な実行協定ができ上がるなどと、素人的な考えを持たないようにするべきである。なぜなら実行協定には、すべての社会的契約と、決して表面には出てこない組織文化が織り混ざっているからである。

賢いマネージャーは、「私たちは、文化、状況の本質、そして社会的な契約を念頭に入れておかなければならない」と述べるはずだ。社会的な契約は心理的な契約よりもはるかに影響力の強いものである。文化とはその社会的契約の複合物であり、それ以外の何ものでもない。私たちが「共有化された価値観」と呼んでいるものは、単に、隠れた基準を明らかにしているだけなのである。

Chapter 19

第19章

組織の管理と自由裁量の対立

Organizational Control Versus Self-Supervision

大手製造会社の副社長ボブは、中間管理職の数を実質的に削減し、下級管理職員の責任範囲を広げていくという会社の新しい方針に大変満足し、期待していた。彼は、この決定は、会社にとって非常に有益であると考えていた。より現場に近いマネージャーに意思決定を任せること、いわばエンパワーメントによって、新しい人材の育成が活発化されるだろうし、時間のロスもなくなり、かなりの経費削減も見込める。いいことずくめではないか。

下級管理職のフレッドもこの会社の決定に心を躍らせていた。たくさんの形式主義的な手続きを踏まなくてもいいし、上司を長々と説得する必要もなくなった。無駄な会議も減るだろう。これからは、自ら決定を下し、思い通りに仕事を進めていくことができるのだ。

会社の決定は社員みなに歓迎され、企業の成長と組織の健全な変化は確実なものと思われた。

この指針が発表されてから一週間後、新しい任務に就いて初めてフレッドに、重大な問題に対処する機会が訪れた。ある顧客から、在庫商品に関する保険の問題が浮上したため、たった今フレッドの会社から届いた大口の貨物を受け入れることが困難である、との電話がかかってきたのだ。フレッドは、自分なりに慎重にその問題を検討した末に、一番良いと思える結論に達した。「あなたは私どもにとって大切なお客様です。価値のあるお取引先だと思っています。ですから今回は、特別に考慮致しまして、私どもの貨物をこちらに送り返していただいて結構です。保険の問題が片付いてから、改めて今回の商品についてはお話し合いをさせていただきたいと思います」

フレッドは先方にこのように伝えた。彼は会社の方針である顧客満足第一主義を尊重し、意向にそった解決策がとれたと誇らしく思った。

喜び勇んでボブに報告したところ、予期せぬことが起こった。ボブは、頭から湯気を立ててフレッドを怒鳴りつけた。

「何だって！　送り返せなんて言えるか！」彼は怒りを爆発させ、こう続けた。「大口の貨物をやっと東部に向けて送り出せたと思ったら……保管場所がないなんて！　分かっているのか？　あんな大口貨物の返品にかかる費用を負担する余裕なんか、うちにはないんだぞ」

「ですが、顧客満足第一主義という会社の方針はどうなるんですか？」フレッドはボブの反応に驚きながらも、さらにこう詰め寄った。「会社は、本当の意味で顧客の満足を追求しようとしているのだと思っていましたが？」

「もちろんその通りだとも。顧客に満足してもらうことは我々の願いだ。だが、顧客の満足というのは、顧客の失敗の尻拭いをしてやるという意味じゃないぞ！　相手のへまをこちらが引き受けて、鍵をかけて、貯蔵して、樽詰めにして、海にドボンってなことはできないんだよ。君はもっと他の方法で問題を解決しなければならなかったんだ」

フレッドは意気消沈し、冷や汗をかきながらボブのオフィスを後にした。「次に失敗すればクビだよ、今後絶対に自分で判断なんてしないぞ」という思いを胸に抱いて。ボブは自分の机に頭を伏せながら、どうして下級管理職の連中はどいつもこいつも無能なんだ、と考えている。彼はもう二度とフレッドを責任ある地位につけようとは思わないだろう。

社員の自由裁量による業務の実施を効果的に進めようとすれば、必ず企業側の管理の必要性と正面衝突を起こし、何らかの摩擦が生じてしまう。

慢性的な摩擦

ここで述べたフレッドとボブの話は、程度の差はあれ仕事で、政治で、奉仕活動で、もしくは家庭でも日常的に起こりうる摩擦の一例である。自覚と責任を伴った業務の履行に必要性と、自由裁量の幅を広げることがもたらす有益性が生み出す矛盾がこの話には映し出されている。

組織による管理――摩擦――自由裁量

フレッドとボブのシナリオは、手を替え品を替え、いたるところで、頻繁に繰り返されている。そして、慢性的な摩擦へと成長していく。摩擦は企業の管理と自由裁量、両方の価値の確立を阻む。そして、信頼関係は下向きの螺旋《らせん》に取り込まれ、どんどんと不信感、監視主義、管理の強化へと進んでいくのである。このような企業や組織は常に緊張状態にある。職場はぴりぴりとしていて、効果的な業務を行える雰囲気ではないだろう。

企業の整合性、方向性、一貫性を保つために社員の管理をする必要があるのは当然のことである。しかし、個人と組織の効果的な運営のためには、個々人が持つ自由裁量の幅をより一層広げ、現場に近いところで判断や決定が行われるようにしていくことが、管理と同じくらい重要なのである。問題は摩擦にあるのではなく、実は、摩擦がある、という人々の意識の方なのだ。二分法のパラダイム、いわゆるすべてに白黒をハッキリつけようという考え、このような二者択一の意識が摩擦の存在をつくり出すのである。

効果性は、組織の管理か自己管理の一方だけを押し進めても、得られるものではない。両方の要素が効果的な組織をつくり上げるために、極めて重要なのである。「どちらか」という理論よりも「ともに」という理論が求められるのだ。

エンパワーメントが効果的に行われている組織は、社員一人一人が知識とスキル、そして希望を持っている。このような組織では、個人の成功は、企業の正当な成功と結びつけられているのである。慢性的な摩擦の原因となりうるふたつの要素を、どうすればエンパワーメントの育成へと変換することができるのだろうか。その答えを知るためには、基本的な組織のパラダイムを検証する必要がある。

機械のパラダイムと農場のパラダイム

多くの人々は、組織を機械のパラダイムを通してながめ、無機的なものだという発想を持っているだろう。組織は機械のようなもので、故障部分は修理をすればよいと思っている。不具合を起こしている箇所が見つかれば、新しい部品を調達して古いものと交換し、電源を入れればまた動き出すだろうと。

大変な間違いである。組織は機械ではない。有機体だ。組織は、農場の法則をもって理解されなければならない。成長する人々によって構成された発展途上にある生き物、これが農場の法則を通した組織論である。生き物をすぐに修理することは不可能である。不良箇所を取り替えれば万事ＯＫというわけにはいかない。望む結果を生むために、時間をかけてゆっくりと成熟させなければならないのだ。

組織の望む結果は、機械工ではなく、いわば庭師によって育てられていくのである。庭師は小さな種の中には生命がぎっしり詰まっているということを知っている。種はそのままでは育たない。そのかわり庭師は、最良の種を選び、「ともに」の理論の下に、最適な状態をつくり出す術を知っている。土壌の温度、適切な日照時間、水、肥料、下草取り、栽培方法、必要な時間、これらすべての条件を整え、植物の生育に最大限の効果を与えるのである。

企業における農場の法則推進者は、組織のエンパワーメント養育のために6つの重要な条件を実践しなければならない（この6つの条件は、第17章で述べたものと同じである）。

その中のひとつの条件は、組織による管理と、社員の自由裁量との摩擦問題をＷｉｎ－Ｗｉｎの実行協定を通じて解決するものである。実行協定は、個人のＷｉｎが組織のＷｉｎに直結している状態をつくり出す。このような協定は相互利益を追求する「ともに」理論を土台としており、組織に属する個人の関心事と、組織の関心事が重なり合う領域をより一層広げていくことが可能となるのである。

企業	個人
組織による管理 ――――――	自由裁量

Ｗｉｎ‐Ｗｉｎの実行協定は、基本的に個人間の契約である。この契約は、明確な、事前の相互理解であり、以下に述べる5つの要素に対する遂行自覚である。

・**望む結果**——手段ではなく、何をいつまでに達成するかを明確にする。
・**ガイドライン**——望む結果を達成するにあたって、守らなければならない条件（原則、方針など）を明らかにする。
・**使える資源**——望む結果を達成するために使用できる、人的、金銭的、技術的、組織的協力体制、を明確にする。
・**結果報告責任**——評価基準、評価者、および評価の時期を設定する。
・**実際の結果への対応**——プラス、マイナス、自然、必然的な結果を設定する。評価の如何によってどうなるか、賞罰などを明確にする。

実行協定はエンパワーメントを行うにあたって必要な構造を提供するものであるが、Ｗｉｎ‐Ｗｉｎは単なる協定書ではない。ある種の思考方法であり、株主、顧客、さらに社員などといったすべての利害関係者に大きな「Ｗｉｎ」を約束してくれる、組織の建設的な相互作用をもたらすものなのである。社員一人一人がＷｉｎ‐Ｗｉｎの枠組みの中で日々の業務を遂行していくならば、組織による管理と自己管理は、軋轢を生むふたつの対立した価値観にはならない。それどころか、エンパワーメントに必要なふたつの付随的条件となるのである。

「コントロール」は誰かが誰かを管理している様態ではない。組織がうまく機能しているということであり、望む結果を達成するために各機関が協力し、個々が責任をもって取り組んでいる状態にあるということなのだ。これは、大きな意味で「義務」が履行されている状況であるということだ。組織は全社員に対して、総合的な結果における義務がある。社員は、目的達成に関して、組織に義務を負っている。組織の各部門や機関は、組織の一貫性において、相互に義務を果たさなければならない。義務の枠組みの中で、各人の仕事への取り組みは組織のニーズと一体化し、組織は社員やグループの目的達成を補佐し見守る環境をつくり上げる。社員は責任感をもって与えられた仕事の達成に邁進し、組織と個人は高い信頼関係で結びつけられることになる。

こういった状況下では、自己管理は実践的なプロセスであり、実行協定の枠組みの中で、個人がそれぞれの目的達成を計画し、管理し、実行していくことが可能となるのである。Ｗｉｎ‐Ｗｉｎの機能は、極めて効果的な自由裁量を実現する。個々人がエンパワーメントの根本的な要素——知識、スキル、欲求、機会——にアクセスし履行していくことが可能となる。社員を監視するのに費やされた時間と資金は、高いレベルのリーダーシップとマネジメント活動のために有効利用することができるだろう。

Ｗｉｎ‐Ｗｉｎの実行協定
組織の管理　自由裁量

草木を育てるためには水をやらなければならない。庭師なら誰でも知っていることだ。社員が望む結果の達成に向けて、高い信頼関係で結ばれているＷｉｎ-Ｗｉｎの組織文化の中で協力し、効果的に業務を遂行していくためには、結果達成を補強するシステムと組織構造をつくり上げることが必要である。社員どうしの競争をあおるような報奨システムは、協調性を潰すものだ。また、上司と部下、社員間の直接の対話を妨げるような風通しの悪い組織風土は、効果性を阻害する。企業のシステムと構造、いわば組織の枠組みと役割の定義は、望む結果の成就を促進するものでなければ駄目だ。社員の目的達成の妨げとなるような形態ではいけないのである。

Ｗｉｎ-Ｗｉｎの実行協定
組織の管理　　自由裁量
Ｗｉｎ-Ｗｉｎを支えるシステムと組織構造

エンパワーメントの要

Ｗｉｎ-Ｗｉｎの実行協定、結果報告責任、自己管理、Ｗｉｎ-Ｗｉｎを支えるシステムと構造、これら４つの条件は、エンパワーメントを可能にする枠組みを提供する。エンパワーメントが実現するかどうかは、上記4つの条件に命を吹き込むふたつの極めて重要な条件が、どの程度満たされているかにかかっている。

本当のWin-Winは不信と疑惑が渦巻く環境では実行不可能である。長時間にわたる会議をいくら繰り返しても、不誠実、虚偽、責任感の欠如、関係者たちの自己利益追従型の意識などが原因となっている問題を解決することはできないだろう。信頼は信頼性が結実したものである。そして、信頼はエンパワーメントの要であり土台なのである。

Win-Winを成功させる、深い信頼によって結びついている組織文化は、誠実で、成熟し、豊かさマインドを持った人々によって構築される。誠実な人々は、自分や他人に対して、決意と約束をし、それを守る力がある。成熟とは、勇気と思いやりのバランスである。成熟した人とは、自分の気持ちや信念を表現する勇気と、相手の気持ちや信念を尊重する思いやりのバランスがとれている人間のことだ。豊かさマインドとは、すべての人を満足させることが可能であるという考え方である。豊かさマインドを持った人は、他人に価値を見いだし、無限の可能性を認め、新しい創造的な代替案や第三案をつくり出させることができるのである。このような人格を備えた人は、信頼の欠如している組織に充満している不安や疑惑などの感情に抑制されることなく、真の相乗効果と創造性を自由に発揮することができるのだ。

誠実、成熟、豊かさマインドを兼ね備えた人格が、エンパワーメントのもうひとつの土台となる条件なのだ。コミュニケーション能力（他人を深く理解し、自分も他人から理解してもらえる力）、組織・編成力（企画力、行動力、実行力）そして相乗効果的問題解決能力（代替案や第三案を創造するとのできる力）、これらがエンパワーメントに要求される基本的スキルである。Ｗｉｎ－Ｗｉｎの精神を理解しているからといって、その状況をつくり出す方法を知っていることにはならないのだ。

Ｗｉｎ－Ｗｉｎの実行協定 人格 組織の管理　スキル　自由裁量 Ｗｉｎ－Ｗｉｎを支えるシステムと組織構造

これまでに述べた６つの要素が、エンパワーメントを養成するのである。一人の人間が他人の破綻した人格に「修理」を施し、効果的なプラスの変化を起こすことは不可能だし、不良機能スキルを「交換する」のも無理な話だ。しかし、成長過程にある活力ある組織において、エンパワーメントの実現に向け、状況を整え改善していくために、リーダーが自らの影響のおよぶ範囲の中で実践できることがいくつかある。それをここに書き記したい。

1．６つの要素について、個人、または組織の有効性を評価し、その一覧表を作成してみる。
2．まず自分の人格とスキルを変革し高めていくことに集中し、次に相互依存の領域において影響力を広げていくように努力する。

3．上司や部下と共に、Ｗｉｎ‐Ｗｉｎの実行協定を作成するプロセスに入る。

4．Ｗｉｎ‐Ｗｉｎの実行協定の効果的履行を可能とする、組織の援護体制と構造づくりに取り組む。

5．自分の学んだことを、人に伝え、啓蒙し、実証し、促進する。

以上、紹介した活動指針は「その場しのぎ」のテクニックではない。長期にわたる健全な努力によってのみ達成できる成長と変革の原則なのである。リーダーシップの根源的・中心的パラダイムに、不朽の原則を土台として用いることを選んだリーダーたちは、自然の法則は、肉体的側面だけでなく、人間性の側面にも当てはまるものだということを、的確に理解している。彼らは、個人と組織の育成には、庭をつくり育てるのと同じプロセスを踏まなければならないことを知っている。そのためには、成長に必要な最良のコンディションを整備する努力をしなければならないのだ。

原則中心のリーダーたちは、インサイド・アウトが成長の源であることも自覚している。だから、彼らはまず初めに自らを変革し、その上で、影響の輪を組織の他の部分へと徐々に広げていこうとする。彼らがその能力に磨きをかけ、正しい原則を統合し咀嚼し、農場の法則にしたがってリーダーシップをとれるようになれば、エンパワーメントは高い効果性を持ち、組織とそこに働く人々にとって、活力のある実体となるのである。

Chapter 20

第20章
社員を問題解決に参加させる
Involving People in the Problem

社員の参加は、社員の責任感を高め、変革を進めるための鍵である。私たちは他人から与えられたアイデアよりも、自分自身の考えを大事にする。だからもしアイデアの作成過程に参加しなかったら、変化に反対するだろう。しかし組織の問題解決に社員を参加させる前に、習得すべきスキルがいくつかある。以下に説明しよう。

私は以前、肥満ぎみの年上の医者とラケットボールをしたことがある。若いころ、彼はよくラケットボールをしていたということだったが、現在はとても太っているので、私は簡単に負かせるものと思っていた。

しかしそれは間違いだった。私の方が締まった体をしていたし、勝利への気持ちも強かったが、彼には多彩な攻撃技術があった。高い技術が体型のハンデを補ったのである。何とか最初のゲームをものにしたが、次の二ゲームは完敗であった。

試合中「勝つためには流れを変えなければだめだ」と私は自分に言い聞かせ、実行しようとしたが、いくつかの理由からそれができなかった。私は自分のゲームをさせてもらえなかった。自分のペースでプレーをし、もっと攻めていこうと努力したが、私には攻撃の多彩さと技術が欠けていた。客観的に状況を分析し、対応しようとしたが、それを可能にする技術がなかったのだ。

マネジメントのジレンマ

経営者はときに同様のジレンマにおちいることがある。競争の激しい市場で生き残っていくために、今のやり方を変えなければいけないと分かってはいるが、いざ実行しようとすると無力感に襲われてしまうのである。社員を変え、組織に変革をもたらすのは、単純なことではない。たとえ単純だとしても簡単ではない。私たちが取り組む課題は、社員の動機づけ、心構え、スキル、考え方、確立されたパターンである。しかし人間は古いやり方、考え方、習慣にしがみつこうとする。そして自分が身につけたやり方や習慣は変えにくいものである。

古い習慣を断ち切るには、強い意欲が必要である。それはプロセスに参加することによって得られるものであり、変化を促進する触媒となる。

もちろん参加にはリスクもともなう。社員を問題解決に参加させれば、コントロールを失う危険性もある。他人を参加させず、ただやるべきことを命令し、アドバイスする方が、ずっと簡単、単純、安全である。さらにその方が能率が良いように見える。

ＩＴＴ（インターナショナル・テレフォン・アンド・テレグラフ社）の元社長ハロルド・ジニーンは著書『Managing（管理）』の中で「ほとんどの経営者は知らず知らずのうちに権威主義的な役になってしまう。その方が時間もかからず簡単だからである」と述べている。

ほとんどの権威主義的な経営者は暴君ではない。むしろ彼らは慈悲深い人間なのである。上下関係の原則を最大限に用いて社員を指導し、望む結果を得ようとする。

一方、ヒューマン・リソースの原則に基づいて経営を行うことは安全地帯から去ることである。社員を参加させることは、一種の冒険である。これから何が起こるのか、どこへ行き着くのか、初めはまったく分からないのだから。こんなリスクを負う価値があるのだろうか？

「アメリカにおけるマネジメントの根本的な誤りは、誰もやったことのない新しいことをやろとする熱意と、リスクを負う勇気を失っていったことだ。こうした変化の背後にあるのは、経営者は確信を持って行動すべきであり、失敗は許されないのだ、という誤った信念である」とジニーンは記している。

こうして経営者はふたつの方法論の間で立ちすくむことになる。ひとつは管理的、権威主義的なリーダーシップにつながる安全・簡単で、能率的な、上下関係を利用する方法。もうひとつは、非常に効果的だが、危険がともなう社員参加型のヒューマン・リソース原則に基づいた方法である。

決定の質と遂行意欲

効果的な決定にはふたつの要素がある。決定の質と遂行意欲である。このふたつの要素をはかり、かけ合わせることによって、効果性の値を知ることができる。たとえば質の高い決定をしたとしよう（一〇点満点の一〇点）、しかし何らかの理由で決定の遂行意欲が低かった（一〇点満点中二点）場合、その決定は非効果的であるということになる（一〇×二で、効果性は二〇となる）。

次に関係者が参加した場合を考えてみよう。決定の質を妥協したが（一〇から七に下落）、意欲は増した（二から八へ増加）としよう。

すると効果性の値は五六（七×八）となる。これは決定の内容は前者ほど高くないが、効果性という点では三倍も高い！

にもかかわらず、選択肢を広げ、他人の意見を取り入れ、妥協することを恐れるあまり、若く経験の浅いマネージャーは決定に際して社員を参加させることを躊躇する。

だが経験を積んでいくと、ほとんどのマネージャーは、決定の効果性が、その質と、社員の参加によって得られる遂行意欲によって決まるということを知るようになる。そしてリスクを予測し、適切に社員を参加させるスキルを高めていく努力を積極的に行うようになるのだ。

力をコントロールする

カート・レビンは、変化の過程に対する理解を大きく前進させた偉大な社会科学者である。彼が四〇年以上前に考え出した場の分析理論は、変化の過程で働く力をうまく描写している。（次頁の図を参照）

下の線は、現在の活動やパフォーマンスのレベルを示している。上の点線は望まれるレベル、いわば取り組みの「目標」である。下の線を押し下げている矢印が「抑止力」、押し上げているのが「推進力」である。抑止力は「抵抗力」「後ろ向きの力」、推進力は「前向きの力」とも言い換えられる。そして現在のパフォーマンスや活動の状態は、この推進力と抑止力の均衡であるという。

レビンの最も意義深い発見のひとつは、第二次世界大戦中、合衆国政府から委託された研究から生まれた。それはアメリカの主婦の購買、調理、食習慣はどうすれば変えられるのか、というものだった。戦時下における国家戦略の一環として、政府は、家庭における牛肉の消費量を減らし、内臓部分の消費をもっと増やすよう主婦に促す必要があったのだ。

彼らは主婦に内臓を買って調理してもらうために、現在の情勢を説明し、愛国心、経済性、栄養面、購

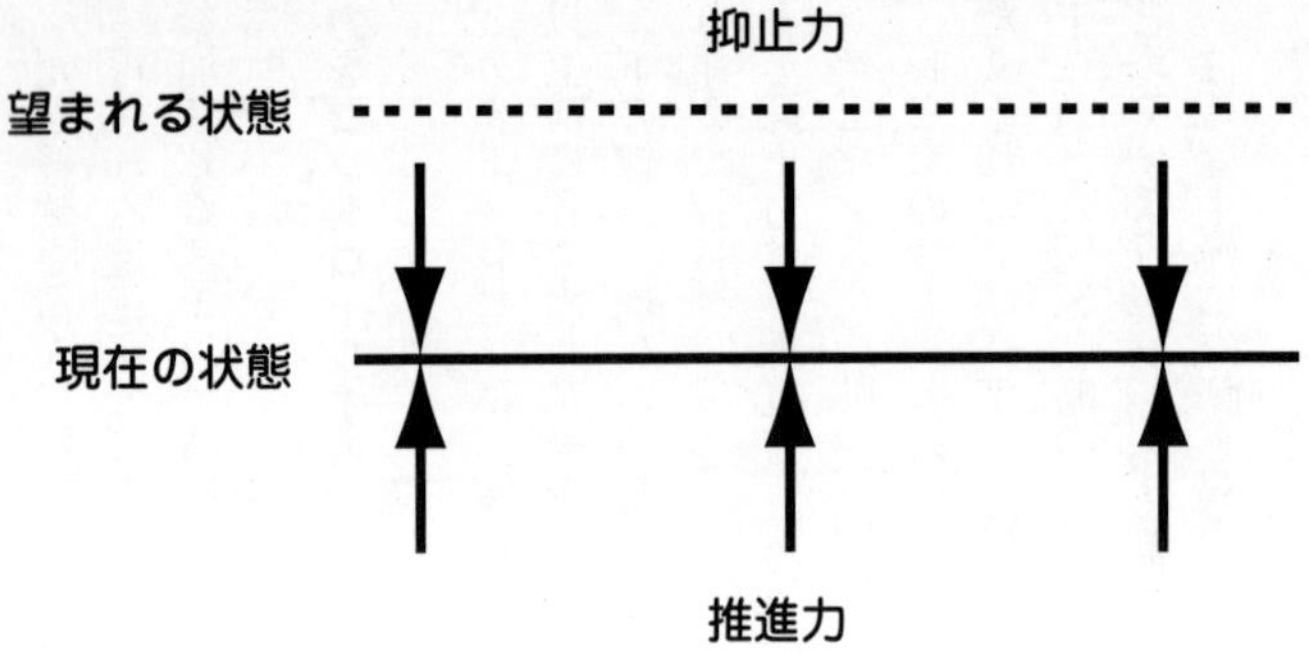

入の容易さなどの推進力を論理的に示してアピールした。しかし抑止力は予想以上に強かった。国民は舌、心臓、腎臓などの臓器を食べることに慣れていなかったし、調理法も知らなかった。さらに主婦は、家族からそうした料理への拒否反応が出ることも恐れていた。

さまざまな集会が開かれ、問題の本質が理解されるまで、こうした反発が治まることはなかった。しかし問題（政府が直面しているのと同じ問題）が理解されるようになると、しだいに主婦たちの態度は軟化し、新しい考え方に心を開き、真剣に習慣を変えることを考えるようになった。そして食習慣を変えることがいかに国家を助けることにつながるか、ということを理解し、（自分の懸念や疑問に対して、非難されたり、笑われたり、恥ずかしい思いをさせられたりすることなく）意見を表明することができるようになると、実際に多くの主婦たちは購買や食の習慣を変え始めたのだった。

この経験からレビンと政府当局は次のような重要な教訓を得た。

人間は問題に深く関わることによって、ソリューションに真剣に、誠実に取り組むようになる。

問題に対するソリューション

問題解決に関係者を参加させることは、家庭問題においても威力を発揮することは、自分の経験から立証することができる。

ある晩、私は長女の心配事などを聞いていた。しばらくして彼女は私に何か話したいことがあるか聞いた。そこで最近、妻や私自身を悩ませている問題について彼女に相談することにした。——小さな子どもを一時間ほど昼寝させることができれば、私たちが自由な時間を持てるし、子どもたちにとっても十分な睡眠を取ることになって好都合なのだが、何かいい方法はないだろうか？

驚いたことに彼女は、独創的で素晴らしいアイディアを考え出してくれた。そして問題に関わることになった彼女は、責任を持ってソリューションに力を注いでくれたのだった。

もうひとつエピソードを紹介したい。私は、メンテナンスにあまり時間と金をかけずに、車を良好な状態に保ちたいと思っていた。そこで近くの店の店長に相談を持ちかけ、彼を信頼し、意見を尊重すると伝えた。するとこの問題に関与することになった彼は、結果に対して責任を感じるようになったのだ。まるで自分の物のように私の車をみてくれるようになり、個人的に車の世話や検査をしてくれるだけでなく、特別な料金を私に提示してくれたのだった。

世界中の優れたリーダーや経営者は、長年にわたってこの単純な原則をさまざまな形で応用してきた。

彼らは、有意義な参加が社員の積極性を生み、その能力の最大限の発揮につながることを知っている。さらに、社員が自分の目標と組織の目標を重ね合わせたとき、途方もないエネルギーと創造性、そして忠誠心が生まれるのだ。

再びハロルド・ジニーンの言を借りると、「決断に際しての経営者の心構えは、何よりも重要である。私はＩＴＴの幹部たちに、状況を客観的に捉えながらも想像力と創造力を失わないように求めてきた。その企業がどんな社風を持つかは、社長の手に委ねられている。私は、明るく豊かな社風を築くための重要な要素は、上下間の開かれた交流であると思っている」。

権威主義あるいは優しい権威主義のアプローチを用いると、上下関係に基づいた命令的なコミュニケーションに陥ってしまう。社員が、私たちに「見下されている」、あるいは操られていると感じたら、変化を起こそうとする私たちの動きに抵抗するだろう。

推進力を増やすか、抑止力を減少させるか？

場の分析について学ぶとき、経営者からよく出される質問は「推進力を増やすか、抑止力を減少させるか、どちらが良い方法なんでしょう？」というものだ。

おそらく一番単純で簡単なのは推進力を増やすやり方だろう。推進力は自分がコントロールできるからだ。このやり方は効果的でないにもかかわらず、昔から最も使われている方法で、社員は大きなプレッシャーにさらされることになる。前掲の図を用いて説明するなら、目標のレベルまで会社の業績や社員の実行力を向上させるため、推進力の矢印を二本か三本増やすのである。一方、抑止力の本質は何も手を加えられぬまま放置されているので、推進力が高いレベルに達しても、緊張力も同時に増大してしまう。したがって力が緩んだ瞬間に成績は元のレベルに逆戻りしてしまう。

次々に新しいマネジメントの原則が入ってきては去っていくような組織では、こうした現象がよく見られる。コスト重視の推進力が強く働いたときは、誰もが経費のことばかり気にしてセールスのことは忘れられてしまう。次に来るのはマーケティングとセールス重視の推進力だろう。今度は誰もが顧客第一、サービス重視になり、少しずつ売り上げが回復する。ところがコスト管理の方はまた疎かにされて元に戻っているのである。そして社員の熱意が失われてくると、経営側は社員交流会、パーティー、ボーリング大会などを開催して対処しようとする。会社はまるでカントリー・クラブのような雰囲気になり、セールスもコストも忘れ去られてしまう。

このような繰り返しが続き、そのつど取り組むべき課題が変わると、社員はすぐに不信感を抱くようになる。信頼のレベルも非常に低くなり、会社が社員側と経営者側に分裂して、コミュニケーションのプロセスが悪化していく。すると次に魅力的で新しいテクニックや推進力が外部の専門家から導入されても、ほとんど効果を上げない。とにかく不信感が強く信頼のレベルが低すぎるため、新しい取り組みが始まっても、それは経営側が社員を思い通りに操るための新しい手段に過ぎないと思われてしまうのである。

推進力を増やすべきか、抑止力を減少させるべきか、という問いは次のような問いにたとえることができるだろう。「車を運転しているとき、ブレーキとアクセルを同時に踏んでいた。アクセルをもっと踏み込むべきか、ブレーキを解除すべきか?」アクセルを踏めばスピードは上がるだろうが、エンジンは焼きついてしまうだろう。反対にブレーキを緩めれば、簡単にスピードを上げることができるだろう。

おそらく、エネルギーの三分の二くらいを抑止力の減少に使い、残りを推進力の増加に用いるのがよいのではないかと思う。しかし状況はさまざまなので、取りかかる前に抑止力の性質を見極めることが必要だろう。実は抑止力の多くは推進力に変えることができるのだ。

他人を問題に関与させることによって、その人に元から備わる推進力を発揮させることができる。その内的な力とやる気に、私たちの推進力が加わると、私たちは相乗効果的な問題解決チームを結成することができるのだ。

Chapter 21

第21章

利害関係者情報システムの活用

Using Stakeholder Information Systems

あるとき私たちは、中間管理職がかなりの割合で離職してしまうという問題を抱えた大手銀行から、コンサルティングの依頼を受けた。経営幹部たちは、その原因がまったく分からず、首をひねるばかりだった。

幹部たちが持っている企業のヒューマン・リソースに関する情報は、社員が会社を辞めるときに行われた面談の記録がほとんどであった。退職時に交わされた感情的で根拠も不確かな会話の内容をもとにして、いくら正しい判断をしようとしても無駄である。問題の源を探り出すには大変不適切で不完全な情報だとしか言いようがない。経営幹部たちは、しかし、この情報を分析し、離職者が多いのは、報酬制度のせいだと結論づけた。報酬制度は見直され、修正された。それでもなお、退職者は後を絶たなかった。

私たちの提唱するヒューマン・リソース中心主義のシステムを使い、確実な情報を集積し検討してみたところ、本当の問題は、企業の人材雇用に隠されていた。彼らは、多くの起業家精神に溢れた人材を集め、組織の歯車として上と下との板挟みになりながら、数字と格闘しなければならない中間管理職のポジションに送り込んでいたのだ。新しい挑戦もない、刺激もない——開拓精神旺盛な彼らの満足感を、根源的な部分で満たすことができるはずがない。

このフィードバックを受け、企業は現状を正しく理解することとなった。そして、現実に目を向け組織変革を断行することにした。起業家精神を持った人材を念頭に置いた構造改革を行い、起業家精神を育て支援するような報酬システムを導入。その結果、企業文化にまったく馴染めないで辞めていく例は若干あるものの、人材の流出に歯止めがかかり、この銀行の離職率は著しく低下したのである。

この変革は、莫大なプラスのエネルギーを解き放つきっかけとなった。社員たちは古いルールや規則、手続きや方針などに縛られることなく、自由闊達に業務を遂行することができるようになったのである。

人々のための会計学

資源や社員を扱う情報システムを構築するまでは、暗闇の中で組織を経営しているようなものである。もちろん、五里霧中状態を気にしない人々もいるだろう。たとえば「急成長のマネジメント」にのめり込んでいる経営者たちだ。彼らの考え方はこうだ。社員に情報を開示せず、金をやって働かせ、十分に稼いだら、キノコの頭をちょん切るようにどんどん首にすればいい……。

原則中心のリーダーが持つ倫理観は、次の言葉によく表れている。「新しい真実を恐れる臆病さから、半端な真実で満足しようとする怠惰な心から、自分が知っていることが真実のすべてであると考える傲慢さから、おお神よ、真実は我々を、迷える意識から解き放ってくれるのだ」

組織は、ひとつの生態系である。企業の情報システムは、組織内すべての環境と情勢を網羅し、経営幹部に伝達できるように構築されなければならない。そうすることによって、経営者が組織の状態を知ることができるのである。トップに立つ人間が、組織内のすべての場所で何が起こっているのかを把握していなければ、正しい判断と決定は下せない。誤った情報や中途半端な事実認識からなされた判断は、欠陥だらけで、曲解されており、不完全で、その上不正確なのである。人々は自分の信じたいことを信じようとする。さらに、強く望めば望むほど、信じようとする度合いが高くなっていく。

生態系である企業に必要なのは、あらゆる利害関係者に対応している情報システムである。今まで企業で採用されていた主要な情報システムは、財務会計であった。しかし財務会計が私たちに与えてくれる情報は、測定可能な事象に関するもののみで、社員の抱えている問題や意欲などを伝えてはくれない。事象はいわばプログラムであり、社員がそのプログラマーであるということを、忘れてはならない。

財務会計は、人的な問題の調査や利害関係者のモニター、問題の慢性的な原因を突き止めるための道具ではない。重大な問題や収益や支出などといった、表面的な結果に焦点を当てたひとつの判断材料に過ぎない。情報の入手方法を財務情報システムだけに頼ってしまえば、企業の状況を把握することは難しくなり、歪んだ姿を捉えてしまうことになるだろう。

状況の把握

私たちは、企業の経営者たちにとって肝要な情報を集積し体系化することを可能とする、高度な診断ツールを開発した。この診断方法を用いれば、経営者は組織内外の状態と状況を知り、理解することができる。私たちはこの診断方法を「ヒューマン・リソースの会計報告」または「利害関係者情報システム」と呼んでいる。簡単に説明すると、これは、個人もしくは組織の横顔を知るための詳細な調査と、企業の保有する診断スキルと識別能力の両方を使用し、経営者が全利害関係者の状態をモニターできるようにするシステムである。

数年前のことだ。大手ホテル・チェーンの経営陣は、自分たちの企業で何か大きな問題が起こりつつあるのを察していた。利益と生産性は目に見えて低下しており、社員のモラルは低くなっていた。何らかの不満が社内にくすぶっているのは感じ取れるのだが、その原因を正確に突き止めることができなかった。原因を探り判断するために必要な具体的な情報を手に入れることができなかったからだ。彼らは私たちに、コンサルタントとして企業を診断してほしいと助けを求めてきた。速やかな状況の打開が望まれていた。

組織の査定と調査を実施した結果、本当の問題は、社員の教育システムにあるということが分かった。彼らは、必要な訓練を受けていないので、自分たちが何を要求されているかを理解しておらず、さらに、トップの要求を満たすためには何をすればいいのかもまったく分かっていなかった。調査結果によると、社員たちも改善の余地がある数々の領域に気がついていたことが明らかになった。効率的なシステム、リーダーシップ、企業文化、効果的な人材配置、職場環境、部署間の関係などにおいて、さまざまな問題が見えてきた。経営幹部たちは、この調査結果を非常に重く受け止め、毎年組織査定調査を行うことを決めた。

ある企業のCEOは自分と自分の会社はとても社員を大切にしていると考えていた。しかし私たちが監査を行った結果、そこに働くほとんどの社員が、自分の仕事に対する展望や、進むべき道についての構想をまったく持っておらず、最大限に能力を発揮する努力がどういう結果を生み、何に繋がっていくのかを考えたこともない、という事実が明らかになった。このような組織風土の中でマネージャーや幹部の大多数は、積極的に他の仕事を探しているか、実際に仕事を探し始めてはいないが常に転職を念頭に置いている、という現状が分かってきた。調査結果から社員や幹部の感情を学んだCEOは、早速状況の改善に乗り出し、核となる重要な人材が大流出する前に、何とか手を打つことに成功したのである。組織調査は、大変危険な「盲点」を暴き出したのだ。

企業に関わるすべての関係者が何を考え、彼らに何が起こっているのかを知るためには、常に以下に述べる三項目をモニターしておかなければならない。①社員（彼らの認識、動機、価値観、性質、スキル、能力）、②企業の中の公式な部分（物理的な環境、テクノロジー、戦略、組織構造、方針、流儀など）、③企業の中の非公式な部分、もしくは企業文化（社員と組織との相互作用によって浮かび上がって来る、価値観や規範、倫理観など）。

すべての項目について詳細なデータを集めるのは、大変に時間のかかる作業である。しかし、この調査が正しく行われれば、企業の状態や状況を正確に映し出し、組織において何が起こっているのかを知る強力な手段となるだろう。

・社員の情報システム

社員の情報システムは、個人的な情報も含んでいる。個人的情報とは社員の行動に影響する彼ら個人の感情と認識のことである。各社員の長所と短所を診断し、そのデータをできる限り蓄積していくことが大切なのである。各個人の記録は、社員の資質や能力、その人物を知る上で大変有益である。しかし、マネージャーは、一対一の面接、グループ・ミーティング、提案制度などを利用して、個人の記録をできるだけ作成し、データを常に補完していくように心がけなければならない。さらに、科学的な方法を使用して、より客観的な青写真を得る努力もするべきだ。そうすることで、社員を理解し、行動を把握することが可能となるのである。従来の、物的資源や金融資源を基にした会計報告と比べると、ヒューマン・リソースの会計報告は、主観的であり脆弱なものだと考えがちである。しかし、社員の抱く感情が、その人間の真実を表しており、その真実の姿が各人の組織における行動に反映されるのだという事実を受け入れられれば、「脆弱」な人間のデータが「堅固」なものになりうる、ということに気づくだろう。効果的な利害関係者情報システムを使いこなしている企業は、熾烈な生き残り競争の「勝ち組」になることは間違いないだろう。

・企業の中の公式な部分

組織の堅固な部分と脆弱な箇所を突き止めようとする場合、最終的には、社員の診断に行き着いてしまう。結局のところ、問題の背景にあるすべての要因は、社員の価値観、動機、認識の中に眠っているからだ。私たちの目に映る企業の公式な部分の姿は抽象的なものだ。経費や売上げを示す勘定書から、企業を計り、グラフで表すことができるので、実体であると錯覚してしまうのだ。しかし、さまざまな企業の指標や、職務要件書、命令指示体系、階級制度、伝達経路などは、単に物事を概念的に説明したものに過ぎない。組織の状況の背景となる外的要因は、その社会の、経済的、社会的、政治的、文化的な傾向と潮流なのである。そして、社会の傾向や潮流、すなわちトレンドをつくり上げているのは、人々の認識であり、動機であり、価値観なのである。社会の潮流は、今現在何が起こっているのか、人々は何を考えているのかを私たちに明示してくれる。そして将来、人々が何をしたがるのか、何を考えるのかということまでも教えてくれるのである。ゆえに、特定の業界のトレンドを絶えず学習することが大切なのであり、その企業の比類なき長所と独自性を、トレンドに結びつけていく努力を怠ってはいけないのだ。

内的要因は、組織に内在する伝統や、企業の創業者、所有者、役員の価値観などである。組織の背景となる外的要因や内的要因を吟味すれば、その企業の筋肉や神経そして動脈である、戦略の立て方、構造、多様なシステム、ポリシー、流儀などが見えてくるのである。

・企業の中の非公式な部分、または企業文化

私たちは、個人としての社員を、物理的環境、テクノロジー、戦略、組織の構造とシステムといった、公式な目に見える部分での企業と結びつけるとき、組織文化、すなわち、価値観、規範、モラル、不文律など、企業の非公式な部分についても、考察していかなければならない。

組織における非公式な規範が、表立って掲げられている公式な規準と一致していない場合、労働者と使用者は、互いを「我々と彼ら」と呼び合う敵対関係に陥ってしまうだろう。敵対関係の文化を持つにある組織では、マネジメントによる社員の管理、監督体制が強化され、社員の行動は制限される。社員のニーズと関心が企業のニーズと関心と重なり合う状態、すなわちＷｉｎ－Ｗｉｎの達成に向かって個人の潜在能力を高めていこう、という方向には進みようがない。

企業の文化を明確にすることは困難である。さらに、文化を測定するのは不可能に近い。それでも

なお、文化を感じ取ることはできる。実体が明らかではない組織文化の改革を直接的に実施することは無理だろうが、私たちは自分を変革することはできる。また、人格やスキルに磨きをかけていくことも可能だ。公式な企業の姿を変化させるために、各自の仕事を明確にし、責任の範囲を設定するなどの取り組みを通じて、まず社員の意識から変えていく努力をすればいいのだ。

もし、その取り組みが効果的に進められれば、非常に強力なＷｉｎ‐Ｗｉｎの文化を構築することができるだろう。しかし、誠実さと高潔さが欠如した状態で、関係者を満足させ、欲求を満たすだけの戦略を取り続ければ、企業は不信感に満ち、防衛的で、保護主義の強い文化を育てることになる。そして、組織改善を行う前より、一層ひどい状態に陥ってしまうだろう。私たちの身体は、生きている個体としての快適な生活を保つために必要な、防御メカニズムをつくり出してきたわけだが、文化も似たようなものである。自分たちの身体の状態を直接的に、そして即座に改善することはできないが、自然の健康の法則にしたがって、時間をかけて取り組んでいけば、素晴らしい結果を得ることができるはずだ。同様に、公正さ、人間関係、ヒューマン・リソース、その意義や重要性などの正しい原則にしたがって変革に取り組み、原則を組織の構造とシステムに織り込む努力を続ければ、必ず組織文化に、影響をおよぼすことができるだろう。

組織内の状況についての情報収集を科学的な手法を用いながら、時間をかけて実施して行く中で、早急な改革に乗り出し、すべての場所や人に資金をつぎ込むのは決して組織改善には繋がらないということが分かってきた。それよりも、社員個々人の成熟度を高め、人格と強さを培い、組織文化を活性化する触媒となるスキルを持った人材を育て上げることに投資をするべきである。また、結果についての責任を社員に認識してもらうには、管理を前面に打ち出した組織運営の方法では無理だということも明らかになった。企業がＷｉｎ‐Ｗｉｎの実行協定を社員との間に確立すれば、職務達成に必要なスキルと人格を各自が培おうとする原動力になるだろう。そして、社員は実行協定の枠内で自らを管理し、業務を遂行していけばいいのである。また、実行協定を支援する組織の構造とシステムをつくり上げることも重要である。そして、社員から定期的な報告を受けるなどの取り決めをしておけばよいだろう。

これは非常に時間のかかるプロセスであり、忍耐と自律が要求される。また、他人との相互依存の中でチームを形成し、関係者皆にとって意義のある目標を作成していかなければならない。大変骨の折れる作業である。このプロセスは、困難で痛みがともなうかもしれない。しかし、長い目で見れば、企業にとって一番大切な資源である社員の正確な情報を持たず、暗闇の中を手探り状態で組織を経営するよりも、ずっとリスクが少なく簡単で、手間のかからない方法なのだ。

システムは効果的に機能しているか？

ヒューマン・リソースの査定や利害関係者情報システムの構築を勧める理由は、この取り組みによって、社員や取引先、顧客、投資家などで構成される利害関係者それぞれに、効果的な対応をしていくことが可能となるからである。意思決定者たちは、バランスのとれた状況報告を受け取るべきであり、その情報は利用しやすい状態で提供されるべきなのだ。

多数の査定プログラムが失敗に終わるのは、経営者たちが、実行計画というフィードバックを提供する側の人間不在でプログラムを推進しようとするからであり、問題解決案に対し、フィードバックがまったく反映されていないことが多いからである。社員から卓越したフィードバックを提示されたら、その意見を取り入れ実行していくべきである。外部のコンサルタントに業務を委託するのも一案である。問題解決システムを活性化する触媒として、エネルギーと専門的知識、そして規律をもたらしてくれるはずだ。

標準的な問題解決プロセスは、以下の8つのステップで構成されている。

1. データの集積
2. データの診断
3. 目標を選択し、優先順位をつける
4. 新しい案や選択肢を検討する
5. そのうちのひとつを選ぶ（決定する）
6. 決定を履行するためのアクション・ステップの計画を立てる
7. 計画を実行する
8. 目標と結果を比較、検討する

次にステップ1に戻り、プロセスを繰り返す。

一方、ヒューマン・リソースの会計を実施しても、データの集積だけに終始したり、研修やツールを使わないで簡単な分析だけで済ませてしまう組織もある。このようなずさんな分析を基にしても、方針の策定、選択肢の検討、戦略決定と実行が効果的に行えるわけがない。場当たり的な解決策は失敗に終わるだけである。

私たちが査定と調査を実施するときには、蓄積したデータが企業の意思決定に使用されるという予想のもとに、資料を作成するようにしている。人々のフィードバックにそった問題解決がなされなければ、利害関係者は期待が裏切られたと思い、失望するだろう。企業のマネジメント、構造、システム、そしてスタイルが、財務会計データを強固に推進するものであれば、その組織文化は、社員や利害関係者の意識と性格の調査に対して、冷たいものになるだろう。

このような組織では、意思決定者の熱意も低下してしまう。周りがマイナスの反応を示すだろうと容易に想像できるからだ。そして、意思決定は、批判の少ない古いスタイルに逆戻りする。完全なデータよりも部分的で不完全なデータを用い、原因よりも結果を重視した査定が、判断の拠りどころになってしまうのである。

ヒューマン・リソースの会計は使用リストから外され、代わって財務会計だけが企業の指標として使われる。財務会計は、堅牢、精確、科学的、体系的、客観的、そして明確だと考えられている。かたやヒューマン・リソースの会計は、脆弱、主観的、不明確、可塑性があり、漠然としていて乱雑で、パンドラの箱的な存在だと思われがちである。査定の手段は、財務会計と同じくらい精確で堅固、そして客観的なものになり得る。しかし詰まるところ、すべての会計システムと情報システムは、主観的なものなのである。なぜなら、これらシステムは、ある種の仮定を基礎として構築されているからである。

財務会計のルーツを知っている人間なら、このシステムがかなり主観的であることを理解しているはずだ。客観的っぽいのは上辺だけである。しかし、数字というものは見た目には強い。「脆弱」で「主観的」な人材データは、「客観的」と呼ばれる数字のデータの前では、旗色が悪く、すごすごと引きさがるしかないのである。

客観性というのは、実は、より多くの意見を取り入れている、というだけに過ぎない。とある有名大学の管理理事として働いていたとき、私は理事会でよくこう発言していたものだ。「入学試験の基準として、リーダーシップの性質も取り入れるべきだ」。これに対する答えはいつも決まってノーだった。「いや、それはできない。子どもたちの親にどうやって説明するんだ？　息子さんは不合格です。リーダーシップの潜在能力が認められませんでした、とでも言うのか？　それは無理な相談だよ」。結局、予測可能な結果である、各自の成績やテストの点数で合格、不合格を判断することになった。理由は、「客観的」だからだ。

ビジネスや産業界でも同じ問題を抱えている。将来、企業が望む結果を出してくれる人材を初期の段階で、どのように見分けるのか？　人材の査定は大変に難しい問題である。マネジメントには十分な資質があるが、リーダーには不十分である、という場合、その不均衡をどのように是正すればよいのか？　社員を雇用するときの評価システムというのはどの企業にも存在するのだが、ほとんどが危険信号を点す役目をするだけである。通常の査定方法では、その人物の動機や意欲といった、目的達成能力の鍵となる要素を検証する道具にはならない。

ある本で読んだのだが、今、七種類の知力が測定可能なのだそうだ。そのうちのひとつが、言語的・数学的・論理的指数であるが、ＩＱテスト、いわゆる知能指数テストで使われているのはこれだけだ。残りの測定可能種目は、運動感覚、空間能力、対人能力、個人内能力、創造力、美的感覚、の6つである。ほとんどの人間が、ここに挙げた七種類の測定テストのうち、少なくともひとつで、必ず高得点を記録するという調査結果が出ているらしい。

（私たちの七つの習慣三六〇度プロフィールのように）個人の素質や能力を何らかの査定方法を用いて評価する利点は、検査前と検査後のデータ集積ができるということである。私たちの開発した研修の受講者は、自分自身で外的なコントロールから内的なコントロールへのシフトを経験する。このようなトレーニングはハロー効果を引き起こす。端的に説明すると、能力査定結果の記録をつけることによって、次回査定でもっと良い成績を残そう、という社員の意欲を引き出すことができるという効果だ。その結果、個々人の能力を示す値が、目に見えて向上していくというわけである。

評価と研修の実施によって短期的に起こりえる不都合としては、社員が極めて主体的な人間へと変貌を遂げるために、自分自身の世界を形成してしまう可能性が出てくることだ。そして、生活にも選択肢が存在することに気づき、それに応じた活動を始めるかもしれない。しかし、いい知らせもある。これまで実施した調査では、社員と仕事、個人と組織のニーズが、大体において適合しているという最終結果を得ているのだ。「評価なんて始めたら、大事な社員を失ってしまうかもしれないじゃないか」と心配する経営者もいるだろう。しかし、組織風土と仕事がある社員に合っていない場合、その人間が会社に留まることの方が、むしろマイナスの結果をもたらすのではないだろうか。そうは言っても、短期的なハード・データと長期的なソフト・データを人々に提示し、どちらがいいかと問うてみれば、一〇〇パーセントの確率で、ハード・データが勝利を収めるだろう。ガチョウの健康と幸福は、金の卵を追いかける人々にとって、考慮の対象にならないのである。

顧客評価を始めよう

ヒューマン・リソースの会計を実践する場合、まず顧客情報システムから始めればいいだろう。もちろん、株主を含む他の利害関係者に気を配ることも忘れてはならない。レバレッジド・バイアウト（借入金をてこにした買い占め）や非友好的合併などが当たり前の世の中で、利害関係者を軽視し価値を評価しないという姿勢は、トラブルを自ら招いているようなものだ。すべての利害関係者に対する責任を定期的に果たしていかなければ、企業は競争社会を生き残っていけないだろう。

私のこの主張は、徐々にではあるが、人々に受け入れられてきているようだ。あるとき、私は数人のエンジニアと会話する機会があった。彼らは、テクニックとテクノロジー開発のために左脳を駆使する毎日を送っているはずである。私は彼らにこう言った。「あなた方の取り組んでいる課題の中心に本来置くべきは、人間ではないですか。人間の問題は、物中心の思考方法では解決できませんよ」。この意見を聞いたとき、彼らは大変ショックを受けたようだった。しばらくの間、どう反応していいのか戸惑っていたが、結局は私の意見に賛同した。

短期的な生産性を重要視するならば、財務情報システムのみで十分だろう。「売り上げは?」「純益は?」、「投資の回収は?」、「配当は?」、「私の生活を支えられるのかね?」「こちらが望んでいる収益と株価成長は、どうやって達成するのか?」などと質問を浴びせかける。創業者や初期マネージャーたちでさえ、すべての利害関係者が、自然の法則に準じて調和した状態にある企業が、長期的な高利益を生むという事実に気づいていないのである。

企業の所有者たちは、金融会計システムの原動力となっている。企業のマネージャーは、彼らの要望にできるだけ対応しようとする。その構造の中で、社員は、一番最後に位置するものとして考えられてきた。あまり重要視されず、彼らの貢献に対して敬意を払うものは居なかった。しかし、多くの日本企業がアメリカ企業と競合するようになったとき、その考え方は変わらざるを得なかった。日本企業の経営者たちは、社員のやる気を引き起こし、組織を活性化させる術を心得ていた。彼らは、平社員から幹部にいたるまで、すべての社員に価値を見いだし、その貢献を評価していた。現在のアメリカ企業は、社員の声を聞き、意見を取り入れるようになった。現場で働き、顧客と直に接する彼らこそが、最新、最先端の情報をもたらしてくれる組織の要なのである。

ヒューマン・リソースの会計の目的は、永続的な質の向上、効果的なチームの作成、社員の成長である。もちろん、フィードバックを受ける側である経営者でも、窮地に陥り、能力を出せなくなってしまうこともある。原因は、彼らが本当のフィードバックを得ていないからではないだろうか。誤った情報を受けて、前線から安全地帯へと下がり、どんどん傲慢で怠惰な人間に、しかも臆病になっていく。現実を直視するのが怖いのである。鏡が映し出すものは、正確すぎるのだ。ありのままの、いわば裸の自分をさらけ出したくないのである。それよりも、地位と権力のスーツを身につけて、体面という衣を身にまとっている方がいいと考えているのだ。彼らにとっての真実の暴露は、攻撃に対して無防備な状態に置かれるということを意味しているのである。

このような体制を崩すには、類い稀な能力を持つ最高経営責任者が率先して自らの姿を人前にさらけ出す行動が必要となってくるのかもしれない。外部業者に詳細な企業査定を依頼し、効果的な情報システムをつくり上げ、すべての利害関係者に自分の責任の所在を明らかにする。これをきっかけとして、組織の変革が進むだろう。

本当にこのような行動をとった名経営者がいる。トロ（園芸用重機メーカー）のCEO、ケン・メルローズ氏である。彼は、自分のオフィスの前に図表を貼り出した。その表には、目標に対する彼の戦略と、目標達成に関する情報を記載し、すべての人々に彼の仕事ぶりを公表したのである。さらに、目的達成能力を測定し図表に示すという取り組みは、自分自身にも、より大きな責任感を生み、さらなる意欲と能力を発揮するという結果をもたらしたのである。

測定し、その情報を提示することは、状況の向上につながる。医療の現場でも今やそれは常識である。バイオ・フィードバック（生体自己制御法）は、重症患者の状態を評価する方法として使用されている。ある医者は、「生・死」と記されているフィードバック・モニターを患者の病室の天井に取りつけ、針の動きが本人にも見えるようにした。患者はそれを見れば、自分の身体の中で何が起こっているのか、自分がどういう状態にあるのを一瞬にして知ることができる。このようなフィードバックを使用すると、意志の力ではどうにもならないと思われている病状を、患者自身がコントロールし始めるそうだ。

実は、多くのアメリカ企業がこの患者と同じような状態にある。市場から「あなたは死に直面している」または「あなたは絶滅の危機に瀕している。何か手を打たなければ終わりはもうすぐだ」などと最後通告を突きつけられているのが現状だ。

状況の圧力によって謙虚になるよりも、言葉で謙虚さを示す方がよっぽどいい。特定のプログラムやグループに属していなくても、査定プロセスを受けてみようと考える人間もかなり少数だが、存在する。自主性に富み意欲旺盛な人々だ。彼らは皆、内的に安定しており、自分たちの有効性について非公式にではあっても、何らかのフィードバックを欲しているのである。

皮肉なことに、他人が自分のことをどう思っているかを気にすれば気にするほど、他人の意見を受け入れる度量が狭まっていく。なぜなら、人の意見を気にする人間は、大変傷つきやすい人間であるからだ。このような人間は自分に関する客観的なデータを受け入れられない。他人が自分をどのように考えているかなんて、知りたくもないのだ。もし拒絶されたら？　どうすればいいんだ？

逆もまたしかりだ。他人が自分のことをどう思っているかが気にならなくなればなるほど、他者の考えを尊重し、受け入れることができるようになる。自分の心の安定を他人の物の見方に依存していないからだ。高い安定性は、内側から、そして自分の価値のシステムに誠実であることから生まれるものである。もし、他人に対して効果的でありたいならば、自分のスタイル、スキルそして視野を、他人の考えに適合させていけばよい。安定性を内部から、効果性を外部から得るのである。

自分たちの目的達成のために、客観的なフィードバックを求め、積極的に活用していこうとする企業や会社は、内的に安定しているのが普通である。他者と比べると、より謙虚で開放的、学習意欲が旺盛で、適応能力も高い。穏やかで柔軟な姿だけを捉えて、彼らは甘いだけだ、という人もいるかもしれない。しかしそれは見当違いである。内側にある不変の中心が生み出す安定性は強固で揺るぎないものなのだ。だからこそ、外側は柔軟であり、一見無防備な状態であっても、なんら不安に感じることがないのである。

映画『ロジャー&ミー』（マイケル・ムーア監督のドキュメンタリー映画。一九八九年作）で、女がしゃべり続けながら、同時にウサギをこん棒で殴り殺しているシーンがある。これは今日の多くの企業と職業の現状を象徴的に表しているのではないだろうか。教育、医療、会計、保険、出版事業、法、すべての業界において、転職を考える人々が増えている。昔からのやり方に、自信が持てなくなってしまったのだ。情けないことに、わが国の主要産業はかなり脆弱になってしまった。他者の助言に聞く耳を持たないからだ。古い構造とシステムは未だに組織内に鎮座しているが、朽ちかけた過去の壁は、誰かがその周りを、トランペットを吹きながら歩き回っただけで崩壊するに違いない。

4つの発展のレベル

利害関係者情報システムに投資した経営者は、4つのレベルから成る継続的な発展のパラダイムを、先物買いをしたと思えばよい。その4つのレベルとは、個人、人間関係、マネジメント、そして組織である。4項目すべてが重要である。そして、そのうちのひとつでも軽視すれば、他のレベルにマイナスの影響を与える。悪影響は、連鎖反応的に全体に広がる。最後は、まるで一枚を抜き取ったカードの家のように崩れてしまうだろう。

個人が信頼性の高い人間でなければ、人間関係のレベルで信頼を保つことが可能だろうか？　人間関係において信頼性がないのに、奉仕の精神を持った業務の遂行を願い、エンパワーメントを行うことができるのだろうか？　この国における、マネジメントの管理方法は、低い信頼度を基にして構築されている。信頼性がここまで低くなってしまったのは、世の中に、二枚舌、偽善、矛盾が渦巻いているからである。いったん問題に足を踏み入れてしまえば、話術を駆使することでは、そこから出られるわけがない。話術、視覚化、肯定、これらはよく使われる戦略である。必要ではあるが、それだけでは不十分である。4つのレベルにおける真の自覚が要求されるのだ。

異なるヒューマン・リソースの会計方法を平行して使用することも大切である。ヒューマン・リソースの測定方法には幅があるが、一方には、フォーマルで科学的、体系的な様式があり、その対極には、有意義な一対一面接や、感情移入の傾聴、信頼口座の開設などがある。提案制度や、意志表明システム、オープンドア制度、オンブズマン研修、そして標準型の科学的プロファイリングなど、フォーマルな方法とインフォーマルな方法、両方を使用することをお勧めしたい。これら査定を実施し、上司や同僚からだけでなく、部下からも高い得点評価を得て初めて昇進できるというルールを、社の方針として徹底するべきである。

査定結果が全部正確なわけがないだろう、心の底でこう思いたくなるのは分かる。悪い結果を見ればなおさらだ。しかし、風呂のお湯を捨てるときに赤ちゃんまで流してしまっては元も子もない。自分が気に入らないからといって結果データを拒否してはならない。「あいつらは、何も分かってない」と言う捨て台詞を残し、自分で伝説をつくる道を行くのも魅力的には違いないのだが。

正確なフィードバックは高く評価されるべきである。日々の業務から離れている人間や、日常の雑務に埋没してしまっている人物には、本当は何が起こっているのかを理解するのは大変難しい。ゆえに質の高いフィードバックが求められるのである。もし報告される結果の正確性に重きを置かなければ、報告は単なる世辞へつらいの場になってしまうだろう。べとべとした意味のない情報を羅列されるのは、馬鹿にされたのと何ら変わりはない。あなたは、孤立してしまう。情報から遠ざけられ、最悪なことに、会社の本当の状況を把握することができなくなるだろう。周りの人間は、あなたが聞きたいと思っていることを聞かせるだろうし、あなたもそれが楽しいだろう。問題と向き合いたくないのである。ついには、情報集積のために、私的なネットワークまで組織しかねない。集められた情報は、あまり建設的に使われることはない。そして、報告者は常に何人かの同じ人間になってしまうだろう。耳の痛いことを言われないので、安心できるのだ。

情報を提供するなどで、査定に協力した社員に報奨金を支払う企業もある。もちろん悪いニュースでも歓迎される。業務における「適正手続」を構築し、規約に正しい原則を織り込んでいくのは、非常に健全な取り組みである。完全な情報システムとそれをバックアップする強力なシステムがなければ、あなたのミッション・ステートメントは、陳腐な読み物以外の何ものでもなくなる。組織とシステムを推進するのは、最終的にマネジメント・スタイルなのである。

利害関係者情報システムは、ミッション・ステートメントを強化するものだ。ステートメントは、組織最高の法である憲法に変わっていく。ステートメントを補強するデータを定期的に集積し、常に検討し、情報に応じた問題解決策を提示し、実行計画を立てる。社員報奨システムも彼らの要望を取り入れたものへと改善が進んでいく。

プラトンが説いた「洞窟のたとえ」に、光から顔を背けて、うす暗闇、もしくはほのかな明かりで生活を送る人々が登場する。それは虚実の境目なのである。人は光で象徴されている「真実」と向き合うことを好まない。経営者も同じだ。市場が現実の直視を強制的に要求しない限りは、いわば、フィードバックを定期的に求め、結果に対処していくしか、生き残る方法がないときになって初めて、動き出すのである。彼らは薄暗がりで生活する方が快適なのだ。安全地帯、保護された特定の市場で、三〇パーセントのマージンさえ確保できればいいという暮らしだ。しかし、市場での競争が世界規模になった今日、その経営スタンスでは生き残れない。彼らの属する限られた業界で、当座をしのいでいくことはできるかもしれないが、長期にわたって市場での競争力を持ち続けられる優良な企業を目指すのであれば、組織改革を断行しなければならない。

情報を手に入れれば、使いたくなるだろう。十分な情報と人員を確保できれば、経営者の自覚は高まり、エネルギーを解き放つようになるだろう。自覚が高まれば高まるほど、社会的、国家的、政治的な意識も成長していく。原則中心のリーダーにとって、情報は力だ。力とは、企業のミッションを達成しようとする強い意志の集合体なのである。

Chapter

22

第22章
ファイナル・プレゼンテーション
Completed Staff Work

会議や委員会にばかり時間を取られている組織への処方せんとして、私はファイナル・プレゼンテーションという実証済みの原則を、経営幹部たちに勧めている。

効果的なヒューマン・リソースのマネジメントは、効果的に人に任せることから始まる。つまり、社員の時間と能力を最大限活用するのだ。私たちは、一人でやるには不可能なほどの仕事を抱えているため、必要に迫られてデレゲーションを行うことが多い。

モーゼとジェスロの例を考えてみよう。モーゼは、ヘブライ人のために、大きなことから小さなことまですべての事柄を裁くことに忙殺されていた。そんな様子を見て、彼の義父ジェスロは助言を与えた。「汝のやり方は賢明ではない。あまりに負担が重く、汝も汝と共にある人間も疲れ果ててしまうであろう。それを一人で行うことは無理である」

ジェスロはモーゼにふたつの助言を与えた。まず、彼の審判を体現する原則を人々に教示し、いちいち彼に教えを乞わなくてもいいようにする。そうすれば、人々は原則に照らし合わせて、自分で考え、判断するようになる。これこそまさに「仕事を任せること《デレゲーション》」である——原則を教え、あとは相手を信用して任せる。次の助言は、忠実な僕を選び、小さなことは彼らに任せ、自分は重要な事柄だけを扱うようにせよ、というものだった。どちらもモーゼにとっては、危険をともなうと同時に、初めの準備に時間がかかるものであった。

デレゲーションを行うには準備が必要であるが、仕事に追われている人は、説明、訓練、委任という準備を行う時間を取ろうとはしないものだ。部下に任せてもいい仕事を自分で行っているマネージャーはこう思っているだろう。「部下に説明するより自分でやった方が早い。おまけに自分の方が上手くできる」。

しかし、すぐに仕事が山積し、説明と訓練を通して部下に仕事を任せたた方が早かったのに、と感じることになるだろう。

同じような正当化を行う経営者たちは多い。「仕事を任せるたびに失敗する。たとえできたとしても、満足のいくものではないので、結局自分がやり直すことになる。それなのにどうして任せなくてはいけないのか？　時間の無駄だ」。しかし、これでは時間に追い立てられる生活からは解放されない。自分の健康や家族を犠牲にして一日一四時間も働き、組織の力を生かすこともできない。私たちは、より重要度の高い問題に時間を割り当てるために、任せる必要があるのだ。デレゲーションに時間を使うことは、長い目で見れば大きな時間の節約となるのだ。

もちろん他人に任せることによって、思い通りの成果が得られなかったり、ときには失敗してしまうこともあるだろう。モーゼは判断を与える代わりに、慎重に人を選び、訓練して、信頼しなければならなかった。もちろん、期待通りにやってくれるとは限らないし、誤りをおかすかも知れないと彼は分かっていた。機械的な仕事以外のことを部下にデレゲーションしようとしない上司は、自分の判断とやり方が正しいと信じている。そして「私はこのやり方で今までやってきた。なぜ変わらなければならないのだ？　なぜ成功に逆らわなければならないのだ?」と自分を正当化する。

確かに、デレゲーションを行うことなく、目を見張るような成果を生むことができる有能な人間もいる。しかし、ファイナル・プレゼンテーションの作成やデレゲーションを行わなかったら、組織も人間もあまり成長しないだろう。なぜなら部下は上司の能力の範囲を出ることはなく、その長所や短所を反映することになるからである。

効果的なマネージャーであれば、デレゲーションの過程で、すべての部下とＷｉｎ－Ｗｉｎの実行協定を結ぶだろう。その際の重要なガイドラインは、ファイナル・プレゼンテーションの原則である。

責任逃れをしないという原則

ファイナル・プレゼンテーションという考え方は軍隊的、権威主義的な管理モデルから生まれた最も良質なアイデアである。この原則は、問題のあらゆる側面を考察し、深い分析を行った上でいくつかの選択肢とその結果を導き出し、最終的にひとつの選択肢に絞る、というものである。

このテクニックによって、社員は自分の能力を精査し、考え抜いた結果としてひとつの明確な提言を導き出す。マネージャーの仕事は、それを承認するか、しないか決断することである。承認したなら、あとは計画を行動に移すだけだ。またこの方法は、「皆で集まってこの問題について話し合おう」という逃避的行動、あるいは相乗効果やグループ・ワークなどを隠れ蓑にして、社員が責任を放棄してしまわないようにすることで、マネージャーの時間を節約することにもなる。

グループで集まって決定を下す場合、人間は最も抵抗の少ない案を選んだり、真剣に考えていないアイディアを議論するだけだったりするため、社員の能力を引き出せない可能性がある。

効果的な経営幹部ならば、社員が自分で課題や問題を考え抜いて、最終的な提案を行うことを求める。たとえ部下から頼まれても、そのプロセスに干渉して簡単に答えを与えたりはしない。部下が案を出すまで待つのである。そうでなければ部下の成長の芽を摘み、自分の時間をも浪費することになるからである。

さらに、調査、考察、決定のプロセスの最中に部下を「釈放」することは、結果に対する彼らの責任感をそぐことになる。

これらを実行するにあたっては、上司には相当な賢明さが要求される。ファイナル・プレゼンテーションは万能薬ではなく、あらゆる状況に当てはまるわけでもない。プロジェクト初期には、ブレインストーミングが必要な場合もあるだろう。メンバー間の合意が必要になることもある。

しかしテーブルに着く前に、各自の宿題をやってくるという原則はどんな場合にも適用される。それは、問題やその影響を理解するという労を惜しんで中途半端なアイディアを持ち寄ることや、考え抜かれた「白書」を準備する前に会議に入ってしまうという過ちを阻止することになる。

では読もう！

ヘンリー・キッシンジャーは国務長官を務めていたころ、彼の部下に、自分の最高の案を提出するよう求めていたという。彼はそれを受け取り、四八時間後に戻ってきて尋ねた。「これが君のベストの案かね?」

部下は答えた。「いえ、もう少し考慮の余地が残っているかと思います。もう少し文章を直すところもあるかも知れません。この案が受け入れられなかった場合に備えて、他の案を考え、その結果を考慮する余地があるかも知れません」

「では、さらに作業を進めるように」

部下が修正案を持ってくると、また同じ問答が繰り返された。「これが本当にベストの案かね?」キッシンジャーは再び尋ねた。

ここでほとんどの部下は自分のプレゼンテーションの欠陥に気づく。このようにファイナル・プレゼンテーションの原則は、部下が自分の案の欠陥に気づき訂正するか、少なくとも欠陥に対する対処法を見つけ出すような責任感を植えつけるのである。

部下はまた小さな欠陥に気づき、キッシンジャーがやり直しを命じ、改善・強化した案を持って帰ってくる。

同じことが三度繰り返されて、キッシンジャーは言った「本当にこれ以上の案はないかね？　最終的な提案かね？　もう直すところはないのだね？」

「今度の案には自信があります。ただ、もう少し言葉遣いを直す必要があるかもしれません。もう少し上手なプレゼンテーションが可能かもしれません」

部下はさらに修正を加えて、戻ってきた。「これがベストの案です。とことん考え抜きました。他の代替案の可能性、その影響なども考察しました。またこの案を実行するための計画を詳細にわたってまとめ、完全な形に仕上げました。自信を持ってこれを発表して下さって結構です」

キッシンジャーは言った。「よろしい、では読みましょう」

このエピソードが示しているのは、部下は上司の時間や労力よりも自分のそれを節約しようとする、ということである。しかし上司の時間は部下のものより重要である。なぜなら上司は部下に最高の案をつくらせなければならないからである。

どうやってファイナル・プレゼンテーションに達するか？

ファイナル・プレゼンテーションに達するためには、次の五段階のプロセスが必要となる。

1．望む結果に対する明確な理解

心理的な契約を結ぶためには、望む結果に対する明確な理解が必要である。いったん契約を結ぶと、社員は自由に行動し、単独あるいは共同して最終案提出の締め切りに間に合うように作業を進めていく。この案には結論のほか、上司が別の案を求めたときのために代替案を用意し、その選択理由も含めておかなければならない。また行動計画は細かく定めなければならない。あらゆるディテールを検討し決定を行うべきである。

2．どのレベルの率先力を与えられているのかを明確にする

命令されるまで待つのか、質問し提案を行うのか、結果をすぐに報告するべきか、あるいは定期的に報告するべきか、といった点を明確にする。

3．前提条件を明確にする

間違った方向へ行かないようにするため、初期の段階で部下が上司からの忠告を求めた場合は、作業を進める前に、上司が定めた前提がきちんと理解されているかどうか確認する必要がある。もし前提が明確

にされていなかったら、まったく見当違いの案を提出して、「私が前提としている条件さえ理解していなかったのか」と上司から言われるのがオチである。

4・ファイナル・プレゼンテーションの作成に従事している社員に、可能な限りの時間、資源活用の権限を与える

十分な情報や資源を得られないまま、ファイナル・プレゼンテーションの作成を期待されることほど、フラストレーションが溜まることはない。しかしあなたが深刻な危機に瀕していて、対応する時間的余裕もないような状態に陥っている場合は、そうした状況を部下にはっきり伝えるべきである。

5・ファイナル・プレゼンテーションを発表し、講評する場を設ける

効果的なプレゼンテーションを行う機会を部下に与えよう。

もう一度言うが、この原則は万能ではない。これは社員が自分の頭で考え、その結果をできるだけ完全なかたちでまとめあげ、最終案を提出するという一連の作業を促すものなのだ。私の経験から言うと、ほとんどの社員は、学習の機会や自分の能力を示す機会を歓迎するものだ。もしファイナル・プレゼンテーションの一連の作業がうまく実行されれば、長い目で見て、皆の時間が節約され、質の高い製品を生み出すことへとつながるだろう。なぜなら作業の過程で、個人の能力や才能の大きさが実感されるからである。

原則の応用

以下に、この原則の応用例をいくつか示してみた。

・スピーチとプレゼンテーション

準備段階でできるだけ多くの時間を部下と過ごすことで、彼らは利用可能な資源や、自分に求められていることを十分に理解することが可能となるであろう。作業を開始する前に、上司にはいくつかやるべき仕事がある。特にスピーチとプレゼンテーションを行って、部下に対しいくつかの点を明確にしなければならない。たとえば「これらは二週間後の会議で議論したいテーマである」とか「私はしばらく出張に出る。戻ってきたら君たちの案を検討しよう」といった具合である。

・部下に課題を検討させる

信頼のおける部下がいたら「この課題について検討し、自分は何をすべきか、またどのような権限が必要か、といった内容をまとめてくれないか」と頼むことができる。言い換えるなら、「私の代わりに検討を進めて、自分で契約書を書いてくれないか」ということだ。

私はこれをある会社で試したことがある。私は座って社員の報告を聞いていたが、その内容は素晴らしかった。幹部も驚きを隠せないようだった。「彼らがこんなに深い考察を行っているとは思わなかった」

・会議のマネジメント

ファイナル・プレゼンテーションという手法は、社員の才能や能力を発掘するだけでなく、会議の効果的な運営にも貢献する。議論のテーマについて分析し、その背景や核心にまでおよぶ考察を行い、代替案も検討した上で最終案をまとめて会議に臨めば、会議は今までよりも有意義なものとなるであろう。

・相乗効果的問題解決

中心的テーマが定まったら、臨時委員会を作って、そこでファイナル・プレゼンテーションをまとめさせることもできる。

たとえば、コミュニケーション、キャリア開発、報酬などが重要な課題となっているとしよう。組織のさまざまなレベルから三〜四人を選んできて委員会を結成し、ひとつのテーマを掘り下げて研究を行い、解決案を提出させる。「こうした理由から、この案を推薦します。代替案とその結果も検討しました。また障害となっている問題と、その原因もつきとめました」。もし彼らが相乗効果を発揮していたら、その案は、あなたも気づかなかった点を指摘するような素晴らしいものとなっているだろう。こうして提出された案が経営者から承認されなかった例を私はあまり知らない。

こうしたプロセスは極端論者（持論に固執し、反対意見ばかり唱えている消極的な人）を軟化させる効果もある。自由討論会（いわば彼らの審判の日）に参加すれば、彼らの消極的エネルギーはすぐに失われてしまうだろう。彼らの手から剣を奪い、中和させる効果があるからだ。また、その方がＷｉｎ‐Ｗｉｎによる解決法につながるので好ましい。

最後に注意点をひとつ述べたい。もしこの原則が社員に理解されていなかったら、こう思われるだろう。「誰がボスだと思っているんだろう？　私たちが彼のやるべき仕事をして、ボスは名前を書いてハンコを押すだけではないか」。またこう言われるかも知れない。「彼はやる気がないんだ。この作業にかかわりたくないんだ」

しかしファイナル・プレゼンテーションのプロセスを上手く行えば、社員は成長し、経営幹部の時間は節約されるだろう。また社員の責任感も増すことになる。そして彼らは責任能力が向上し、さまざまな状況において賢明な判断を行うことができるようになるのである。

Chapter

23

第23章

左脳によるマネジメント、右脳によるリーダーシップ

Management from the left, Lead from the Right

組織において人は生産者、マネージャー、リーダーのいずれかの役割を担っている。どの役割も組織の成功には欠かせない要素である。

もし生産者がいなければ、素晴らしいアイディアと解決策があったとしても、実行することはできない。仕事をする人間がいないからだ。マネージャーがいなければ、社員の役割があいまいになり摩擦が生じるだろう。確立されたシステムも手法もないまま、誰もがばらばらに働くようになるからである。そしてもしリーダーがいなかったら、ビジョンと方向性が失われ、社員は自分たちの使命を見失ってしまうだろう。

どの役割も組織にとって重要であるが、最も大切なのはリーダーである。もし戦略的リーダーシップが欠けていたら、従順な社員が「成功のはしご」を上っていって最後の段に手をかけた瞬間、それは間違った壁にかけられたはしごであった、と気づくような事態が起こりかねない。

次に示す事例を考えてもらいたい。

・自動車産業

二十数年前、洞察に満ちた予測を無視して、アメリカの自動車会社は燃費の悪い大型車ばかりを生産していた。この先見性のない経営の結果、会社の業績は大幅に悪化し、回復には大変な労力を要することになった。

・鉄鋼業界

老舗大手企業は、時代遅れの圧延機を使い続けながら、非常に低コストで高品質な鉄鋼を生産するハイテク外国企業や国内の新興勢力に対抗しようとしていた。

・銀行業

アメリカの大手銀行のほとんどは第三諸国への貸し出しによって、そのバランス・シートが脅かされた。古い経営手法では発展途上国に多額の貸し出しをすることは、社の財務諸表にとってプラスになると考えられていた。経営者らは社会不安、高い失業率、急速なインフレの進行によって、返済が不可能になるかも知れない、という点を見落としていたのだ。

・運送業

鉄道業界は自分たちの根本的な役割――輸送手段の提供――を見失って、鉄道敷設工事に精を出していた。その結果、パイプライン、航空、トラック輸送などにシェアを奪われることになった。

・会計

経営者たちは金融資産や物的資産ばかり重視して、最も重要な資産である人間を無視している。

このように間違った壁にかけられたはしごを、がむしゃらに上っていくという例はいろいろなところで見られる。ピーター・ドラッカーによると、組織が設立されて数年も経つと、その使命や根本的な役割が忘れ去られて、効果性や仕事の内容よりも、手段や効率、正しいやり方などに注意が向けられるようになることが多い、という。どうも我々は過去の成功体験に固執して、時代遅れになっているにもかかわらず、こうした遺物を現在や未来にまで適用しようとする傾向があるようだ。伝統的な手法や習慣は本当に変えにくいものである。

マネジメント対リーダーシップ

だからこそリーダーの役割は継続的成功に欠かせないのである。リーダーシップの役割は方向性を決める、つまりはしごが間違った壁にかけられていないかを確認することである。一方マネジメントが扱うのはスピードである。しかしスピードが二倍になっても、間違った方向に到着するのであれば愚の骨頂である。また、使命を念頭に置きつつビジョン、効果性、結果を扱うのもリーダーシップの役割である。マネジメントは、その結果を達成するために組織の構造やシステムを確立する。これは能率、コスト分析、ロジスティクス、方法、手段、方針に焦点を当てて行われる。

リーダーシップは目標に焦点を置き、マネジメントは結果に主眼を置く。リーダーシップに力を与えるのは、正しい原則と価値観である。マネジメントは資源を組織化して、目標や結果を達成できるようにする。

もちろんマネジメントとリーダーシップがそれぞれ独立しているわけではなく、リーダーシップはマネジメントの最上位の構成要素であるとも言える。リーダーシップはふたつの役割に分類することができる。ひとつは、ビジョンと方向性、価値観と目的に関連する部分、もうひとつは共通のビジョンと目的を持って働けるように、社員を鼓舞することである。ビジョンをもちながらも、チームづくりの能力に欠けるリーダーもいれば、反対に社員にやる気を出させるのは上手だが、ビジョンに欠けるリーダーもいる。

チームをつくる者として、リーダーは、機能不全を引き起こす摩擦があれば、これを改善しなければならない。また補完的なチームにおいては、多様性が強さの源になっている、ということを認識しなければならない。したがって、社員を均質化する必要もなければ、自分のイメージに合うように変える必要もないのである。社員が同じ目標を抱いている限り、役割の違いは重要ではない。社員がお互いを尊敬していれば、違いというものは上手に活用されるはずである、それは弱点ではなく、組織の強みとなるのだ。

リーダーの基本的な役割とは、チーム内の人間がお互いを尊重し、それぞれの長所が活かされ、弱点を補えるようなチームをつくることである。マネージャーの本質的な役割は、生産者の力を効率良く使って何倍もの成果を生み出すことである。生産者は袖をまくり、問題を解決し、結果を得るためになすべきことをやるのである。

この3つの役割の内、どの仕事が社員の好みやスタイルに合うのかを研究することは、最も有益で興味深い作業である。たとえば、生産者やリーダーよりもマネジメントの資質を要求されるような職種に就いている社員の私生活を見てみると、マネージャーやリーダーよりも生産者に向いた嗜好やスタイルを持っていることがある。言うまでもないが、仕事内容と個人の嗜好が異なれば、本人にとってフラストレーションの種となるだけでなく、他人からの非難も招くことになる。また自分の仕事の中で、3つの役割の内どの側面が重要なのかということについて、同僚や上司との間に見解の相違がある場合、問題はさらに深刻になるだろう。

左脳と右脳

世の中には、生産者としては素晴らしいがマネージャーとして劣る人や、マネージャーとしての能力はあるがリーダーの素質に欠ける人がいる。なぜこうしたことが起こるのか考えるとき、脳に関する研究が参考になる。研究によれば人間の脳は左右ふたつの半球に分かれており、それぞれが違う機能を持ち、異なる情報を処理し、種類の違う問題を扱うということである。

両方とも論理的思考、創造的思考に関わっているが、左脳は主に論理、右脳は主に感情を扱っている。また左脳は言語、右脳は画像を扱い、左脳は部分と分類について、右脳は全体と関係を扱うのである。さらに左脳が事象を分解して分析するのに対し、右脳は事象をまとめ、統合する。左脳は順序立った思考を行い、右脳は一度に全体を考える。左脳は時間の感覚を持ち、目標と現在の位置との距離を測ることができる。一方、右脳には時間の感覚がない。左脳は体の右側を支配し、右脳は左を支配する。

こうして見てくると私たちは、左脳が支配する世界に住んでいると言える。つまり言葉や計測、論理が重視され、創造性、直感、芸術性が軽んじられ、ときには罰せられる世界に住んでいるのである。典型的な男性文化（マッチョ）や、左脳重視の学術偏重主義の世界においては、創造的、美的、直感的な能力（女性的と考えられることが多い）は否定されるばかりか、追放されることさえある。

東洋文化では、人間のふたつの側面、陰と陽が指摘される。陰は女性的側面、陽は男性的側面である。組織に関するものも含めてすべての書物がこのテーマを扱っている。多くの組織では素晴らしいマネジメントのシステムが構築されているが、心が欠けている。一方、心はあるが、優れたシステムと管理、知性が欠けている組織もある。

古代ギリシアの哲学者は効果的な説得の過程を、エトス、パトス、ロゴスという言葉で語っている。エトスとは人間の信頼性、私が信頼残高と呼ぶものである。パトスとは感情や動機のことであり、右脳の働きである。そしてロゴスとは論理的思考であり、左脳の働きである。

右脳と左脳の働きを、3つの根本的役割や組織に当てはめてみると、マネージャーの役割は主に左脳的、リーダーの役割は主に右脳的であると言える。生産者の場合はその仕事の性質による。言語的、論理的、分析的な仕事であれば、主に左脳の範囲であり、直感的、情緒的、創造的な面の強い仕事であれば右脳の範囲であろう。

優秀なマネージャーでありながら、リーダーの資質に欠ける人はおそらく厳格な人格を持っており、組織を運営する際には、優れたシステムと手法、職務要件書などを用いて社員を厳しく管理するだろう。しかし、それでは社員の心にやる気が芽生えず、良い成果は得られないだろう。なぜなら、そこには感情も心もなく、すべてがあまりに機械的で形式的、厳格で保守的であるからだ。外から見て、組織化がうまくなされていないようなルーズな組織の方が、はるかに大きな成果をあげられるだろう。社員が共通のビジョン、目的、使命感を持っているからこそ、本当に意義深い目標が達成できるのである。

したがって私の提案はこうだ。「左脳でマネジメント、右脳でリーダーシップ」

もちろん理想は、左右両方の脳にまたがる能力を開発することである。そうすれば状況を正確に認識し、適切なツールを用いて対処することができる。たとえばチェスについて誰かが尋ねたとしよう。「最善の一手は？」すると私たちはまず「その状況は？」と聞かなければならない。それが分かれば最善の手を考えることができる。もし「どのゴルフ・クラブを使うのが一番いいかな？」と聞かれたら、まず私たちが尋ねるべきは、コースの地形やボールの転がり方、ピンの位置などである。状況を正確に分析することが第一であるが、その際にも左脳と右脳両方のスキルが要求されるのである。

左右の機能的なバランスを取るため、人によっては弱い方の脳を鍛える必要があるかも知れない。たとえば、左脳の支配が強い人は、感覚や触覚、視覚的なイメージを通してコミュニケーションを図ったり、耳ではなく目で聴く訓練をしたり、芸術活動に参加したり、創造的な問題解決策を考えるなどして意図的に右脳を鍛えるべきである。反対に右脳支配が強い人は、分析的なプロセスを踏んで問題解決を図ったり、言葉や論理を通じたコミュニケーションを行ったり、教科書を読んだり、あるいはコンピューター・サイエンス、法律、企業会計、応用科学などの分野の科学的・技術的教材を研究するなどして、潜在的な左脳の能力を鍛えるべきである。

短期的な展望しか持たず、目先の利益に固執し、客観的データばかりを重視する組織では、こうしたリーダーシップの開発は無視され、「半脳の」経営幹部が育てられている。危機的な状況にあるとき以外は、彼らはビジョンや方向性について部下と会話したり、チームを作ったり、部下の成長を考慮したり、計画作成会議を開いたりすることはない。

もし、リーダーシップに関する事項が予定表に載っていたとしたら、それは一番下、「その他」の欄に書かれているのが普通だ。予定表の一番上に載っている生産とマネジメントに関する作業や、突発事項に対処することで疲れ果ててしまい、リーダーシップに目を向けることなどほとんどないのが、経営者たちの現状なのである。

多くの個人や組織が、間違ったジャングルに迷い込み、間違った壁にはしごをかけ、間違った方向へ歩んでいる。しかし戦略的リーダーシップが発揮されれば、組織から間違った方向性を排除し、もう一度組織を立て直すことが可能となる。

戦略的リーダーであれば、方向性とビジョンを示し、愛情を持って社員を鼓舞し、互いの敬意に基づいた補完的なチームをつくり上げることができるだろう。ただし効率よりも効果を重視し、方法、手段、システムよりも方向性と結果を重視する姿勢が大事だ。生産者がなたを振るって木を伐採しながらジャングルを進み、マネージャーはなたを研ぎ、進行表を作成し、生産者を訓練するプログラムを展開する。そんな中、賢明で勇敢なリーダーなら、ときどき方向を確認して「違うジャングルだ！」と叫ばなければならない。たとえ「静かにしろ！　おれたちは作業中なんだ」という返事が返ってくると分かっていても。

Chapter 24

第24章

トータル・クオリティーの原則

Principles of Total Quality

商品とサービスのトータル・クオリティーを獲得するためには、いくつかの普遍的原則と目的にそって行動しなければならない。

トータル・クオリティーというものを考えるとき、商品やサービスの質だけでなく、私たち自身の生活や人間関係についても注意を向ける必要がある。

トータル・クオリティーのパラダイムでは、継続的な改善が求められる。どんなに成功しているように見えても、企業も社員も現状に満足すべきではない。もし利害関係者から常に正確なフィードバックを受けとっているなら、現状に満足することなどできないはずである。利害関係者のニーズや期待を理解することは、品質向上を達成するための第一歩であるが、目指すべきは彼らのニーズを満足させ、さらには期待を超えるものを提供することである。

トータル・クオリティーの4つの領域

トータル・クオリティーを達成するためには、次の4つの領域において継続的な改善を続ける必要がある。

1．自分自身の成長と仕事における成長
2．人間関係
3．マネジメントの効果性

PSパラダイム
原則中心リーダーシップの4つのレベル

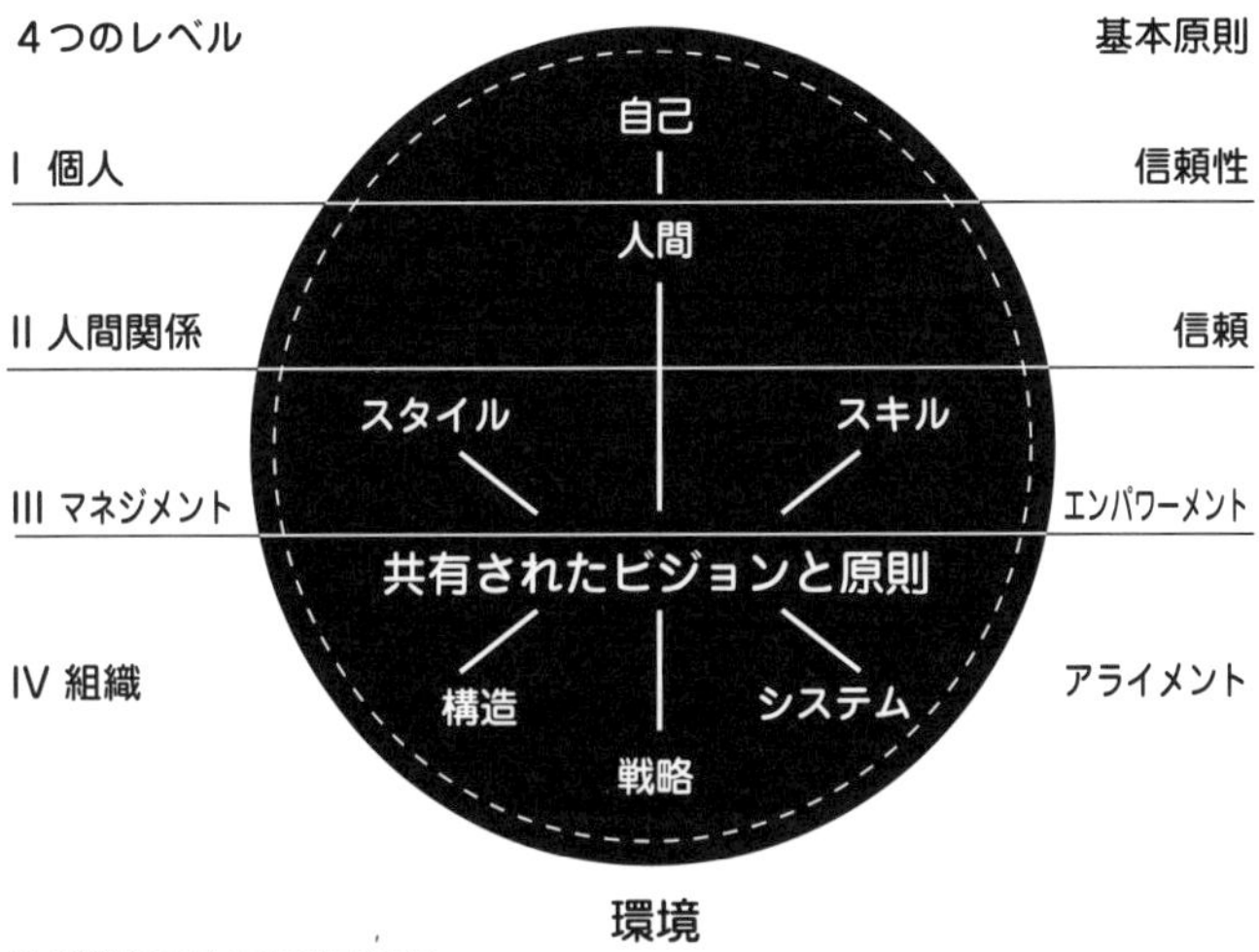

4．組織の生産性

・自分自身の成長と仕事における成長

「自分しだいで未来は変えられる」私はこの言葉が好きだ。あなたや私こそがトータル・クオリティーの鍵だ。これは、私が言うところの品質に対するインサイド・アウトのアプローチである。インサイド・アウトとはまず自分——パラダイム、人格、動機——から始めるということである。この方法では、人格の変化（人材を変えるのではない）が必要となってくることが多い。

経済界のイザヤ、エドワード・デミング（統計学者。来日し品質管理の必要性を教えた）は、組織の問題の九〇パーセントは全体的な問題（欠陥のあるシステムなど）であり、社員個人に関する問題は一〇パーセントに過ぎないと語っている。多くの経営者はこのデータを誤解して、構造やシステム（プログラム）を改善すれば、社員（プログラマー）の問題は消えてしまうと思いこんでいる。しかし実際にはその逆が正しいのだ。つまり一〇パーセントを直せば、他の問題はなくなるのである。なぜなら社員こそがプログラマーであり、システムや構造を使う主体であり、そこに彼らの人格と能力が表出するからである。もしプログラムを改善したければ、まずプログラマーから変えろ、ということである。組織の戦略、構造、システム、スタイルをつくり出すのは社員である。それらは社員の心と知性のあらわれなのである。

高いトータル・クオリティーを誇る企業をつくるための鍵は、トータル・クオリティーを持つ社員を養成することである。つまり主観的で内的な価値観ではなく、自然の法則や原則を反映した指針、外的・客観的で真北を指す「コンパス」を用いることができるような社員が必要なのである。たとえば、競争に勝つことや、他人との比較によって安心感を得ているような社員は、どんな報酬システムをつくり出すだろうか？　社内での競争やランキングに基づいたものをつくるのだろうか？　しかし競争に報酬を与えるのであれば、品質改善に必要な社員どうしの協力はどうやって得るのだろうか？

アメリカのある大企業の人材育成責任者は私にこう言った。「私たちは、あなたのプログラムからひとつの非常に有益な教えを受けました。そしてチームワーク、コミュニケーション、社員のエンパワーメントを改善して個人の効果性を高めた結果、我が社の海外での利益は一年で九〇パーセントも伸びました」。ある経営幹部は、原則中心のリーダーシップはトータル・クオリティーの種を育てるための「土壌」を用意するものだ、と語った。彼の発言は、品質の問題を解決する前に、まず経営幹部自身が知性と精神を鍛えて高い思考力を持ち、新しい仕事のやり方を実践するために自らの頭脳や能力を鍛えていく必要があるということを示唆している。自分の仕事をどう考えているかということが、実際の仕事内容以上に影響を与えることもあるのだ。

「品質を最優先事項にできない企業は、アメリカの激しい競争の中で生き残っていくことはできないであろう」。これはマルコム・バルドリッジ賞の受賞者の言葉である。未来を予測する最善の方法は、コンパスを使って、過酷で変化の激しい環境を乗り越えていきながら、未来をつくり出すことである、という結論を彼らは導き出した。時を超えた効果性の原則は、心の中にバランスの取れた不変の核をつくり出し、あなたの思考のレベルを新たな段階へと引き上げてくれるだろう。品質の改善にあたって社員に目を向ける手法を採用すれば、システムはプロセスと調和し、社員の潜在能力とエネルギーは解き放たれ、すぐに利益に反映されることだろう。

人格とスキルの向上は、継続的な改善と進歩という上向きの螺旋を描く。個人面でのトータル・クオリティーとは、価値観の統合である。そして個人的にも仕事においても常に成長していくという価値観もここに含まれている。

エドワード・デミングの提唱する原則、目的の一貫性は、まず目的や使命を持つべきだということを示唆している。やるべきことを明かにし、未来へのビジョンを持つべきなのだ。成功に共通する特徴は、強力に人を導き、鼓舞し、高め、力を与える目的を持っていることである。心の中にはっきりとした目的意識を抱き、目標を持って始めれば、それがすべてを導いてくれるだろう。潜在意識から創造性が解き放たれ、記憶ではなく想像力によって行動するようになるだろう。過去ではなく未来を見る心を得たあなたは、過去に縛られることなく、将来の可能性を考えるようになるのだ。

継続的な改善とは、中途半端な状態で満足しないということである。顧客が満足するということはないであろう。したがって正確なフィードバックを顧客から得ているなら、改善への動機を失うことはないはずだ。改善するか後退するか、ふたつにひとつなのである。

多くの経営幹部らは関係者からフィードバックを受け取ることを恐れている。それに耐え得るだけの心の安定性がないのである。しかしフィードバックは勝者の昼食である。勝者は常にフィードバックを得て学習し、日々自分のパフォーマンスを向上させていく。個人と組織の改善計画は、正確なフィードバックに基づくべきものであり、あいまいな一般的データは役に立たない。皮肉なことに、他人が自分をどう思うか気にすればするほど、フィードバックを恐れるようになる。なぜならそれによって自己イメージが組み立てられ、社会の鏡の中で安心感を得ているからである。他人からどう思われようと気にしないという態度の人ほど、実は人の目を気にしているのである。

・人間関係

人間関係でのトータル・クオリティーとは、常に信頼残高に預け入れを行うことである。常に好意的関係を育み、不安感ではなく信頼に基づいた交渉を行うことである。サービスや製品を継続的に改善していくという期待を相手に抱かせておきながら、それを裏切れば相手は不安を抱き、あなたに対して消極的なイメージを持つだろう。

企業も人間の体と同じく相互依存的な関係を持つひとつの生態系である。そこでは品質達成への信頼が基盤となり、バランスのとれた相乗作用が生み出されなければならない。もし4つのレベルにおける原則中心のアプローチ以外の方法で品質を達成しようとすれば、その努力は必要であるが十分ではない、ということになる。

信頼残高はすぐに消えてしまう。特に継続的なコミュニケーションと改善への期待が裏切られたときは要注意である。コミュニケーションが途絶えれば、相手はかつての不安感を思いだし、消極的なシナリオに基づいて思考を展開し始める。

独立した営みが展開される結婚生活や仕事といった人間関係では、相手の信頼口座に常に新規の預け入れを行っていないと、過去の預け入れはすぐに消えてなくなるだろう。古くからの親友の場合は、新しく期待することがあまりないので、多くの新規預け入れを必要としない。久しぶりに会っても前回の地点から親しい関係をスタートできる。しかも親友との間では、お互いに不愉快な話題は避けて楽しい思い出を語るだけである。しかし結婚、家族、仕事などの生活の場では毎日、痛みをともなう問題を扱うことになる。したがって常に新しい預け入れが必要となるのである。もし一日に一、二回の抱擁をしなかったら、すぐに残高不足となってしまうだろう。すぐに残高が減ってしまうのが信頼口座の性質なのである。

一日一、二回の抱擁とは、肉体的抱擁だけでなく、感情、言葉などによる抱擁のことである。人間関係の品質はこうした預け入れを常に行うことで維持されるのである。

・マネジメントの効果性

マネジメントにおける品質は、基本的にＷｉｎ‐Ｗｉｎの実行協定を結ぶことで得られる。それは、心の中や仕事の現場で起こっていることと自分が一致していることを確認することでもある。Ｗｉｎ-Ｗｉｎの協定は、いつでも見直しが可能である。それは地位を巡るやりとりではなく、相乗効果を考慮したうえでの改変が望ましい。また市場の動き・変化を取り入れることも必要だ。したがって協定を結ぶ者どうしが自由に見直しについて話し合えるようなものにすべきだろう。

Ｗｉｎ-Ｗｉｎはチームワークをつくり出す。一方Ｗｉｎ-Ｌｏｓｅは競争心を生む。部署ができれば、生きながらえようとするのが自然だから、競争心は確立されたシステムにおいては普通に見られる。また限られた資源しかないときも、競争心が生まれてくる。その場合、仕事の世界は限られた大きさのパイとして捉えられ、Ｗｉｎ-Ｌｏｓｅのアプローチが台頭してくる。そうすると社員たちは、違う部署の「あちら側の人間」を負かして、自分たちの帝国を繁栄させるために会社の資源をどれだけ多く取ってこられるか、といったことを話し合うようになる。これでは最大の競争相手は自分の隣に座る人間だ、ということになりかねない。社外で日夜熾烈な競争が繰り広げられているというのに、どうして内部で競争が必要なのだろうか?

Ｗｉｎ-Ｗｉｎ、ミッションへの忠誠、目的の一貫性を得るためには、社員の団結が必要である。陰で他人の悪口を言うような風潮はＷｉｎ-Ｌｏｓｅをますます増大させる。もし問題があるなら、相手のところに行って徹底的に議論して解決を図り、チームの団結を強めるべきである。社内で競争心を持つことは混乱のもとである。

テクニック、実践、プロセスに対して品質を求める人が多いが、彼らは、品質を高めるにはまったく違うマネジメントが必要なのだということを理解していない。すべての偉大なブレークスルーは、古い考え方との決別である。古い眼鏡をかけたまま現状をながめていてもブレークスルーは得られない。眼鏡を外してレンズを調べることが必要なのである。

マネジメントとリーダーシップの違いは何か？　マネジメントは眼鏡をかけて仕事を遂行するが、リーダーシップは眼鏡のレンズを調べて言う。「これは正しい考え方だろうか？」。マネジメントはシステム内部でシステムを動かすが、リーダーシップはシステムそのものを扱う。リーダーシップは方向性、ビジョン、目的、原則、目標、社員教育、企業文化の育成、信頼口座の開設、社員の成長などの分野を担当し、マネジメントは管理、ロジスティクス、効率性を扱う。リーダーシップは目標を管理し、マネジメントは結果を管理する。手は足に対して「お前はいらない」などと言えない。リーダーシップもマネジメントも、効果性も効率性も両方必要なのだ。

テクニカル面を強調する人は多いが、エドワード・デミングが言うところの人材マネジメントを重視する人はとても少ない。それではどうやって支援者あるいはコーチとしてのリーダー、という考え方を実行していくのだろうか？　心の壁を取り払い、不安を払拭して、自尊心を芽生えさせ、協力して活動できるチームをつくり出すにはどうすればいいのか？　人間こそが問題の中心である。なぜならプログラマーは人間であり、人間がすべてをつくり出すからである。

社員は原則によって管理され、正当なプロセスを経る権利を持っていることを知るべきだ。経営者が社員の生活を気ままに操るようなことをすれば、信頼口座から大金を引き出すことになるだろう。会社の競争力維持、あるいは存続のため、コスト削減を強いられる場合には、正当な手続きにしたがっているかどうか注意する必要がある。さもなければ、すぐに残高不足となるだろう。そしていったん不安が社内に広がると、誰もが次は何が起こるのかと心配するようになる。

かつてある大企業の副社長が、私にこう語ったことがある。「人生で二度、怖い思いをしたことがある。一度目は硫黄島で、目の前で上陸部隊の第一波の三分の二が殺された後に、浜辺を駆け上がっていったときだ」

私は尋ねた。「二度目は？」

「朝、会社に来たときだ」

「どうして？」

彼は言った。「社長が何をするか分からないからだ。私は、彼が社員をいきなり首にするのを二度ほど目撃したことがある。とても恐ろしくて忘れることができないよ。いつ自分の番がくるかとビクビクしているんだ」

基本原則を一度破っただけでも、相手を深く傷つけてしまう。今度はいつ破るか分からないと思われてしまうため、そのたった一度の出来事があなたの人間関係に悪影響を与えてしまうのだ。

マネージャーの仕事はエンパワーメントである。そしてエンパワーメントは基本的に「人に魚を与えれば、一日食べさせることができる。だが、魚釣りを教えれば、一生食べさせることができる」ということなのだ。原則を与えてエンパワーすれば、社員は自らを管理して働くようになる。彼らは自主性を発揮するようになるのである。社員に原則（ガイドライン、利用できる資源、Ｗｉｎ－Ｗｉｎの評価基準、報酬や賞罰など）を示せば、仕事を任せることができる。また社員を十分にエンパワーすることで、あなた自身のパラダイムも変化する。あなたは奉仕者になるのだ。もはや社員を管理するのではない。社員が自らを管理するのである。そして、あなたは彼らを援助する側にまわるのである。

もし社員に影響を与え、エンパワーしたいなら、まず彼らが優れた潜在能力と才能を秘めていることを認めなければならない。彼らの意図、視点、言葉遣い、懸念、顧客、上司との関係などを理解するようにしよう。誠実であることも大切だ。また彼らの精神的絆を傷つけるようなこともすべきではないし、信頼性を保つことも忘れてはならない。社員をエンパワーすることは、コントロールの範囲を広げ、諸経費を減らし、不必要なお役所的手続きを排除することにもつながる。

エンパワーメントは、豊かさマインドという考え方に基づいている。これは、すべての人を十分に、あるいはそれ以上に満足させることが可能であり、他人と共有すればするほど、自分も多くのものを得る、という考え方である。他人の成功に脅威を感じる人は、すべての人間を競争相手と見なしてしまう。こういう人は欠乏マインドを持っている。このマインドを持つ人は、力、利益、評価を他人と共有することがなかなかできない。

・組織の生産性

私たちはシステムや環境の産物ではない。それは確かに強い影響をおよぼすが、私たちは反応を選択することができる。こうした認識から生まれるのが、主体的なリーダーシップである。主体性は真のリーダーシップには欠かせない要素である。あらゆる偉大なリーダーは、高いレベルの主体的エネルギーとビジョンを持っている。彼らは「私は、自分が属する文化や環境、境遇の産物ではない。自分の価値観、考え方、行為の産物であり、こうした要素は自分の支配下にある」という感覚の持ち主なのだ。

デミングは、品質はトップから始まる、という点を常に強調していた。つまり品質のパラダイムが社員全員の心と頭に浸透していく過程において、組織のリーダーシップが大きな影響をおよぼしているということである。さらに、品質の危機はテクニックよりも根本的な問題であり、解決には新しいパラダイム、役割の見直し、マネジメントの改善などが必要である、と記している。品質の改善とは、物事を上手くこなすということではなく、違うやり方をする、ということなのだ。

組織の継続的改善の中心となるのは、利害関係者にまつわる問題を解決することである。ほとんどの組織は財務データとその分析によって問題の解決を図るが、日本やアメリカのトップ企業は、すべての利害関係者(企業の繁栄に関わる人々)から情報を収集し、注意深く意見を聴き、それらの分析に基づいて解決案を策定する。だからそうした企業は常に改善されていくのだ。もし改善のパラダイムが一度きりの、一定期間だけの、非体系的な改善であるなら、トータル・クオリティーには近づくことができない。

財務会計では誰もが八段階のステップを教えられる。データの収集、分析、目標の設定、代替案の作成と選択・評価、決定、実行、結果と目標との比較・検証、そしてまたデータに戻る、というプロセスである。ところがヒューマン・リソースの会計ではデータの収集というひとつのステップで終わってしまう。データを分析する方法すらほとんど知られていない。ましてや分析に基づいて課題や問題点の重要度を測って優先順位を決め、目標の達成基準を定めて行動計画を策定することなどなおのこと、行われていない。

利害関係者の情報システムは、ほとんどの組織で構築されていない。もちろんマネジメントはある種の調査を通してデータを収集するだろうが、行動を起こして変化を生まなければ、期待は幻滅に終わるだけである。そして次に情報を集めようとしたとき、社員の不信感を目の当たりにするだろう。こうした組織での品質改善は確実性がなく、社員が品質改善に真剣に関わっているかどうか、ということに左右されることが多い。

真の品質改善は、マネジメントが利害関係者の情報システムを中心にすえて問題解決に取り組むことによって達成せれる。ほとんどの組織ではデータを収集するツールさえない。そのような組織では、問題解決にヒューマン・リソースのアプローチを適用せず、人間関係のアプローチ――「愛想良くしなさい」など――を使用するが、これは実質的には優しい権威主義に過ぎない。したがって社員は真剣に取り組もうとはしないだろう。この場合、トータル・クオリティーの改善はあくまで会社のプログラムであって、社員一人一人の哲学や価値観とはなり得ないだろう。

私は利害関係者の情報システムを構築することを勧めている。株主、顧客、社員、地域社会、取引先などの要望と期待を収集し蓄積するシステムは、どんな組織においても有効であると思う。もし体系的、科学的な方法を用い、無作為抽出によって匿名の情報を収集できれば、それは財務会計データに劣らぬほど、正確で客観的な情報と言えるだろう。取引先、顧客たちに対する対応改善の進行状況が一目で分かるようにしなければならない。ヒューマン・リソースの会計システムを体系的・科学的に運営し、データに基づいて問題解決を実行できない企業は、五年以内に競争に敗れて消滅するだろう。

さらに私は、顧客や取引先と相乗効果的関係を築くことも推奨している。競争が必要な分野以外に協力が可能な分野があるはずである。相互依存的なチームワークが必要とされる部分では、可能な限り競争を排除し、相乗効果を得られるように努力すべきである。協力やチームワーク、素晴らしいアイディアに対しては報酬を与えるようにしよう。性別や人種だけでなくアイディアの多様性はとても強力である。特に社員がお互いの認識、感情、意見、背景などの違いを尊重し、価値を見いだすことができた場合には、その効果が増大するであろう。

ほとんどの人は、相乗効果の素晴らしさを体験したことがないために、それを実践しようとしない。そうした人は、相乗効果とは受動的な協力や妥協であると思っている。また相乗効果的な人間に出会ったことがなく、関係者がみな変貌してしまうような相乗効果的な環境に居合わせたこともない。取引先や顧客とそうした関係を持ったこともないだろう。したがって、いくら善意を持ち努力を続けても、トータル・クオリティーを達成することはできないのだ。

総合的哲学

トータル・クオリティーとは総合的哲学であり、4つの領域すべてにわたる継続的な改善というパラダイムである。そしてこれは連続的なプロセスである。自分が達成しなければ組織でも達成できないのである。社員が変わらなければ、組織も改善されないのである。システム自体を変えることはできるだろう。しかしどうやって社員にシステム改善に取り組ませるのか？　まず社員が、改善の障害を解決するために同僚と協力できるくらいに成長することが必要だろう。

トータル・クオリティーという原則中心のアプローチは、世界が生み出した最も価値あるもののひとつである。私たちは、テクニックより人間重視のトレーニングを行っている。なぜならトータル・クオリティーの根源と本質は、顧客の購買傾向と動機への共感にある、と確信しているからである。すべては顧客（外部、内部両方）や利害関係者からのフィードバックによって導かれる。トータル・クオリティーの鍵は、利害関係者の言葉に耳をかたむけること、つまり理解してから理解される、ということである。

どうして継続的改善の原則は、組織や個人によって、もっと十分に実践されないのだろうか？

・第一に、私たちはまだ十分に傷付いていないためであろう。かつて一度だけ「ブラック・マンデー」を体験して震え上がったことはあるが、総じて我々は、緩やかに温度が上昇するぬるま湯に浸かったカエルのような状態である。もしこのまま一〇年も経てば、私たちの経済は他人の手に握られてしまうだろう。経済の後退と悪化が続けば、我々はもっと強い社会に売られてしまうかも知れない。

・第二に、私たちは自分のライフスタイルを変えようとしない。トータル・クオリティーにはライフスタイルの変化がともなうことは分かっているのだが、それは生産ラインの前に立つ社員が変わるのではなく、生産ラインの最後で何らかの工夫をして変えるような類いのものであってほしいと願っているのだ。どうやって社員を訓練するのか？　どうやって適格な社員を採用するのか？　どうやって企業文化を育むのか？　こうした困難な問題に立ち向かうのはつらいものである。

・第三に、優れたアメリカの企業でさえ、品質というものを単なるプログラムや、ひとつの分野と見なしている。それが組織の構造やシステム、スタイルなどに組み込まれることはない。

トータル・クオリティーは普遍的原則に根付いている

・誠実、希望、謙虚さ
・労働、勤勉さ、研究、検証
・不変性、一貫性、予見可能性
・継続的な改善と進歩
・測定と認識に基づいたフィードバック
・人間関係における美徳と真理

根がなければ果実は得られない。同様に、トータル・クオリティーを支配する原則を無視して、手法やテクニックだけで、質の高い製品やサービス、人間関係を得ることはまず不可能だ。品質は、あらゆる個人や組織に、長期的な競争力を与えるものである。それを企業文化や個人の人格に根付かせることに成功すれば、決して他の組織から真似されることはないだろう。

Chapter 25

第25章

トータル・クオリティーのリーダーシップ

Total Quality Leadership

近年、品質こそが、アメリカ経済の生存と繁栄の鍵であるという認識が広まるにつれて、企業規模の大小にかかわらず、製造業でもサービス業でもトータル・クオリティーへの動きは急速に拡大している。

どんな種類のものが採用されたとしても、トータル・クオリティーの原則とプロセスは、有害な一過性の流行や応急処置よりもはるかに好ましい。トータル・クオリティーは、マネジメントの理論と実践の分野で起こった、二〇世紀最大の包括的で意義深い変革である。しかし、品質改善の努力にもかかわらず、多くの国内企業が衰退し、少なくとも十分な成功は得られていないのが現状である。その結果、経営者、管理職、労働者たちの間にフラストレーションと無力感が広がっており、トータル・クオリティーへの道のりの長さを思い知らされる。

では何が問題となっているのだろう？　多くの場合、問題は基盤を持っていないことである。ではどうやって解決したらいいのだろう？　私たちの原則中心のリーダーシップ（ＰＣＬ）は、何年にもわたって、顧客にトータル・クオリティーの成功の基盤を提供してきた。彼らはＰＣＬを「失われた要素」とか「リーダーシップと人間の構成要素」とか「トータル・クオリティーを結合させる糊」、「トータル・クオリティーのインフラ」などと表現し、「トータル・クオリティーが機能するための触媒」と呼ぶ人もいる。

なぜ、「原則中心のリーダーシップ」と「7つの習慣」は、今まで実現できなかったトータル・クオリティーを達成させることができるのか？　別にマジックがあるわけではない。トータル・クオリティーを獲得するには、エドワード・デミングがいつも指摘していることが必要である、ということを発見しただけである。それは、基本的な原則と習慣を実行することである。そして、どんな組織でも実現可能なことである。

トータル・クオリティー——リーダーシップと人間のパラダイム

皮肉なことに、トータル・クオリティーの主要な要素——リーダーシップと人間——はデミング自身が語るように、品質の森の中に失われてしまったようである。経営者は品質の葉である統計的プロセス管理にばかり目を向け、リーダーシップと人間という根っこの部分を無視してきた。

以下の要素を組み合わせて、トータル・クオリティーのプログラムを構築している企業はどれくらいあるのだろうか？

自動化	新しい設備
勤勉	最善の努力
責任感ある社員の育成	目標管理
特典システム	奨励金
仕事の基準	看板方式
無欠点運動	会議仕様書
QC（品質管理）サークル	統計的プロセス

デミングは言う。「違う！」「全部間違っている！」ここに書かれている要素は、どれもトータル・クオリティーを代弁するものではない。しかし無欠点運動、品質管理サークル、目標管理、統計的プロセス、看板方式が違うのなら、何がトータル・クオリティーなのか？

これらのいくつかは、トータル・クオリティーに貢献する（損なうものもある）ものであるが、保証するものではない。ここに、トータル・クオリティーを真に理解し、原則中心のリーダーシップを通してそれを実現する鍵がある。デミングによれば、トータル・クオリティーは見る人の目の中にあるという。それは品質の生産者が品質であると信じるものである。工場の労働者にとって、品質は職人技のプライドであろうし、オーナーにとっては利益の増加、顧客にとっては安い価格で見栄えもよく、長持ちする靴であったりする。

しかしつまるところ、品質とは顧客が認めるものである。他の利害関係者――オーナー、経営者、労働者、納入業者――は、品質の決定者である顧客の要求を無視して長生きすることはできない。したがってすべての品質運動は顧客にフォーカスしなければならないのである。顧客がドルや円を使って投票した結果選ばれたものが品質なのだ。

しかし顧客の判断や品質をどうやって知るのか？　デミング博士によると、品質は、品質の機能、プロセスにあるという。そしてこの品質のプロセスを構成するふたつの必須要素――リーダーシップと人間――を作動させるために必要な原則と応用のツールを提供するのが、原則中心のリーダーシップである。

マネジメントの変革

トータル・クオリティーは、リーダーシップと人間に関するパラダイム（世界の見方）であるため、成功のためには、原則中心のリーダーシップが欠かせないものとなる。デミングの著書に次の言葉がよく出てくる。欧米企業の衰退を止め、アメリカの産業界が世界的競争力を回復するためには、「欧米型の経営スタイルを根本的に変える」ことが最も重要である。では主にどのような点を変えなければならないのか？「マネジメントの仕事は監督ではなく、リーダーシップだ」とデミングは語る。「西欧型マネジメントを変えるために必要なのは、経営者がリーダーになることだ」

彼は著書『Out of the Crisis（危機からの脱出）』の中で、「この本の大部分はリーダーシップに関する記述だ。ほぼすべてのページで、良いリーダーシップの原則や、リーダーシップの良い例と悪い例が紹介されている」と述べている。そこではリーダーシップに関する「14のポイント」がさまざまな形で紹介されており、「アメリカ産業界の変革の基礎」やその成功度を測る基準が提供されている。

トータル・クオリティーの目的は、消費者が望む製品やサービスを提供し、継続的に改善を行っていくことであり、結果として企業の他の利害関係者も仕事や利益が得られるようにすることである。原則中心のリーダーシップの目的は、社員や組織をエンパワーして、やりがいのある目標を達成させ、何ごとにおいても効果的になれるようにすることである。したがってそれは、トータル・クオリティーよりも広範囲で包括的な内容を持つものである。トータル・クオリティーの理論と方法論に原則中心のリーダーシップを適用することで、組織はトータル・クオリティーの目標を達成することが可能になる。原則中心のリーダーシップは、組織のあらゆる部分でトータル・クオリティーと一体化して、成功の基盤となるのだ。

また原則中心のリーダーシップは、組織以外にも個人や家族単位など、あらゆる人間関係に適用可能である。それは、愛、平和、調和、協力、理解、忠誠、創造力など価値ある目標を達成に導き、マネジメントも含めてすべての人間関係をより効果的なものにする。こうした点がトータル・クオリティーとの違いである。

トータル・クオリティーのリーダーシップ

欧米産業界の衰退を食い止めるために必要であるとデミングが説く、根本的な変革とは何だろうか？　それは、トータル・クオリティーを実現する前に、マネジメントが根本的に変わらなければいけないということだ。その心構え、態度、基本的パラダイムを変えよ、ということなのだ。彼が論じているのは、アメリカ型のマネジメントは、社員や他のすべての利害関係者、特に顧客や取引先と自分たちの関係をどう見ているか、という点である。

現在のアメリカ型マネジメントとリーダーシップのパラダイムでは、社員は物資として捉えられている。適正な賃金を与えて、それに見合った労働を得る。そこには、人間関係やヒューマン・リソースの考え方はほとんど見られない。もし社員に対して優しく接し、彼らの意見をときどきでも尋ねれば、心のこもった返事が返ってくるだろう。その結果、労働の質も変わるだろう。

最も重要な資源である人間の潜在能力を引き出すために、アメリカ型マネジメントがやってきたことと言えば、リップサービスぐらいである。「アメリカの最大の損失は、社員の能力を使えないことにある」とデミングは嘆く。アメリカ型マネジメントでまず変えなければならないのは、人間の本来持っている価値や尊厳を大切にし、潜在的な可能性を最大限に発揮する「本来の動機」に目を向けることである。

今までの古いマネジメントによって、社員の本来持っている忠誠心、創造性、質の高い貢献などが破壊されてきた。今求められているのは、こうした障害を取り除き、社員を真の意味でエンパワーし、本来の能力を引き出すことである。仕事に誇りと喜びを持つことは、皆の権利である。それを妨げているのがマネジメントなのだ！　トータル・クオリティーを達成するために、経営者はリーダーとなり、社員から創造性、革新的思考、ディテールへの配慮、生産プロセスに対する分析、といった潜在的能力を引き出さなければならない。言い換えれば、経営者はエンパワーメントを与えるリーダーにならなければいけないのである。

変革の基盤

デミングのトータル・クオリティーの理論では、何をするべきか、その理由は何か、ということについての説明はあるが、どうやってそれをするのか、つまり実際の方法についてはあまり研究されていない。原則中心のリーダーシップは、この「どのようにすればいいのか」という部分を補うものである。組織と社員のパラダイムを変え、反応的で管理志向の経営から、主体的でエンパワーメント志向の経営に変化していくには、どうしたらいいのか？

デミングの「14のポイント」は、トータル・クオリティー達成のためになすべきことの単なるリストではない。それは統合的、相互依存的、全体的なものである。したがってパラダイム、プロセス、手法が組み合わされたひとつの相関的なシステムとして捉え、実践すべきである。それは、社員から最大限の効果性を引き出し、製品・サービスの質を高めるために必要な、マネジメントとリーダーシップの完全な枠組みを提供するものなのである。

7つの習慣は、原則中心のリーダーシップの基本的な要素であり、人間の効果的な相互関係の基本的原則、時を超えた永遠の原則を反映している。それは人間関係や個人の問題を解決するための、簡単な応急処置ではなく、さまざまな場面で常に適用していくことで、個人、人間関係、組織に根本的変革をもたらす習慣である。

デミングの14のポイントと同じく、7つの習慣も統合的、相互依存的、全体的、連続的である。それはひとつひとつ積み重ねられ、一体となって組織の効果性や人間関係の成功を支える、実践的な基盤なのである。

原則中心リーダーシップは、7つの習慣と、関係する基本原則を含んでいる。原則中心リーダーシップは基本原則と応用のプロセスに焦点を当てているので、人格と思考の真の変革が生じてくる。まず組織内部の人間がインサイド・アウトのアプローチで変わり、その後、根本的で持続可能な企業文化の変革（トータル・クオリティーへの意欲など）が組織内部で起こる。個人の変化が組織の変化に先行するだけでなく、個人の質が組織の質に先行しなければならないのである。

たとえばスキル・トレーニングが方法やテクニックだけに焦点を当てている場合、根本的な個人のパラダイムや前提まで変わることは、ほとんどない。チームを育てるためにコミュニケーションのスキルを学んでも、部下を常に監視していないと製品の質が落ちるとか、エンパワーし過ぎると自分の地位が脅かされるというような考え方を上司が持ち続けていると、その効果は長持ちしないだろう。

しかし、社員は質の高い貢献をしたいという意志と能力を持っており、エンパワーメントは監督者の全体的な効果性を向上させるのだ、という新しいパラダイムを上司が持ったとしよう。すると原則中心のエンパワーメントの手法を用いて、監督者は社員を援助し、その潜在能力を発揮させることができるだろう。したがって、高い信頼レベルを支えるシステムと構造の中で根本的なパラダイムを実践していけば、生産的なコミュニケーションのスキルを養成することは、長期的に有効であると言えるだろう。

7つの習慣と関連する原則を習得すれば、組織や人間は変わることができる。この変革こそが、トータル・クオリティーを成功に導く鍵――多くの人々にとっては、失われた鍵――なのである。

Chapter 26

第26章

7つの習慣とデミングの14のポイント

Seven Habits and Deming's 14 Points

トータル・クオリティーの基本原則を実行できる経営者はあまりいない。相互依存的な人間関係を向上させていかなければ、相互依存的なシステムとプロセスを継続的に改善していくことはできないからだ。

7つの習慣に関係する原則とプロセスを実践していくことで、相互依存的状態（最大のコミュニケーション、協力、相乗効果、創造性、プロセスの改善、革新、トータル・クオリティーなどを実現するために必要な条件）を保ちながら効果的に働くことが可能になる。部署間の障壁を取り除く、取引先との友好関係を築く、品質の改善に皆で取り組む、リーダーシップを発揮する、継続的な改善と革新、顧客のニーズを予測するといったトータル・クオリティーの基本となる作業において、人間関係の効果性は必須条件である。

情報はそのままでは無意味である。それを分析し、解釈し、必要な予測を立てる理論を伴って初めて意味を持つのである。統計的な分析の目的は、マネジメントを援助し、理論を開発し、理解と予測を行い、最終的には、品質の大敵であるばらつきを抑え込むことである。

マネジメントの重要な目標は、すべてのシステムを安定させ、正確な予測を行うことである。いったん安定と予測可能性が得られれば、プロセスは管理・改善され、ばらつきは減少する。統計的分析は、理解・予測を通してシステムにおけるばらつきを減少させるための基本的ツールである。システムやプロセスのさまざまな構成要素の内、最も重要で、ばらつきがあり、不安定で予測ができないものは何か？　もちろん人間である！

人間は唯一無二の存在である。同じ人間は二人といない。そして文化的条件や脚本づけに影響を受けている。また感情を持っているため、その仕事は環境条件、あるいは気分や他人に影響を受ける。したがって仕事のパフォーマンスが日によって、人によって変わってしまう。

人間以外のシステムの構成要素を設計し、作成し、管理するのは人間である。デミングによると、ばらつきや欠陥の原因の九〇パーセントは、個人ではなく、システムにあるという。社員が不安定で多様で、そのパフォーマンスが予測不可能であればあるほど、彼らが設計・作動させるシステムもまた不安定でばらつきのあるものになってしまう。社員のパフォーマンスを安定させ、エンパワーメントによって一貫性と予測可能性を増大させることは、ふたつの利点を生む。品質も安定するうえ、システムやプロセスも一定になり、予測の範囲内におさまるようになるのだ。デミングは、人間、人間どうしの相互作用、彼らが活動・学習する場であるシステム、本来のあるいは外来性の動機などを、もっと理解しなければならないと説く。

原則中心のリーダーシップをトータル・クオリティーに適用する利点は、社員がエンパワーされ、内的な動機を持ち、パフォーマンスが安定し、継続的な改善に積極的に臨むようになる点である。またトータル・クオリティーの目標や組織の戦略的計画と調和する安定したプロセスとシステムを設計、実行、管理する際の助けともなる。主体性を発揮して7つの習慣を実践すれば、人間の行動は他人や気まぐれな感情に支配されることはなくなり、不変の安定した原則にそったものとなるのだ。

デミングの14のポイントを実行するための7つの習慣

デミングの14のポイントや他のトータル・クオリティーの原則と比較しながら、7つの習慣を手短に見ていこう。デミングのポイントは①〜⑭で示してある。

第一の習慣　主体性を発揮する——自覚、ビジョン、責任の原則

主体的とは、活動的、積極的である以上のものである。自分自身の原則（気分、感情、他人の行動ではなく）に基づいて、外的な刺激に対する反応の責任を取り、なおかつ率先力を持つということである。また人間や組織が遺伝、歴史、環境などによって支配されているという見解を拒否するものである。主体的な人間や組織は自覚を持っている。自分の行動に責任を持ち、うまく行かないからといって他人を責めたり、非難したりしない。影響の輪の中で働き、他人に影響を与えるために、まず自分を変える。過去の脚本づけを否定し、自分の潜在的可能性を想像し、理想の姿を目指す。他人がこうした挑戦を行っている場合はそれを認め、援助する。

デミングも、現代のマネジメントのこうした問題点を認めている。「ほとんどのマネジメントは反応的な行為である。熱いストーブに触れてサッと手を引っ込めるのと同じである。猫でも同じことをする」。主体性は、価値観と原則に基づいて決定し行動する習慣なので、実質的にデミングの14のポイントの基礎を構築している。①目的の一貫性、②組織全体で新しい理念を取り入れる、③検査手法を変える決断、④取引先と新しい関係を築く、⑤継続的な改善、その他のすべてのポイントは主体的リーダーシップと主体的な賛同者を必要とするのだ。

⑨部署間の障壁を取り除く、⑧恐怖感を取り除く、⑭変革を達成するため全員で取り組む。こうした目標に向かって、すべての社員、組織、マネジメント、労働者が責任を持ち、他人を非難したり責めたりすることなく、原則中心のリーダーシップとトータル・クオリティーの原則にしたがって行動すれば、どうなるだろうか？　率先力、創造性、改善への提案、その提案による行動が組織内から溢れ出し、数えきれないほどのメリットを享受できることだろう。

第二の習慣　目的を持って始める――リーダーシップとミッションの原則

リーダーシップは物より人間に焦点を当てている。また短期より長期、設備より人間関係の向上、行為より原則や価値観、手段やテクニックやスピードよりもミッション、目的、方向性に焦点を当てている。最大の効果を得るためのプロセスにそって組織や個人のミッション・ステートメントを作成することが、この原則を応用するための鍵である。

デミングは以前、ポイント①を書き換えた。「サービスと製品の改善に向けて目的の一貫性を持つ」から「個別目標の意味と組織の目標を記述した声明書を全社員に公表・配布する。マネジメントは、この声明書に対する忠誠を行動で示していかなければならない」に変えたのである。

私たちは、何百という組織、何千という人々のミッション・ステートメントづくりを手伝ってきた経験を通して、ビジョンと目的を明確にし、責任とやる気を培う人間の力の大きさを目の当たりにしてきた。ただし、それは正しい原則とプロセスを守って人材開発や配置を行ったときに限られる話であって、それ以外の場合はミッション・ステートメントは単なる嘲笑の対象にしかならない。そして組織の戦略や毎日の行動の基礎となる企業憲章とは正反対の働きをしてしまう。多くの人々は、自分のミッションは人生に大きな影響をおよぼすということを知っている。その影響力はミッションを記述した書類だけで生み出されるのではなく、ミッションを実行していくプロセスが生み出すものだ。②新しい理念を取り入れる、⑦リーダーシップを習得する、⑧恐怖感を取り除く、⑩説教やスローガンを廃止する、⑪ノルマや目標を掲げるのをやめる、⑭変革を達成するため全員で取り組む、などを実行するためには、リーダーシップの原則や共通のミッションに対する忠誠心が必要だ。会社と社員が交流を通じて、それぞれの原則、価値観、ニーズ、ミッション、ビジョンを明確にし、共通点を見い出すまでになれば、責任感、創造性の発揮、革新への取り組み、エンパワーメント、品質の改善などが前進し始めるだろう。

第三の習慣　重要事項を優先する――役割と目標にしたがって時間と優先順位を管理する

自分の原則と価値観にそって主体的に行動するという誓いを立てれば（第一の習慣）、その価値観や原則を明確にし（第二の習慣）、第三の習慣を応用して、価値観や原則にしたがって生活することが可能となる。多くの人々や組織は、予定に優先順位をつけるという考え方で時間管理に取り組んでいる。しかし個人や組織のミッションを検討して決定した重要事項や、役割や目標との関連で定めた優先事項について予定を立てる方が、ずっと効果的である。つまり価値ある目的を達成するために、行動計画を作成・実行するという原則を応用したものが、第三の習慣である。

優先事項を中心に時間を管理し、重要事項を優先するようになるにつれ、仕事や私生活での目標追求を、より効果的に行えるようになる。より大きな効果を生む活動や優先事項を重視し、適切なタイミングで労力を割り当てることができるようになると、製品やサービス、そのプロセスにおいてトータル・クオリティーを大きく向上させることが可能となる。

①目的の一貫性を保つために、今日なのか明日なのかという問題、つまり短期的な課題と長期的な課題のどちらを優先するのか、という点が重要になるとデミングは語る。「目の前の問題のもつれた結び目にかかりっきりになるのは、簡単なことだ」。②新しい理念を取り入れ、⑭変革を達成するため全員で取り組むために必要なのは、変化と実行計画であり、その遂行を支援するのが第三の習慣である。また、⑤生産とサービスのシステムを永続的に改善するためにも、重要事項を優先する習慣に基づいたマネジメントの原則と実行計画が要求される。デミングの統計的プロセス管理の原則と差異分析を、効果的に他のトータル・クオリティーの原則を原則中心のリーダーシップに結びつけるのが第三の習慣なのである。

第四の習慣　Ｗｉｎ‐Ｗｉｎを考える――お互いの利益を求める原則

デミングの14のポイントの大部分とトータル・クオリティーの理論全体の基礎を成すのが、この原則である。デミングは「破壊力」の中で、世の中には協力というものが溢れているにもかかわらず、学校、スポーツ、家族、政治、仕事、教育の場での競争を通してＷｉｎ‐Ｌｏｓｅの経験が獲得される、と述べている。

あらゆる相互依存的関係において、Ｗｉｎ‐Ｗｉｎを考えることは、長期的な効果性を得るために欠かせないことである。これは「誰もが満足できるだけの量がある」という豊かさマインドの考え方と密接に関係している。この考え方によって、相手の勝利を自分のものと同じくらい切実に望む気持ちや、関係者全員の利益を模索しようとする姿勢が育まれる。私たちの社会には競争的なＷｉｎ‐Ｌｏｓｅのパラダイムが蔓延しているが、その原因はアメリカ型マネジメントにある、とデミングは主張する。さらに、たとえ競争相手であったとしても、あらゆる利害関係者との間でＷｉｎ‐Ｗｉｎの関係を結ぶべきだ、と述べている。

これらの原則を実行に移す前に、個人間あるいは組織間でＷｉｎ‐Ｗｉｎの実行協定を結ぶことが必要である。コミュニケーションと信頼を通じてアプローチを行えば、すべての利害関係者間でＷｉｎ‐Ｗｉｎの実行協定を築くことが可能である。

③検査の必要性をなくす、④ひとつの物品の仕入れ先をひとつに絞る、⑤システムを永続的に改善する、⑥トレーニングを実施する、⑧恐怖感を取り除く、⑨部署間の障壁を取り除く、⑪目標、ノルマ、目標管理型マネジメントを排除し、⑫職人のプライドを奪う障害を取り除く。こうした条件を実行するためには、第四の習慣「Ｗｉｎ‐Ｗｉｎを考える」の原則、プロセス、応用ツールが必要になる。取引先、統括者、部長などさまざまな利害関係者との間にＷｉｎ‐Ｗｉｎの関係を結ぶことは、デミングの原則を効果的に実行するための強力な推進エネルギーとなるだろう。

第五の習慣　理解してから理解される——感情移入のコミュニケーションの原則

これは、おそらく人間の相互作用における最も強力な原則であろう。相手から理解される前に、本気で相手を深く理解しようとする姿勢である。すべての人間関係の問題の基礎にあるのは、お互いを完全に理解していないという事実である。私たちは、他人の目や心を通して世界を見ることができないため、意見の相違が実際よりも大きくなってしまう傾向がある。そして誤解が生まれ、相手の動機や物の見方を疑うようになる。また私たちは自分の考えを押し通そうとする気持ちが強いため、反対意見を非難し、自分の立場を守ろうとする。さらには相手を裁き、査定し、探りを入れ、尋問する。このように、ほとんどの場合、私たちは理解するために聴くのではなく、反応するために聴いているのである。

感情移入のコミュニケーションができれば、相手の要求、考え、基本的なパラダイムをはっきりと理解できるだけでなく、私たちも相手から正確に理解されているという保証を得ることができる。真の感情移入のコミュニケーションには言葉、考え、情報だけでなく、感情や思いやりもある。相手を深く理解するために（防衛、攻撃をやめ、裁きを下すことなく）心のエネルギーと時間を費やすことは、相手の意見に同意し支援することになる、と私たちは教えられ、脚本づけされてきた。これは誤った習慣であるが、断ち切り難いものである。しかし理解してから理解される、というパラダイムは、トータル・クオリティーを最大化するためには欠かせない。

第五の習慣によって、利害関係者の情報システムを実践することができるようになり、マネジメントは会計報告書から分かるもの以上の情報を収集し、解析することが可能になる。つまり、会社の経営を理解するうえで最も重要であるとデミングが指摘する、「隠れた、あるいは隠すことのできる」情報が、より明確になり、管理しやすくなるのである。

デミングの14のポイントは、いずれも組織のシステムと社員の関係、そして社員どうしの関係を明確に理解し、正確に解釈する能力を基本としている。社員、マネジメント、労働者間のコミュニケーション、また会社と取引先、顧客と企業の効果的なコミュニケーションはトータル・クオリティー運動には欠かせない。

社内で常に十分なコミュニケーションが取られていない場合、どうやって①サービスと製品の改善に向けて目的の一貫性を保つことができるだろうか？　まず市場を理解しようとしないで、どうやって①製品やサービスを革新していくのか？　コミュニケーションが不明瞭であるため、新しい理念が理解されず、変革への不信感が漂っている中で、どうやって②新しい理念を取り入れ、⑭変革を達成するため全員で取り組むことが可能になるのか？

⑫職人のプライドを奪う障害を取り除く、⑪目標やノルマ、MBO（目標管理型のマネジメント）を廃止する、⑩スローガンや説教を廃止する（そのためには十分なコミュニケーションが必要である、とデミングは述べている）、さらに⑨何年にもわたって築かれてきた部署間の障壁を取り除く。どうすればこうした変革は可能となるのか？　どうしたら関係者の理解が得られるのか？　そうした変化が必要な理由、どんな利点があるのか、どんな機会が与えられ、どんな責任が生じるか、ということはどうしたら完全に理解されるのか？――誠実で正直で正確な対話、双方向の感情移入の対話だけがそれを可能にするのである。⑦リーダーシップを習得する、⑤継続的な改善、⑥⑬トレーニングを行う――これらはすべて組織全体の完全な理解と効果的なコミュニケーションがないと実行できない。

トータル・クオリティーのふたつの土台であり基本的パラダイムである「リーダーシップと人間」

に必要なのは、感情移入のコミュニケーションを組織全体に行き渡らせることである。しかしコミュニケーションのスキルだけでは不十分である。だから第五の習慣、感情移入のコミュニケーションが必要なのである。外的な刺激に反応するのではなく自らの価値観にしたがって主体的に行動することで、マネジメントが原則中心になる（第一の習慣）、社員がミッションと目的を共有し、組織に対して、また同僚に対して誓いを立てる（第二の習慣）、マネジメント側がその言葉を実行するだけでなく、価値観を誠実に守り、社員の信頼に値する信頼性を持つ（第三の習慣）、常に相互利益やＷｉｎ－Ｗｉｎを考える精神を持つ（第四の習慣）――こうした条件が満たされなければ、組織や社員の間に効果的なコミュニケーションは生まれず、トータル・クオリティーも達成されないだろう。

第六の習慣　相乗効果を発揮する――創造的な協力の原則

合計は個々を足し合わせたものより大きくなる。これはエンパワー型の経営スタイルや、社員支援型の構造とシステム（そのすべては原則中心のリーダーシップによって開発される）によって相乗効果が生み出す結果である。開かれたコミュニケーションと信頼が存在する環境では、相互依存的に働く社員たちは、個々の能力を別々に足し合わせた場合よりも、大きな創造性、改善、革新を生み出すことができる。

社員と経営者がＷｉｎ－Ｗｉｎの精神を実践し、感情移入のコミュニケーションを行い、信頼性に基づいて信頼関係を築くとき、それらの努力は相乗効果として実を結ぶ。そして相乗効果はトータル・クオリティーの達成――継続的な改善と革新――という最高の結果をもたらす。

一人一人が別々に行動するより、相互依存を通して相乗効果を発揮した方が、（死に至る病や障害を克服し、破壊力に抵抗することも含め）デミングの14のポイントの課題は、もっと迅速かつ完全に解決されるだろう。相乗効果的な問題解決が可能になれば、現在や未来の困難な問題も①目的の一貫性を持って取り組むことができる。また相乗効果によって③品質を保つため大規模な検査を行う代わりに、新しい市場分析や設計、生産プロセスを導入することができる。またＷｉｎ－Ｗｉｎの実行協定も含めて④取引先と新しい関係を築きパートナーを組む際にも、効果的な相乗効果が必要になる。

創造的、相乗効果的なリーダーシップなくして、どうやって⑤生産とサービスのシステムを永続的に改善するのだろうか？　効果的な相乗効果がなければ⑥仕事の障害を取り除き、社員の能力を最大限に活かすため最適なトレーニングを開発することはできない。また⑧恐怖を取り除くには信頼関係が築かれなければならない。そして信頼は、相乗効果的な相互作用を通して育まれる。⑧⑫評価面接が、取り調べや裁きの場ではなく、相乗効果的な教育、指導、そして問題解決の場となるなら、恐怖と疑念が信頼と自信に変わり、さらに大きな相乗効果と創造力への道を開くだろう。さらに⑨部署間の縄張り争いや障壁を、横断的な協力態勢やコミュニケーションに換えようとするとき、必要な協調と効果性を生み出す触媒となるのも相乗効果である。

第七の習慣　刃を研ぐ――継続的な改善の原則

人間や組織は主に４つの特徴とニーズを持っている――①肉体的あるいは経済的、②知的あるいは心理的、③社会的あるいは情緒的、④精神的あるいは全体的。これら４つの領域で各自の能力を常に鍛えていくことは、他の領域も含む全体的な改善のための鍵である。原則中心のリーダーシップは、個人や組織がいかに能力を発達させて、これらの領域のニーズを満たしていくか、という点に焦点を当てている。常に学習を怠らず自分の能力を発展させていけば、さまざまな状況で原則を応用したり必要なツールを使いこなすことが可能となる。第七の習慣は、他のすべての習慣に最大限の効果性を付与するものなのだ。

組織レベルで第七の習慣を応用すれば、ＭＩＴのピーター・センゲが言うところの「学習する組織」へと生まれ変わるだろう。継続的な改善は組織を覆う傘となり、その下でシステム、プロセス、そして製品とサービスのトータル・クオリティー運動が進められていく。このプロセスの実践と第七の習慣によって、組織自体がさらなる能力の拡大と改善へ向けて動き出すだろう。

デミングのポイント⑤「生産とサービスのシステムを永続的に改善する」は、明らかに「刃を研ぐ」の直接的応用である。第七の習慣は、この改善のプロセスに必要なすべての要素を含んでいる。社員が今まで以上に安定した成果を生み出すようになるには、⑥トレーニングや第七の習慣の実践に加えて、社員の行動を安定させる原則中心のリーダーシップの全要素が必要となる。デミングの⑬教育と自己改善の積極的なプログラムを全員に解放する、という提案は、原則中心のリーダーシップの第七の習慣「刃を研ぐ」でプロセスと原則を再学習し実践していくことで効果を発揮する。

トータル・クオリティー運動を進める中で原則中心のリーダーシップを実践する利点は、疑う余地がないほど大きい。原則中心のリーダーシップこそがトータル・クオリティー運動を押し進めるのである。なぜなら組織のミッション、つまり製品、サービス、プロセスの継続的改善への責任感、忠誠心、創造力、一貫した高い生産性、そして潜在能力の最大限の発揮といったものを社員から引き出すことが、原則中心のリーダーシップの目指すものだからである。そして、これがトータル・クオリティーの条件であり、原則中心のリーダーシップが生み出す成果なのだ。

デミングの14のポイントの要約

1. 競争力を保持し、組織を存続させ、仕事を提供するために、サービスと製品の改善に向けて目的の一貫性を保つ。組織の目的と目標を記述した声明書を全社員に公表・配布する。マネジメントは、この声明書に対する忠誠を行動で示していかなければならない。
2. 新しい理念を取り入れる——経営者も社員も。欧米型のマネジメントは、新時代の経済に挑戦し、社会に対する責任を背負い、変化へのリーダーシップを取らなければならない。
3. 品質を達成するために、検査に頼ることをやめる。最初に製品自体に品質を持たせることで、大規模な検査の必要性をなくす。プロセスの改善とコスト削減を目指すという検査の目的を理解する。
4. 価格だけでビジネスを評価するのはやめる。代わりにトータル・コストを最小化する。ひとつの物品に対する仕入れ先をひとつに絞り、長期的に忠誠と信頼の関係を築く。
5. 生産とサービスのシステムを永続的に改善して、生産性と品質の向上を図り、コストを継続的に削減する。

6. トレーニングを実施して新人のスキルを向上させる。またマネジメントが組織のすべてのプロセスを理解できるように支援する。
7. リーダーシップを習得する。マネジメントや労働者を指揮する者は、社員や設備に気をくばり、共に働き、仕事の質を向上させるべきである。
8. 恐怖感を取り除いて、皆の効果性を高める。信頼関係を築く。革新を生む土壌を作る。
9. 部署間の障壁を取り除く。
10. チーム、グループ、スタッフの努力を、会社の目的と目標に適合させる。
11. 社員に対してスローガン、説教、生産目標を掲げるのをやめる。
12. 生産ノルマや目標をいくつも掲げるのをやめ、代わりに改善の手法を学び、作成する。
13. 目標管理型のマネジメントをやめる。代わりにプロセスの可能性と、改善の方法を学ぶ。
14. 時間給労働者やマネジメント担当者から、職人のプライドを奪う障害を取り除く。年間評定や特典システムなどの制度を廃止する。
15. 教育と自己改善の積極的なプログラムを全員に徹底する。
16. 行動計画を策定し、変革を達成するため全員で取り組む。

Chapter 27

第27章
沼地をオアシスに変えよう
Transforming a Swamp into an Oasis

頭の中で沼地を想像してほしい。陰気で暗くじめじめしていて、地面は不安定だ。泥が溢れ、水が満杯、水草がびっしりと生えている。流砂の危険もある。水面にはアメンボが滑っているのが見える。ワニの姿もあるし、虫、蜘蛛、蛇、その他さまざまな動物が沼の周りの環境に適応して生活している。沼の水はよどんでいる。新しい水を運んでくる川もないし、沼の水が出ていく気配もない。周りにはカビや苔が育ち始めている。嫌な悪臭が漂っている。水が腐っているようだ。ムッとした空気が立ち込め、沼の中では病原菌が繁殖し、朽ち果てた植物が点在する。

今度は陰気な沼地を壮麗なオアシスへと変えてみよう。古くて腐った水を抜くと、沼は乾き始める。常にきれいな水をたたえられるように入水路と排水路を配し、新しい水を注入していく。地面はしっかりと安定し、悪臭はなくなった。周りには植物が生え始め、草木が花を咲かせる。辺りには素晴らしい芳香が漂っている。香気は、癒しと充足を与えてくれる。緑の草が生い茂り、木々がざわざわと音を立てる。青い水がそこここから吹き出し、小さな水たまりを形成している。

沼地はオアシスに生まれ変わったのである。美しい樹木が透明で清らかな湖面に木陰をつくり、頭上では太陽が明るく真っ青な空を演出している。水を飲むこともできる。とても安全な水だ。オアシスは今や人々を魅了し、惹きつける。人は休息しに、仕事のため、そして社交の場としてオアシスを訪れるようになった。品質条件を表す言葉で説明するならば、美しい、うっとりする、素晴らしい。魅力的、魅惑的、玲瓏、壮麗、穏やか、などの単語が口をついて出てくるだろう。

あなたの状況を変えていこう

もしあなたが沼地を、魅力的なオアシスに変えていくとしたら、どのようにその作業を進めていくだろうか？　目の前に広がる悪環境や悲惨な状況を改善するにはどうすればいいのか？　驚くべき変貌は、小さな変化の積み重ねなのである。

変化の前提条件として、あなたの企業は、学校ではなく農場でなければ駄目だ。自然の法則と永続的な原則を中心に据えておかなければならない。なぜならこの法則は普遍のものだからだ。

政治的な沼地を、トータル・クオリティーを第一に考える文化的オアシスに変えるには、効果的な習慣を伴った人格と原則を土台とした人間関係を築くことが必要不可欠である。人格と人間関係は、質の高い組織へと変革してくための基盤なのだ。

想像してほしい。もし、敵対心に満ち、形式主義で、保護主義、そして、政治的な駆け引きが渦巻く、泥沼然とした企業文化を、自然の法則と原則を基礎としたオアシス的な文化に変えられるとしたら、あなたの手にする利益は、莫大なものになるはずだ。管理体制を、人々の能力とエネルギーを引き出し、自由裁量を基礎としたものに変えれば、経費の大幅削減につながるだろう。しかしどうやって？

基本的には、内的な安定性を高めていけばいいのである。組織の内側が安定していれば、市場の変化や状況に応じた柔軟な対応が可能になり、外側の現実に適応していくことができる。内的安定性の低い人間は、周囲への適応能力も低くなる。安定がないと、安心感を追い求めるようになる。天地が逆になる前に、予知し、備えたいと思うのである。安心感を組織のシステムや構造に要求する場合もある。これは官僚主義的な構造を生むだけだ。企業は時代遅れになり、適応能力は低くなるだろう。

市場のめまぐるしい変化についていけず、取り残されてしまうに違いない。

内的な安定を欠く状態にある人は、自分の決意や欲求を変えようとは思わない。安定を外側から得ている人間にとって、視点の変更は、脅威でしかない。私たちは、一貫性と安定性を内側に持たなければならない。揺れ動く地面の上でずっと暮らしていけるはずがない。毎日が地震ではたまらない。そこで、安定の確保のために、予見可能なものをつくり出した。それが、構造やシステムであり、規則と規範なのである。しかし、規則や規範は新しい水脈、いわば新しいアイディアを遮断するものであり、組織の状況への適合と変革を阻害するものでしかない。水脈を断たれた企業は泥沼化が進む。水はいつまでたっても浅く、淀んでいる。臭気が立ち込める（社員はそれに気づいている）。競合企業が同じような状況にあれば、生き残れる見込みはある。しかし、新しい企業が登場してきたら？ そこは、高い信頼関係で結ばれ、チームワークが素晴らしく、勤勉で、品質管理と技術革新を常に志している企業だ。彼らの方法を学び、自分たちの文化の中に取り込んでいこうとする努力はできるかもしれない。しかし、その文化を根付かせる土台がなければ、すべてが徒労に終わるだろう。泥沼からは抜け出せない。

組織環境が政治的で、そこに働く人々が報酬や待遇に不満を抱いていた場合、何が起こるだろう。まず、社員は現状の改善と是正を声高に叫び出す。そして、労働組合を結成し、社会的な立法行為を求め、集団抗争を繰り広げようとする。このような運動は、人々の帰属意識や、社会的認知に対する願望、創造的なエネルギーや能力を使用し、目的と大義を持ちたいという精神的欲求が、満たされていないことのあらわれなのだ。にもかかわらず、ほとんどの組織では相も変わらず政治的なショーが繰り広げられ、社員は運を天に任せるしかないような状況にある。

このような企業文化は依存度の高い人間を育ててしまう。依存状態にある人に、エンパワーはできない。ほとんどのエンパワーメントが失敗に終わるのは、この状況を無視しているからである。さも自立してエンパワーされているように行動する人間もいる。しかし彼らは大ぼら吹きである。もちろん、彼らに任された業務は失敗に終わるだろう。まったく見当違いの方向に物事が進んで行くのを察知して、経営者たちはエンパワーメントをやめさせる。権限を取り上げ、組織は威圧的、実利的な力を行使する管理モードに突入していく。「あなたのその行為には、この処置をします」というわけだ。過去に成功した方法は、新しい挑戦者たちには効力を持たない。過去の成功は今の失敗である。

もし、あなたが原則中心のパラダイムを持っていれば、原則中心のリーダーシップをすでに習得したも同然だ。このリーダーシップは政治的パラダイムを持つ人間にも有効である。原則中心の人間の近くにいて、その高潔さからくる力から影響を受けないでいるのは難しい。このような人が中心となる組織では、政治中心の人間は、襟を正して、きちんとやるか、辞めてしまうかどちらかだ。原則中心のパラダイムを行動指針とする人間が、黙々とやるべきことを実行していく姿は、政治に明け暮れる人の最も苦手とするものである。彼らは、誠実さを恐れるのだ。このようなタイプの人間が、影響を受けて変わるか、もしくは組織から出て行くうちに、企業文化は内側から変革されて行くのである。あなたは、沼地がオアシスに変わるのを目の当たりにするだろう。

原則中心のリーダーは、共通のビジョンと核となる原則をつくり出し、抑止力を減少させようとする。マネージャーは組織の推進力を増大しようとする。推進力、すなわち組織の筋肉（財力と人材の能力）を増やせば、一時的に企業の業績はアップするだろう。しかし、この上向き成長は、緊張を伴うものである。緊張度が高まり、はじけると、新しい問題が生まれ、更なる推進力が必要になる。業績は悪化し、最初に推進力を投下した時点まで戻ってしまうか、もしくはそれ以下になるだろう。そのとき、組織が疲労し不信感が充満していれば、事態はもっと深刻になる。推進力のマネジメントはマネジメントを危機に陥れる。多くの物事が宙に浮き、対処しなければならない問題が山積みである。それにかかり切りの社員は、エネルギーを浪費していく。日々持ち上がる緊急事態への対応で、人々は疲れ切っている。しかしながら「希望は永遠に不滅」だ。新しい率先力とともに新しい希望が生まれてくるのである。

「トータル・クオリティー」というオアシスは、望む状態を指している。品質向上戦略は、継続的な改善の原則を基礎としている。生産物やプロセスの質の向上だけでなく、継続的革新を目指す努力である。継続的革新とは、顧客のニーズと要求を先取りし、欲求される前に提示していこうという方針だ。単なる顧客満足の上をいく試みであり、深い忠実性を持った消費者の獲得が狙いだ。

ウイリアム・エドワーズ・デミング氏の哲学は、第二次世界大戦後の日本に肥沃な土を運びこんだ。彼は、日本企業に文化の変革方法を伝授し、日本企業成功の基礎を創ったのである。当時日本は焼け野原で、ほんの少しの資源しか残されていなかった。使えるのは人間だけである。このような屈辱的な状況にあって、日本は瞬く間に学習能力を発揮し、教えることすべてを貪欲に消化していった。これが当時人々に残された唯一の生存方法であり、彼らは一致団結して必死で働いた。その結果この国の繁栄は多くの人の知るところとなった。『7つの習慣／成長の連続体』の図表、上部に記してある、相互依存の状態が、日本の社会規範として深く浸透していたのだ。

依存状態の文化では、経済取引は行われるかもしれないが、コアな変革は起こりえない。組織運営の手法が、抜本的に転換されることはまずないと言っていい。大多数の企業は、深刻なダメージを受けない限り、ここで述べているメッセージを本気で聞いてみようとはしないだろう。もちろん、現在、ひどい状況にある企業は多い。主要産業は幅広く痛手を被っている。そして、アメリカのほとんどの大手企業は、大変貌を経験している最中であると言っても過言ではないだろう。

変身のリーダーシップ

子どもたちの玩具で、ここ数年、絶大なる人気を博しているのが、ガンダム型変身ロボットである。カラフルに塗装されたロボットは、一見、二種類の玩具がひとつのものとして、売られているように思える。ふたつの玩具は、カメレオンのように次々とその姿を変えられる。たとえば、ある箇所をいじるだけで、ロボットからジェット機に変わるのだ。

企業の世界では「変身」は決して珍しいことではない。少なくともビジネス誌を読んでいれば、ほとんどすべてのページで変身を唱った企業にお目にかかる。「皆、自分たちを再創生する必要がある」なかなかもっとな理由である。『メガトレンド』（三笠書房刊：一九八三年）の著者ジョン・ネイスズビッツ氏は「すべては生き残れるかどうかの問題だ」と述べているのだが……。

確かに、今、世界は変革期にある。気をつけて観察していれば、変身のプロセスは、実際、ありとあらゆる業界と職業において進行していることに気がつくはずだ。『アクエリアン革命 80年代を変革する透明の知性』（実業之日本社刊：一九八一年）で作家マリリン・ファーガソン氏が変身について、大きなうねり、解除不能の転換、新しいマインド、方向転換、などと表現している。彼女は続ける。「新しいマインドに目覚めた個人が次々に生まれ、臨界数に達した。彼らのネットワークは、私たちの文化を根本から変革させる原動力となった」

産業界で起きている変革は、非常に急速で激しく、しかも徹底しているので、注意深い観察者までも困惑させた。そして、過去数世紀の間に起こった変革よりも、もっと多くの変革が、今後数年間で起こるだろうと言われているのだ。しかし、この状況にまったく気がつかない人種が存在することも事実だ。水を最後に発見するのは魚である。同様に、他者にとっては一目瞭然でも、周囲の変化にまったく気がつかない人間もいるのである。そういう人には当時と現在の見分けがつかず、今日と明日は同じものなのだ。

私の見解だが、今進行している変革は、今後の企業のあり方や運営方法を永久に様変わりさせるだろう。変化に触れていない人間や商品は、一番最初に廃れてしまうに違いない。

マネージャー・経営者への示唆

産業変革は、マネジメントの思考と実行における、大規模な転換の必要性を示唆している。多くの企業やマネージャーたちは、時代の潮流に合わせて自らを変えようとはしていない。たとえば、私たちの社会は、民主主義を評価しているはずだが、多くの企業では、独裁政治が行われている。私たちは資本主義というものは素晴らしいと褒め讃えているが、その実、企業では封建主義が生き残っている。今は多様性の時代であるが、ほとんどの会社が異質なものを受け入れず、同質性を追い求めている。もしかしたら、マネジメントが最も理解しなければならないことは、人間の本質なのではないだろうか。動機づけの理論は、組織の中心を胃袋（物質と経済）から心臓（良い人間関係、良い待遇）へ、そして知性（才能の発見、開発、活用、認知）へと変え、最後に、精神（目的と意味を超越したもの）へと置き換えた。

人間の本質の拡大解釈は、マネージャーたちの役割をも転換させるきっかけとなった。ヒーローから開発者へ、司令官から相談者へ、命令を下す人から良き指導者へ、意思決定者から価値観を浄化し規範を示す者へと。新しいタイプのマネージャーたちは、対決の対話から感情移入の対話へ、権力の維持から力の分散へ、敵対関係（Ｗｉｎ‐Ｌｏｓｅ）から共通の関心を基本とした協調関係（Ｗｉｎ‐Ｗｉｎ）へと、その姿勢を変えつつある。

私たちは、今起こりつつある「パラダイム・シフト」を、外側からのコントロールと内側からのコントロール、もしくは人々の自覚を伴った成長の連続体だととらえるべきだろう。それは、上辺だけの人間関係から、ヒューマン・リソースの最大限の活用を目指した、連続体なのである。

新しいリーダーたちは、場の状況を「読み」、素早く適応する能力を身につけている。新しいリーダーシップについては、ケン・ブランチャード氏（アメリカ人経営コンサルタント）が、その著書『Situational Leadership II（状況のリーダーシップ）』で、詳しく述べている。彼は、「リーダーは、社員の能力と成熟度（適正能力と責任に対する自覚）に合わせて、自分のスタイルを変えていかなければならない」と説いている。そして、このようなリーダーは、優れた診断分析スキルを持っており、マネジメント・スタイルのレパートリーが広く、その中から状況に応じたスタイルを選び出し、活用する勇気と柔軟性を持ち合わせていなければならない、と続ける。

個人の変化が組織の変化に先立つ

これは自明の理であるが、個人の変革はマネジメントや組織の変革に先立つものだ。少なくとも、個人の変革と組織の変革は平行して進まなければならない。そうでなければ、社員は二枚舌と二面性を感じ取り、無力感が蔓延してしまう。組織は大変不安定になるだろう。命は成長するか朽ち果てるか、進歩するか停滞するか、そのどちらかである。この世に存在する限り、摂理にはあらがえないのだ。

個人の習慣や生活パターンを変えずに組織やマネジメントのスタイルを変えようという試みは、力強いストロークを打つための筋力トレーニングをせずに、テニスの試合に勝とうとする愚行に似ている。ひとつのことを成し遂げるためには、その前提条件をクリアしなければだめだ。赤ちゃんは、歩き出す前に走れない。はいはいをする前に突然、歩き出したりはしないのである。それと同じように、私たちも、まず自分の習慣を向上させなければ、マネジメント・スタイルを変えることはできないのだ。

心理学者のウイリアム・ジェームズ博士は、個人の習慣の改善には、まず初めに「どんな犠牲を払ってでも習慣を変えていくぞ」と、心の底から決意しなければならない、と提言した。そして、チャンスがあれば、新しい習慣やスキルをすぐに実行し、新しい習慣が完璧に自分のものになるまで妥協してはならない、と述べている。

もちろん、変革にリスクはつきものだ。個人であれ組織であれ、それは同じである。リスクや失敗を恐れて、人は変わることに抵抗するのだ。変化する環境に上手く適応できる人間は、概して中心となる不変の価値観を持っており、行動が常に価値観と一致している。一貫した誠実さは、彼らの自尊心を膨らませ、揺れ動く周囲の状況にもびくともしない、効果的な心の安定を与えるのである。

「最先端」を行く企業は、市場での高い競争力を有するところが多い。当然のことながら、若い企業がほとんどで、流行の火つけ役として業界を牽引している。

USスチール社やゼネラルモーターズ社などの老舗企業の変革は、新興会社のそれとは異なったプロセスをたどるだろう。ジョン・ネズビッツ氏は、すべての企業は「再創生」もしくは変貌しなければならないと説く。勢いや古き良き記憶で動かされている企業は、すでに崖っぷちにまで追いつめられているのだ。

変更のリーダーシップ

変革のリーダーシップは、変更のリーダーシップとは趣きを異にする。前者は、自分たちの価値観とアイディアにできるだけ合致するように、置かれた現状や環境を変えていこうという取り組みである。後者は、変化する現実と、効果的に関わっていこうという試みである。変革のリーダーシップは、「目標」に焦点をあてており、原則中心である。変更のリーダーシップは「結果」に着目していて、成り行き中心である。ここで、このふたつのリーダーシップ・スタイルを比較してみよう。

変革のリーダーシップ

・意味の追求に根ざす
・目的、価値観、モラル、道徳、を中心に置く
・日々の雑事を超越している
・人類の価値観と原則を損なうことのない、長期目標達成に向けた歩み
・原因と症状を分けて考察する。予防策に力を入れる
・成長の基盤として、利益を評価
・主体的、触媒的、忍耐強い
・ミッション中心、戦略はミッションを達成する道具
・ヒューマン・リソースの完全活用
・新しい才能の発掘と育成に力を入れる
・有意な貢献を認知し、報いる体制

・意味深くやりがいのある仕事を目指し、内容を策定したり見直したりする
・社員の可能性を解き放つ
・愛が規範
・新機軸を素早く打ち出す
・内部構造とシステムを、価値観と目標を包括的に増強するものに整備

変更のリーダーシップ

・生きるためには働かなければならないという人間のニーズに根ざす
・権力、地位、政治、特権、を中心に置く
・日常の雑事に追われる
・短期的、（数字などの）ハード・データ主義
・原因と症状を混同し、予防策よりも対処療法に力を入れる
・戦術、駆け引き中心
・交流を円滑にするために人間関係に依存
・現状システムの中で、効果的に業務を進める努力をし、期待される役割に応じた責任を果たす
・結果を強化し、効率を高め、短期的な利益を保証してくれる、システムと構造を支持

二種類のリーダーシップは両方とも組織には必要なものである。しかし、変革のリーダーシップは親であり、変更のリーダーシップに、基礎となる考え方を提供する。変更のリーダーシップにおける戦略的境界線は、その基準枠にそって立てられるべきなのである。企業に必要な変革について、はっきりした展望を持っていない経営者やマネージャーは、社会的・政治的計画と予定にしたがって、組織運営を行う傾向にあるようだ。

変革のリーダーシップの目標は文字通り、「変革」することである。ビジョン、見識、理解を広げ、目的を明確にし、信念、原則、そして価値観と行動を調和させ、永続的で無際限な、そして推進力となる変化を、組織と人々の心と頭に巻き起こすこと。これが求められているのである。

私は、一人の人間が触媒となって変化を誘発することができると確信している。どんな状況下においても、どこの企業であっても「変身ロボット」になれる人間が存在する。このような人物はいわば、小麦粉の塊を、たったひとつまみで、ふかふかの大きなパンに膨らませることのできるイースト酵母なのだ。ビジョン、指導力、忍耐力、敬意、持続性、勇気、そして信念が、変革のリーダーには備わっているのである。

Chapter

28

第28章
企業憲法
Corporate Constitution

文書にした企業憲法は、組織と個人の両者にとって大変有益な公文書になる。トマス・ジェファソンが合衆国憲法についてこう述べたように。「我々の権利は、成文憲法を持つことによって保障される」

個人か組織、どちらを対象にしていようがミッション・ステートメントは、自分で自分の人生をコントロールする力と、内的安定性を培う力を人々に与える。

ミッション・ステートメントは、青写真、基準の起草、規約の策定などの作業を経て作成するものである。作成には、すべての社員が参加することが望ましい。私の経験では、組織全体で誠実にこの作業に取り組んだ会社は、大変素晴らしい憲法をつくり出している。原則は私たちの社会の基盤である。そして、原則に対する人々の同意があって社会が成り立っているのだ。人々はみな、何が正しいかを感覚で知っている。したがって、ステートメントづくりに関われば、一人一人が素晴らしいアイデアを出し、優れた文書ができ上がるのである。

たとえば、過去一〇年間で、それまでの三倍もの規模に発展し、飛躍的な躍進を遂げた多角経営企業、ピルスベリー社（アメリカの食品会社）にはこんなエピソードがある。ある朝、経営者は落ち着かない気分で目覚めた。「我が社は劇的な成長を遂げ、経済目標を達成した。しかし、社員への心配りはできていただろうか。十分ではなかったかも知れない。私は不安だった。そこで、ピルスベリー社が何を目指しているのかを公的に宣言するステートメントを作成しようと決めた。簡単で、短く、人々が夢を抱けるようなステートメントだ。失敗を恐れず、創造力に溢れ、保守主義や官僚主義、妨害や圧力などの古い体質から、社員個人の率先力を鼓舞し、人間重視で革新的な企業に生まれ変わって行きたい。私はこんな思いを抱いていた」

ピルスベリー社は、全社のあらゆるセクションから選んだ組織上層部二〇〇名のマネージャーを参加させ、一年を費やして彼らの価値観とミッションを示した一ページの憲法を作成した。

この一枚の紙が、どんな効果を組織にもたらしたのだろうか？　ヴァージニア・ウォード人事担当副社長はこう語った。「ミッション・ステートメントを作成してから、私たちは会社で起こっていることすべてに関心を持つようになりました。一人一人が経営者のような気持ちで、自分たちの取り決めたミッションと価値観の実現に取り組んでいます。社員のマネジメントも、より効果的に行えるようになりました。何故なら、私たちの選んだミッションと価値観は、原則に忠実なものだからです。皆が未来は明るく、希望に満ちたものだと感じています」

これが組織憲法の力なのである。アメリカには世界に誇る憲法がある。ジョン・アダムス（米国第二代大統領）は、合衆国憲法は道徳的国民のために書かれた、と述べているが、同様に多くの企業のミッション・ステートメントも社員の道徳と誠実さ、そして社会的責任感を前提として作成されている。

ミッション・ステートメントは個人のエネルギーを集中させ、方向性、存在、目的に対する意識を刺激する。横道にそれたり、気持ちが緩むのを防ぐ役目や、個人の中にある活力や才能を高める効果もある。人は、自分の得にも損にもならないことに、時間やお金を費やして努力をしようとは思わないはずだ。自分の存在理由に関係のないことには、関心も向けないのである。

ミッション・ステートメントは、個人の生活に方向性と一貫性を与えてくれる。ステートメントで表明された目標に基づいて主体的に行動することで、内的な安定性を得ることができるだろう。もし、人が自分の安定を、他人の弱さによって成立させようとしているのなら、他人の弱さに支配され、コントロールすることになる。競争相手の脆弱性に依存するということは、相手に自分をコントロールする権限を与えるのと同じである。反対に、自分のステートメントから生まれた価値観、目標、役割にそった生活は、外的な力に影響されない強さを与えてくれるだろう。自分の価値観やミッションに焦点を合わせることによって、おのずと効果的なライフスタイルが形づくられていくだろう。

ミッション・ステートメントは、考え方や自己管理の枠組みを与えてくれる。それを定期的に読み返し、「ステートメントを実現するためにベストを尽くしているだろうか?　問題を予防できているだろうか?」と自問自答していくことが大切なのだ。その場しのぎのマネジメントは、危機のマネジメントへと直接に繋がっている。危機は、まるで水面を次々と弾かれながら進んでいく小石のように、次々と連鎖的にあなたを襲うだろう。あまりにも多くの問題が発生するので、生活そのものがひとつの大きな問題となっていく。そのうちに、あきらめと疲れがあなたを支配してしまうだろう。

ある企業は、社員のコスト意識を高めようと考えていた。その取り組みを推進した結果、社員全員が経費のことばかり気にし始め、新規事業計画にまで考えが回らなくなってしまった。慌てた会社側は、新しいビジネス開発に力を入れ始めた。社員は、躍起になり事業の開発へと乗り出し、社内の人間関係に注意を払わなくなった。すると会社は必死になって人間関係の向上に努めるよう、社員を啓発し始めた。ひとつの短絡的な方針が、次々と問題を発生させてしまったのだ。あまりにも頻繁に路線が転換されるので、社内全体に不信感が広がり、社員は会社の方針を真面目に受け取らなくなった。そして、駆け引きや、対立、縄張り争いに精力をかたむけるようになってしまった。

このような状況におちいるのは、何も企業だけではない。家族だってそうなりうることだ。あまりにも多くの家族が、堅実な原則や豊かな信頼口座ではなく、その場限りの自己満足や間に合わせの問題対応といったやり方で管理されている。そのためにプレッシャーが高まってくると、叫んだり、過剰に反応をしたり、皮肉な態度に出たり、批判的になったり、あるいは口をきかなくなったりと、さまざまな症状が表れてくる。こうした行動を側で見ている子どもたちは、問題対応の方法は、喧嘩するか、逃げるか、のどちらかだと思い込んでしまう。この子どもたちが大人になって、同じことを自分たちの子どもにする。その子どもがまた次の世代に同じことをする。こうしていく世代にもわたって間違った問題対処法が受け継がれていくことになる。家族のミッション・ステートメントを書くことにより、問題の根源を突き止めることができるはずである。

長期的に何かを達成したいのなら、中心となる価値観と目標を明確にし、その価値観と目標に調和したシステムを整えなければならない。まず土台をつくることが大切なのだ。盤石な体制を整えること、これがすべての鍵である。本来、家族の中心は不変的かつ普遍的なものだ。家族の絆、基礎、共有化された価値観をミッション・ステートメントで表現すればいいのだ。「私たちは何に価値を置いているのだろう?」「私たちはどういう家族なんだろう?」「私たちにとって大切なのは何だろう?」「私たちの本当のミッションとは何だろう? 私たちの存在理由は?」。もう一度考えてみてほしい。

大切な目的、共通の価値観、そしてビジョンが確立できれば、どのような問題や変化が訪れても、適切に対処し乗り越えていけるようになる。ミッションは人々を鼓舞し高めるものだ。問題に立ち向かう勇気と、成熟した理性的な解決策を与えてくれるだろう。夢、ミッション、ビジョンは、組織に浸透し、私たちを正しい方向に導いてくれるのだ。

原則は永遠に不滅であり、人々をエンパワーする普遍的な法則だ。原則を中心に物事を考える人は、柔軟な発想をもって問題解決にあたり、どのような複雑な状況や環境であっても、決して自分を失うことはない。一方、テクニック中心に物事を考える人間は、そのテクニックだけが有効な手段、という限られた状況においてしか能力を発揮できない。

原則はありとあらゆる物事に当てはまる。原則は、自明の、他者の説明を必要としない真理である。正しく原則を認識すれば、あまりにも身近になってしまい、あたかも「常識」のようだ。しかし、原則を理解しているつもりで、置かれた状況や問題に照らし合わせて、深く探求することもなく、効果性を確かめることもなく、放り出してしまう危険性もあるのだ。個人や組織の「憲法」を作成する上で、原則について話し合っているときにも、こうした危険性が見られることがある。基礎的な原則の一部は、個人の生活であろうと、企業の歴史であろうと、当てはめることができる。プロセスは原則から生まれ発展していくものであり、原則に生命を与えるものである。

ミッション・ステートメントは、人々の成功にとって、重要な役割を果たす。なぜなら「私は何を達成したいのだろうか?」「私はどうなりたいのだろうか?」などという、根源的な質問の答えを提供してくれるからだ。なりたい人間になり、心からやりたいことをやる、この努力が成功へと繋がっていくのである。

組織にも同じことが言える。確固たるアイデンティティーを持ち、説得力のあるミッションを掲げていなければ、その組織は、本来得られる結果も得られないだろう。物事を達成するには、目的だけあればよいというものではない。企業の生産性を向上させるためには、何を達成したいかだけでなく、どうなりたいかという指針が必要なのである。ゆえに、企業憲法は「なぜ」という質問に答えるものでなければならない。

私たちは、ウォルト・ディズニー社からコンサルティングを依頼されたことがあった。周知の通り創立当時から、ウォルト・ディズニー本人が同社の原動力であり、起爆剤であった。二〇数年前に彼がこの世を去ってからは、ディズニー社はウォルトの未完の夢、エプコット・センターの完成、に向かって進み続けた。しかし、目的であるセンター完成後、当初二二〇〇人のエンジニア、制作・デザイン・チームは約五〇〇人にまで激減するほど同社は衰退したのだ。組織の士気は低下していた。

新たなる成長と発展を目指して、ディズニー社は企業のミッション・ステートメントをつくることにした。初めにつくったステートメントはあまり効果を発揮しなかった。作成のプロセスに参加した人間が、ごく少数だったからだ。

次に会社は、一ヶ月をかけ、すべての階層の社員を参加させて、新しいミッション・ステートメントをつくり上げた。今日彼らは新しいミッションによって支えられている。彼らの新しいアプローチはこうだ。「巨匠たちを模倣するのではなく、彼らの追い求めたものを探求しよう」。この文言がディズニー社の発展には必要だったのである。

組織のミッション・ステートメントは、企業にその存在の意味を与える。今日の労働者たちが、仕事にやりがいを見いだすためには、意味が必要なのだ。食べるために働く、好待遇だから辞めない、これでは満足できないし、才能を発揮し、自分の能力を解き放ち、企業に貢献していても、まだ十分ではないのだ。人々は、意味を知りたがる。「なぜ?」これがキーワードだ。「意味」は、現代社会において極めて重要であり、企業の成功には欠かせないものなのだ。

それは国家にとっても同じである。独立宣言や合衆国憲法にも、私たちの目的と役割が、そして存在の意味が記されている。立憲主義、個人主義、そして奉仕の精神という根源的原則は、私たちの社会の土台として生き続けている。私たちが価値を認めている多くの概念は、独立宣言と合衆国憲法にマニフェストとして明示されているのである。

個人の憲法作成方法

個人と企業が憲法を策定するときには、段階を踏んで作業を進めなければならない。まず第一に、視野を広げる、次に、価値観を明確にする、三番目に、実行している自分を思い浮かべる、最後に、実行してみる。この四つのプロセスが必要なのである。

・視野を広げる

公私共に、日々を忙しく過ごしている現代人は、自分自身を振り返る暇もない。一歩下がって自分の人生を見つめ、何が本当に大切なのかを思い出し、視野を広げる努力をするべきだ。

「視野を広げてくれる経験」は、意識的につくることもできるし、予期せぬときに訪れることもあるだろう。予期せぬ出来事とは、愛する人との死別や、重病、金銭的なトラブル、その他の試練のことだ。このような経験をすると、私たちは自分の人生を振り返り、最も重要な質問を自分に投げかける。「人生で一番大切なものは何だろう?」、「なぜ、今これをしているのだろうか?」、「もし生活のためにお金を稼ぐ必要がなければ、一体何をしていただろう?」。このような自己評価のプロセスは、私たちの視野を広げてくれる。

主体的な人ならば、組織のさまざまな状況下で、他者の意見を総合し、経験をとおして自ら意識的に視野を広げることができる。想像力を発揮して、自分自身に問いかけるのだ。「組織にとって一番大切なものは何だろう?」「どんな貢献ができるのだろう?」「私たちが行っていることの意味は?」「私たちの役目は?」「私たちはどうなりたいのか?」「私たちは何を達成したいのか?」真剣に検討することによって、広い視野で物事を考えるようになる。自分の一番よい部分を探求し、組織の素晴らしい点を考えることで、本当の相乗効果が生まれてくる。相乗効果とは、違いを尊び、相違点に価値を見いだすことによって、最善の解決方法を生み出すプロセスである。

社員にとっては、自分の持つ情報をオープンにし、上司に提供するのは、あまり気が進まない。組織の経営に参加意識を持っていないからだ。本当に自分たちの価値観や見解が必要とされているのか、価値を認めてもらえるのか?　彼らは不安なのである。意見を述べることで、自らを危険にさらすのではないか、と怯えているのだ。このような逡巡を打開するために、意見交換の場を設けるのも一案である。グループ・ミーティングなどで自由に討論してもらい、発見事項を報告してもらう。この報告を集積し、検討し、適宜対応していけばいいのだ。会社側が自分たちの声を真面目に取り上げ、貢献を評価してくれるということが分かれば、社員は貢献度を高めようと努力し始めるのである。

視野を広げ、他者の意見を聞き、組織にとって、最高、最良、そして最も崇高なものをつくり出そうとするプロセスは、大変時間がかかるものだ。決して焦ってはいけない。大企業では、数ヶ月以上の月日が必要となるだろう。

・価値観を明確にする

視野を十分に広げ、さまざまな新しい見解を熟考した後、実際にステートメントを書く作業に入る。参加者から数名を選び、組織のミッション・ステートメントを草稿するという責任を負ってもらう。草案作成者は、今までに集め、共有し、経験した事実や、たくさんの人々の意見や見解を取り入れ、考慮し、反映させたステートメントを作成しなければならない。

完成した試案は、組織内の全メンバーが確認し、検討しなければならない。必ず「この部分はこちらも気に入らない」などのキャプションを付けて回覧すること。この一言が、ミッション・ステートメントに多大な神経を集中させることに役立つのだ。単に明確で洗練された言葉などを用いても、意思決定の役には立たず、効果を発揮しないだろう。最も良いミッション・ステートメントは、互いを尊敬する精神を持つ参加者が異なった意見を出し合い、相乗効果を発揮してつくられる。それは、個人の力ではできないものをみんなでつくり上げていく努力の結晶なのだ。

・実行している自分を思い浮かべる

ミッション・ステートメントもしくは憲法の、最終草案に近いものを前にして「これは自分の価値観に調和しているだろうか？　私を鼓舞し、目標達成の動機を与えてくれるだろうか？　組織の一番良い部分を反映しているだろうか？」と自らの心に問いかけてみよう。

ミッション・ステートメントはふたつの円の重なりあう部分だと考えればいい。一方の円は、組織の価値観を、もう一方は個人の価値観を表わしている。このふたつの重複部分が大きくなればなるほど、効果的な組織ができ上がる。ミッション・ステートメントの描き出す価値観の重なり合いはどうだろうか？　それには、十分なテストが行われなければならない。

・実行してみる

ミッション・ステートメント作成のプロセスが終了したら、次に、それを受け入れ実行する試験期間が必要となる。ここで共有化された価値観は、組織の核心であり、心の拠り所であるから、ビジョン、プログラム、戦略、構造、システムなどは、この価値観に調和していなければならない。

今日ではミッション・ステートメントを作成するプロセスは、組織の発展と成功にとって重要な役割を果たすようになってきた。定期的にステートメントを作成し、作成作業を繰り返すことが肝心である。新しい視野を取り入れ、組織の方向性や主要な価値観の見直しを計っていく。時代遅れになった文言の改正や変更を行い、新たな意味を付け加えていくのだ。

憲法があることで組織に連続性が生まれる。これが、全員参加のプロセスによって作成されたミッション・ステートメントを土台としたマネジメントとリーダーシップの大きな利点のひとつである。長期的な展望を与え、管理職は方向性と目的を持って長期的な競争力を維持できる。そして個人の価値観が、組織の価値観と調和したとき、人々は深く理解している共通の目標に向かって力を合わせることができるのだ。個人個人の努力よりもチームの方がずっと大きな貢献ができるのだ。このような企業の生産性は飛躍的に上昇するだろう。

終わりなきプロセス

変化と成長に応じて、視野や価値観も変わっていくだろう。ミッション・ステートメントを定期的に見直し、新しい価値観と調和するものへと常に改善していくことが大切である。次に書き出した質問いは、あなたのミッション・ステートメントづくりに役立つはずである。

・私のミッション・ステートメントは、今現在私が信じている実証済みの原則を土台に作成されているだろうか？
・このミッション・ステートメントは自分の最良の部分を反映しているだろうか？
・ステートメントを読んでみて、方向性、目的、課題、モチベーションを感じられるだろうか？
・ここに書き上げた目標を達成するためのスキルや方法を、知っているだろうか？
・自分の理想に近づくために、今、何をすればいいのだろうか？

自分の崇高な目的以上の人生を送ることはできない、ということを心に留めておくべきだろう。個人の憲法は、日々の精進の中で、最高最良の自分を達成する手助けとなるものなのである。

Chapter 29

第29章

ユニバーサル・ミッション・ステートメント

Universal Mission Statement

私はみなさんに公的・私的なミッションを普遍的な言葉で表したユニバーサル・ミッション・ステートメントを作成することをお勧めしたい。ユニバーサル・ミッション・ステートメントは、メタ・リーダーシップ（マクロやミクロではなく）の表現手段である。

メタ

メタ・リーダーシップは、ビジョンと奉仕の精神を標榜する。リーダー、あるいはマネージャーとして、期待されていることに応えることを意味する。

マクロ

マクロ・リーダーシップは、戦略的な目標と組織構造とシステムをどのように構築するか、そして目標達成のためのプロセスをどんな風につくり上げるのかをテーマとする。

ミクロ

ミクロ・リーダーシップは、人々に真の影響をおよぼすことができるように、人間関係や、信頼口座に重点を置いたリーダーシップである。人々はそこにリーダーのビジョンやミッションに自分たちを合わせることを選択するのだ。

効果的な経営幹部は、メタそしてマクロ・レベルのリーダーシップに分類される問題に彼らの時間とエネルギーのほとんどを費やしている。彼らは、特に親密な仕事仲間との友好な関係を維持し深めることも重要だと考えている。

ユニバーサル・ミッション・ステートメントによって、企業のリーダーたちは彼らのビジョンと奉仕の精神を表現することができる。ごく短い一文によって、企業の核となる価値観が的確に表現され、誰にでも意味や方向性や結束力が発揮できる文脈が提供されるのだ。

機能的であるために、ミッション・ステートメントはできるだけ短くするべきである。短くすれば簡単に記憶して、自分のものにできる。また、ステートメントは包括的であるべきだ。短く包括的、というのは矛盾したコンセプトだと感じるかもしれないが、コンピューターの世界がまさにそれだ。テクノロジーが発展すればするほど、コンピューター端末はシンプルな簡単に作業ができるものへと変化していく。同じことがミッション・ステートメントにもいえる。ミッション・ステートメントはあなたのソフトウエアだ。あなたはそれを立ち上げ、作業を行えばいいのである。

もちろんミッション・ステートメントが完成したからといって、企業の目標が達成できるというわけではない。しかしステートメントは、組織に目的を示し、進むべき道や方向性を与え、一貫性をもたらしてくれるはずである。

ユニバーサル・ミッション・ステートメントは、長期、短期にかかわらず、社員に責任に対する自覚を促すものである。あらゆる企業に有効であり、共有化されたビジョンを示すのに最適である。次の文章はその一例である。

経済的安定を達成し、生活の質の向上をすべての利害関係者にもたらすこと。

3つのパート

それでは、例にあげたステートメントに盛り込まれている3つのキーワードについてコメントしていきたい。

1. 経済的安定

経済的側面を最初に取り上げた理由は簡単だ。企業は経済目的を達成するために設立されるからだ。雇用は人々の暮らしを支えている。この役割は家族、教会、友愛的組織では取って代われないものだ。仕事とは、富を得るためにあり、人々が日常生活で使い、消費材を生産し、さらには税金、授業料、その他諸々の生活費を払うのに十分なお金を稼ぐためにある。

この極めてもっともな企業の存在理由を私たちは忘れがちである。このことはハーバード・ビジネス・スクールの恩師、アブラハム・ゼイレッツニック教授が「リアル・ワーク」(ハーバード・ビジネス・レビュー誌、一九八九年、一月号)という論説で指摘している。トム・ピーターズとロバート・ウォーターマンも著書『エクセレント・カンパニー』(英知出版:二〇〇三年)で同様の意見を述べている。「企業は商品を作って売るために存在する」というのがその趣旨だ。『Marketing Management(マーケティング・マネジメント)』の著者、テッド・レヴットも「企業は顧客を集め引き留めるためにある」と書いている。単純明快である。

2．生活の質

個人や企業は比較的潤沢な資金がなければ、生活の質の問題にまで手を広げることはできないと考えている。少なくとも今まではそうだった。たぶん世界中の人々の九〇パーセントは、質の高い生活を送ろうなどと悠長なことを言っている暇はないと考えているはずだ。それよりも生存競争に勝ち抜くことが大切なのだ。今日のアメリカ社会でも生活の質の問題に関心があるのは、国民の五〇パーセントぐらいではないだろうか。しかし、余暇や娯楽、生涯教育、健康志向、運動志向、旅行、観光など、生活の質《クオリティー・オブ・ライフ》に関係する事柄が大きなブームとなったり、社会運動が巻き起こったり、さらに一部法的整備も検討、導入されている。ライフスタイルに対する人々の問題意識は年々高まっているようだ。その証拠に、第二次世界大戦後五〇年の間に、アメリカ国内での生活の質に関連する産業の規模は増大しており、今後も拡大傾向は続くと思われる。

経営者たちは、すべての利害関係者の総合的な生活の質の向上に取り組んでいくべきである。しかし、忘れてはならないのは、企業として達成しなければならないのは労働時間における質の向上であり、個人的な生活の質は他の公共団体、たとえば学校や教会、そして家族が取り組むべき問題である。私は生活の質には5つの側面があると考えている。以下にそれを述べたい。

・受容と愛

人間は誰でも、受け入れられたい、どこかに属したいと望んでいる。そして、人と共同で何かをやりたい、Ｗｉｎ－Ｗｉｎの関係を築きたいと思っている。愛し、愛されたいと常に願っているのだ。

・挑戦と成長

挑戦と対立を経験することも大切である。困難を乗り越え人は成長し、発展する。そして、効果的に作業をこなし、知識を持ち、創造力を発揮できるようになる。大多数の社員は経営者や会社が考えているよりも、ずっと素晴らしい能力を持ち、知性や機知に富み、自主性がある。しかし、能力をフルに発揮できる仕事を与えていない。宝の持ち腐れである！　このような状況では、生活の質も良くないに違いない。リーダーは、社員一人一人の能力を見極めて伸ばし、有効活用し、認めなければならない。自分の能力をきちんと評価してくれない会社に長くいるはずがない。愛社精神を期待する方が間違っている。社員は自らの満足と発展を求めて、その組織を去っていくだろう。

・目的と意味

人は、目的と意味を必要としている。意義深い貢献に対する欲求が常にあるのだ。自分は良い収入を得ているし、子どもはみんな一人前になった。家族との関係もすこぶる良い。なにも不満に思うこ貢献をしていなければ、高いレベルでのモチベーションは得られないだろう。

経済的な側面は、いわば付随的なものなのである。人間はお金のためだけに仕事をするのではない。賃金は労働のひとつの結果である。しかし、人は金銭による満足感だけでなく、本質的な満足感を求めている。業務内容、職場の人間関係、価値のある貢献、これらが働く人々に心からの満足感を与えるのである。

・公正さと機会均等

社員の意欲を保つ基本的な原則は、公正な報酬と公平な機会が与えられることである。人間のモチベーションの研究における権威、ユタ大学のフレドリック・ハーズバーグ教授は、モチベーションの二要因理論を唱えている。組織には「不満要因」と「満足を与える要因」もしくは「動機付け要因」があるとする理論だ。不満足を与える要因は、報酬に対する不公平感である。社員が不満を抱え、組織が高いレベルの欲求を満たしてくれないと感じれば、彼らは一致団結し、自己の存在意義をかけて企業と戦おうとするだろう。個人の「経済の安定」と「生活の質の向上」は、極めて重要な要素としてすべての側面に深く関わっているのである。

・ライフ・バランス

報酬に関する公正さ、正当性、公平さはしっかりと実現されているのだが、成し遂げるべき挑戦もなく、仕事の意味も見いだせなかったらどうだろう？　賃金、各種手当、有給休暇に対する欲求が生まれるはずだ。金銭と時間があれば、自分たちの興味を満足させられる機会が得られ、仕事以外の人間本来の満足が得られるのである。したがって、リーダーシップにおける真の課題は、経済の安定や、その他の側面だけが社員の求めているものではなく、それらは単に能力であることを認識することにある。そして、それらが達成されなければ、なおざりにされた部分が、組織にマイナスの作用をおよぼすようになるだろう。

たとえば企業のミッション・ステートメントが、社会的、心理的、精神的側面には言及せず、経済的側面だけに焦点を当てた場合、社員はアルバイトや内職にいそしみ、自分の才能とエネルギーをより多くのお金を得るために使い始めるだろう。そして、もっと条件の良い仕事はないかと常に転職を考えるようになったり、自分のための時間を多く持ち、仕事以外で充足感を得ようと考えるようになる。

3・すべての利害関係者

ユニバーサル・ミッション・ステートメントはすべての利害関係者を対象としている。では利害関係者とは誰だろう？ これをはっきりさせるいい方法がある。「この企業が倒産したら、困るのは誰だろう？」と考えてみるのである。困る人が利害関係者である。

損害を被る人は、状況によってさまざまである。企業のオーナーがなけなしの預金をすべて投資にまわしていれば、企業の倒産で一番打撃を受けるのは彼らだろう。他の人々は、別に仕事を見つけられれば何とかなる。オーナーはすべてを失い、もう一度始めからやり直すしかない。しかも長い間、莫大な借金を返済し続けなければならない。大変な重圧だ。一方、オーナーたちが金持ちで、他にもたくさんの資産を所有していれば、投資先の一企業が倒産したからといって別に困りはしない。この場合、一番大変なのは、社員たちかも知れない。企業城下町で人生を過ごし、間違った教育を受け、他の企業で通用しないスキルを磨かされた専門職の人々は、新たな就職先が見つかる確率はかなり低いだろう。取引先も大変な被害を被るに違いない。ドミノ式倒産も起こり、企業の存在が収入を支えていた他の業種、職種にまで影響は広がり、やがて町全体に波及するだろう。

企業の成功や富に関わるすべての関係者たち――顧客、取引先、小売り業者、コミュニティ、そして社会全体――は、責任や決断力、判断力が求められる。なぜなら、経営者が搾取的な行動を取った場合、会社に対する否定的な空気が生まれ、メディアから非難され、同業他社にまで迷惑がかかるからである。さらに大企業の汚いやり方を規制する立法にまで発展する可能性もある。

会社のリーダーは、社会の問題に対する強い責任感を持ち、自らはもちろん社員にも社会問題の解決に貢献するような高い意識を持つべきである。

利害関係者は株主だけではない。ほとんどのミッション・ステートメントは株主の方を向いている。さらに言うなら四半期決算に向けてつくられている。そうなる理由のひとつは、多くの会社が少数の株主に所有されているためだ。彼らにとっては配当が収入源であり、それが失われれば大変なことになる。しかし「ガチョウと金の卵」の法則はここでも働いている。もし短期的な利益にこだわり、ガチョウを殺してしまったら、もはや金の卵は得られない。そして株主ばかりか、すべての利害関係者に損害を与えてしまうだろう。

ある起業家の話を紹介しよう。彼は、美しい渓谷を望む景勝地に自分の部下を連れて行き、こう言った。「この数年間よくやってくれた。感謝しているよ。君たちがこれからも会社に尽くしてくれたら、この風景は全部私のものとなるだろう」。こんな感じのミッション・ステートメントも本当にあるのだ。実際、ある大企業のミッションは、「オーナーの資産を増やす」というものだった。

私はCEOに聞いた。「もしそれを壁にかけたら、社員は鼓舞され、顧客への意識が喚起されるだろうか？　真剣に彼らのことを考えていることが伝わるだろうか？」

組織には、一種の社会的良心や個人的良心が存在し、公平さや公正さを判断している。社員を報酬以上に働かせたら良い結果は得られないだろう。反対に過剰な報酬を与えたら、社会に対して不公平となり、他に悪影響をおよぼす。

だからメタ・リーダーシップには、さまざまな利害バランスに対する配慮と全体に対する責任感が必要なのだ。メタ・リーダーシップは取引のアプローチではない。ヒューマン・リソースという考え方は、社員を財産、資源と見なしている。しかし彼らはそれ以上のものである。彼らは会社にとっての財産であるだけでなく、生まれながらに価値観と自尊心を持っている人間なのだ。もし彼らの価値観を無視したら、利益優先主義的アプローチにおちいってしまい、彼らは重要な財産であるから「親切にする」が、価値観や人間性は無視するようになってしまう。結局のところリーダーシップへのヒューマン・リソース的アプローチは取引的なものであり、変革ではない。また相乗効果的でもない。

一方、リーダーシップに対して原則中心のアプローチをすれば、変革をもたらす。なぜなら社員は気分によって支配されているのではなく、不変の正しい原則によって行動していることを確信できるからである。特に原則がミッション・ステートメントに植え付けられ、経営スタイルや実践、手段、方針、戦略、システムなどに反映されている場合は効果的である。その結果、社員は「ここは原則によって動かされている」という確信を持てるようになり、経営者を含めて全員が他人に対して、また原則に対して責任感を持つようになるのである。

中心には正しい原則、その周りにさまざまな責務が書かれており、議長とその他全員が原則に対して責任を負う――こんな組織図を見てみたいものだ。

ユニバーサル・ミッション・ステートメントは、文字になっていようといまいと、すでに我々を動かしている。自然の法則のように、背くことはできない。背けば報いを受けるのである。

5つの素晴らしい恩恵

私は、ユニバーサル・ミッション・ステートメントには以下の5つの効能があると考えている。

・エコロジカル・バランス

ユニバーサル・ミッション・ステートメントによって、すべての利害関係者たちをひとつの生態系として考えることができるようになる。そして、利害関係者たちは、変革の原則に常に触れることによって、相乗効果的な利益を得ることができるという理解が得られる。

・短期、長期的展望

ユニバーサル・ミッション・ステートメントは、短期的視野に立って手段を選ぶと、長期的には金の卵を生むガチョウを殺してしまうことになるだろうと警告している。

・ビジネス上の挑戦

ユニバーサル・ミッション・ステートメントの普遍的な言葉は、リーダーのビジネスパーソンとしての活動で、達成しなければならない十分な課題を与えてくれるものである。

・マネジメントの脚本づけ

ユニバーサル・ミッション・ステートメントの要旨にしたがえば、より効果的な、方針、手法、戦略、構造、システムの設定ができるだろう。

・奉仕の精神

ユニバーサル・ミッション・ステートメントは、社員や他の資源に対する尊敬の念を抱くとともに奉仕の精神をもたらす。

私は、ユニバーサル・ミッション・ステートメントは、リーダーにとって、包括的なものであると考えている。ここに織り込んだコンセプトを、組織のミッション・ステートメントに反映させるのは大変良い考えであるが、ユニバーサル・ミッション・ステートメントが組織にとって絶対に必要なものだというわけではない。個人の、もしくは家族のミッション・ステートメントにユニバーサルのコンセプトを応用するのも一案だろう。ユニバーサル・ミッション・ステートメントの内容は、個人、家族、もしくは企業のステートメントで探求されている目的に抵触するものではない。すべての企業は固有のミッション・ステートメントを作成するべきである。しかしそれは、次のようなユニバーサル・ミッション・ステートメントの延長線上に捉えられるものなのかも知れない。

「経済的安定を達成し、生活の質の向上をすべての利害関係者にもたらすこと」

Chapter 30

第30章

原則中心の学習環境

Principle - Centered Learning Environment

現在の教育環境を視覚的に表現すれば、地雷が埋まった荒れ地といったところだろう。全般的に、教育が向かう先は事実上示されていないままだ。教育における成功が何であるかを明確にし、予測することはおそらく不正確で不確実だ。そのような予測不可能なことは、論争の地雷を埋めることになりかねない。

論争は教育者たちが焦点を当てるべき仕事から気持ちをそらしてしまう。教育者たちは心から次世代のために準備をしているのだが、その予測が対立することは多い。まるで社会が教育にすべての基本的な悪、すなわち根深い問題を処理してほしいと押しつけているかのようだ。教育システムは、家庭をはじめ、教会、政府といった組織で生じる失敗を処理し、足りないもの補完することを期待されている。

こうしてそれぞれの期待が対立したかたちで存在するのは、互いの信頼のレベルが低いからである。信頼度が低いとき、コミュニケーションのプロセスは荒廃する。私たちは数多くの対立的なコミュニケーション、人間どうしの葛藤、部署どうしの競争を目の当たりにする。人は相手を取り込もうとするメンタリティを形成するようになり、圧力団体のように自分の欲しいものを得ようとする。ひとつのグループは常にもうひとつのグループと対立する。結果、残るのは信頼の悪循環である。そうなれば人はますますイライラし、無益感や無力感を感じるようになる。多くの教育者たちは心をくだいてベストを尽くそうとするが、傷つきやすく、無防備であり、最終的には燃え尽きてしまうのだ。

教育者はしばしば生き残りのメンタリティをつくり出す。自分たちに向かってこう質問するだろう「一日を生き抜くためには何をすべきなのだろうか」と。そして、そんな問いを繰り返す。ときには個々の教室へと引きこもって答えを求めるかもしれない。彼らの信頼口座への唯一の預金は壁に囲まれた教室の中からくる。彼らは自分たちが望まれていない、評価されていないと感じているかもしれない。管理者の多くも同じように感じているだろう。人間の魂の深い渇望のひとつは、感謝されること、価値を認められること、認知されることである。これらはあまりにも実現されていない。結果として、マイナスの悪循環の火に油を注ぐこととなり、さらに事態が悪化して勢いがつくのである。

共通のビジョンの欠如が変化を妨げる

もうひとつしばしば見られるのが、私たちが「不足のメンタリティ」と呼ぶものである。資源がほとんどないところにあまりにもこの要求が多いと、不足の感覚が非常に大きくなる。人々は、「私がそれを手に入れなければ、誰かがそれが手に入れるかもしれない」と考えたり、「誰かが多くの資源を手に入れるか、認められるかすれば、それによって私の分が少なくなる」と言ったりするかもしれない。結果的に彼らはマイナス志向となり、Ｗｉｎ‐Ｌｏｓｅの考えに陥り、保守主義的になり、自己防衛を考えるようになる。信頼度の低さや自己防衛的なコミュニケーション、対立する期待などの雰囲気は社会の大きな問題であり、マイナスの枝葉をともなうものである。

教育問題を解決しようとして社会はさまざまなアプローチを用いる。複数のプログラムが考え出されているが、往々にして混乱と細分化へとつながる傾向にある。なぜなのか？　そこにはビジョンがないからである。同じ基準、準拠枠、そして全体のビジョンがなければ、人々は敵対関係に陥ってしまい、多くの戦い、派閥争い、そして文化を崩壊させる分極化を生み出すのだ。

共通のビジョンがなければ、さまざまなグループがそれぞれ持っている固有のルールを押し進めるだけだ。一般の人々は教師たちに説明責任を強く求め、教師たちは自分たちに課された束縛からの解放を強く求める。そして親たちは、判断を下すためのより多くの方策、より明確に限定できる、数量化された基準を求めるのだ。この全プロセスがそれ自体のエネルギーを増幅させる巨大なエネルギーのサイクルとなり、教師や管理者の荒廃をもたらすのである。そして過剰な互いに対する批判の原因となり非難の精神を育むことになる。

では教師や教育者にはどのような共通のビジョンが必要なのだろうか？　エンパワーメントのプロセスという方法がある。教師は生徒のエンパワーメントのプロセスを支えることを学び、それを通して、生徒の個別のニーズによりよく対応する。いったんエンパワーメントが行われ力がつくと、生徒たちは自分自身の学習プロセスに対してより責任を持つようになる。教師は自分の持っている知識以上の力を発揮し、パラダイム・シフトが行われるのである。

この新しい共通のビジョンは教師たちを自由にし、彼らの創造的なエネルギーは増大する。さらには実績を上げなければならないという恒常的なプレッシャーが軽減されるのである。そのことは、教える側より教わる側の姿勢の中のほうがより見返りは大きい。自分が何かに長けていると感じたときには必ず、学ぶことが停止するように思える。学ぼうとする姿勢が停止すると、人は現状を守ろうとし、良い、積極的なものとは正反対の態度に出るのだ。良い人間関係が制限されると、学習環境にも影響が出る。

感情的に悪い環境の中で、究極的には被害を受けるのは子どもの方だ。低い信頼度や敵対関係、大きなプレッシャー、そして相反する期待などに満ちた現実の被害者になるのだ。実は、彼らはこのような環境の被害者にされるだけでなく、環境に強力に形づくられてしまうのだ。子どもたちは周りを見て、無意識のうちにそのアプローチや問題解決の方法を吸収する。人々はＷｉｎ‐ＬｏｓｅやＬｏｓｅ‐Ｗｉｎの考え方を教えられる。その結果、彼らの反応はあきらめるか逃げ出すかである。

実際に教えるという仕事に対して子どもたちの持っているイメージは、しばしば自分たちが教える段になって覆される。社会全体で教師という職業がその名声と多大な影響力を失えば、若者たちは自分自身の学習と人生に責任を持つ力が持てなくなる。それは、大人たちのあまりにも多くの非難、批判、責任転嫁を生み出し、他人の弱さにつけこみ、制度へパワーを明け渡してしまう状況を目のあたりにするからだ。

教師や教育現場のリーダーたちは、目的を持って物事をはじめることが重要である。基本的に次のふたつの問いにかかわる個人的ミッション・ステートメントやビジョン・ステートメントを持って始めることだ。ひとつの問いは、あなたの人生は何か？　ということ、そしてふたつ目は、それに対してどうしようと思っているか？　という問いである。言い換えれば、目的と原則が求められているのだ。これは難しい課題であり、ときには苦しいプロセスになるだろう。だが、どんなレベルでも個人の人生——結婚、家族、あるいは組織を強化すること——を改善するうえで、ミッション・ステートメントづくりにまさる力強い介在はないだろう。

変化の自然法則

個人の誠実さは性格を強くする。特にあなたの守ろうとしている価値のひとつがますます活きてきて、個人としてプロとしての成長に常につながることであるならば、「言ったことを実行せよ」。性格と能力で信頼の基礎と信頼性は守られ、それがさらなる信頼を生み出す。そして、もしも信頼があれば、管理者あるいは教師としてエンパワーメント・アプローチを使え、影響力の範囲が広がって、システムの設計と構造にインパクトを与えはじめる。

最初は敵対されるような環境にいるかもしれない。あなたの安全性は、外部からの援軍に頼ることなく、まずはあなたの個人的価値観への誠実さの中で確保しなければならない。それには大きな勇気が必要である。それだけでなく、大きな思いやりや忍耐が必要である。それは簡単に治せるようなやり方ではなく、ひとつのプロセス、過程なのである。エンパワーメントのアプローチとは反対のことを主張して人気となっている書物は数々あるが、簡単に自分の望むものが得られるような方法などないのだ。

自然の法則にしたがって人生を築き上げ、原則中心の自分をつくり上げたうえで、他人との関係のなかで原則にのっとって生きようとすればするほど、私たちの信頼度は深まる。そのような信頼は、私たちの影響の範囲を少しずつ広げるのだ。

自分は、優秀なところはほんの少ししかなくて、月並みな才能しかないと思っても、そこからスタートすればいい。国内を旅してさまざまな学校体制をたくさん見て回ればわかるはずだ。積極的な人々——つまり個々の価値システムの中に向かっている人々——がいる。彼らはその価値システムにそって生きるための内的な規律とコミットメントを持っているのだ。

トリム・タブ・ファクター

バックミンスター・フラーは、しばしば「トリム・タブ」ファクターについて語った。かつての巨大な船舶の舵には「トリム・タブ」と呼ばれるミニ舵がついていた。トリム・タブを軽く動かすことによって、連動して舵はゆっくり動きながら、最終的に巨大な船の進行方向をかえる。

個人のミッション・ステートメントのなかで、自分自身をトリム・タブとして見ることをすすめる。自分自身を変化の触媒と考えるのだ。自分の中の一部のエコシステムにいくらかの変化を与える。それは忍耐と勤勉のプロセスを通してエコシステムの他の部分にも反響が出始めることが分かる。それを信じていれば、私たちが呼ぶところの「流れを変える人」になるのだ。世代から世代へ好ましくない傾向を伝達することをストップする存在になれるのだ。たとえば、自分たちの子どもの中に、好ましくないと思っているものを見るかもしれないが、そういった傾向はすでに自分自身の中にあるのだ。同じ傾向を自分の親やそのまた親たちの中にも見ることができるだろう。

流れを変える人、つまり家族の中のトリム・タブ・ファクターである人は、もしその人が積極的で、思いやりがあり、相乗効果的要素、そして自己再生筋肉を内面的に生み出すことができるなら、好ましくない傾向の伝達を止めることができるのである。彼らは影響力の巨大な源泉になることができ、小さな内的影響の範囲をより大きくする。

ある人は永遠に時間がかかることだと言うかもしれない。だが、そのような流れを変える人、変化の触媒、トリム・タブ・ファクターがいかに早く文化全体に影響を与えるかに驚くだろう。ときには変化はほんの数ヶ月、あるときは一年か二年、またあるときには数週間で起きるのだ。あなたの家庭で三〇日間試してみてほしい。この積極的なエネルギーの源によってエコシステム全体が変化するのが見え始めるはずである。彼らは教室でもエネルギーを起こすことができるだろう。

責任の共有

私たちはこの方法を「原則中心の学習環境」づくりとしている。教育におけるプレッシャーは歴史的に、すべて生徒と教師の関係へと向かってきた。教育システムの管理者たちは、すべての責任を生徒と教師に押しつける。原則中心の教育環境においては、私たちはそのエネルギーを学習環境にシフトして照準を合わせる。そうすることによって生徒たちを信頼し力づけるのである。

教育の現場での団体交渉は、教師と管理者の間や親とコミュニティの間、あるいは教育システムにおいては、もう「信頼」という言葉など存在しないというところまで、信頼性を浸食してきた。被害を被っているのは生徒の方だ。ほとんどの人は学習環境とは、単に教師と生徒の問題だとしか見ていない。結果、社会はただ特定の教師が特定の生徒にいかにうまく教えているかを評価するだけになってしまう。

原則中心の学習環境――主な利害関係者

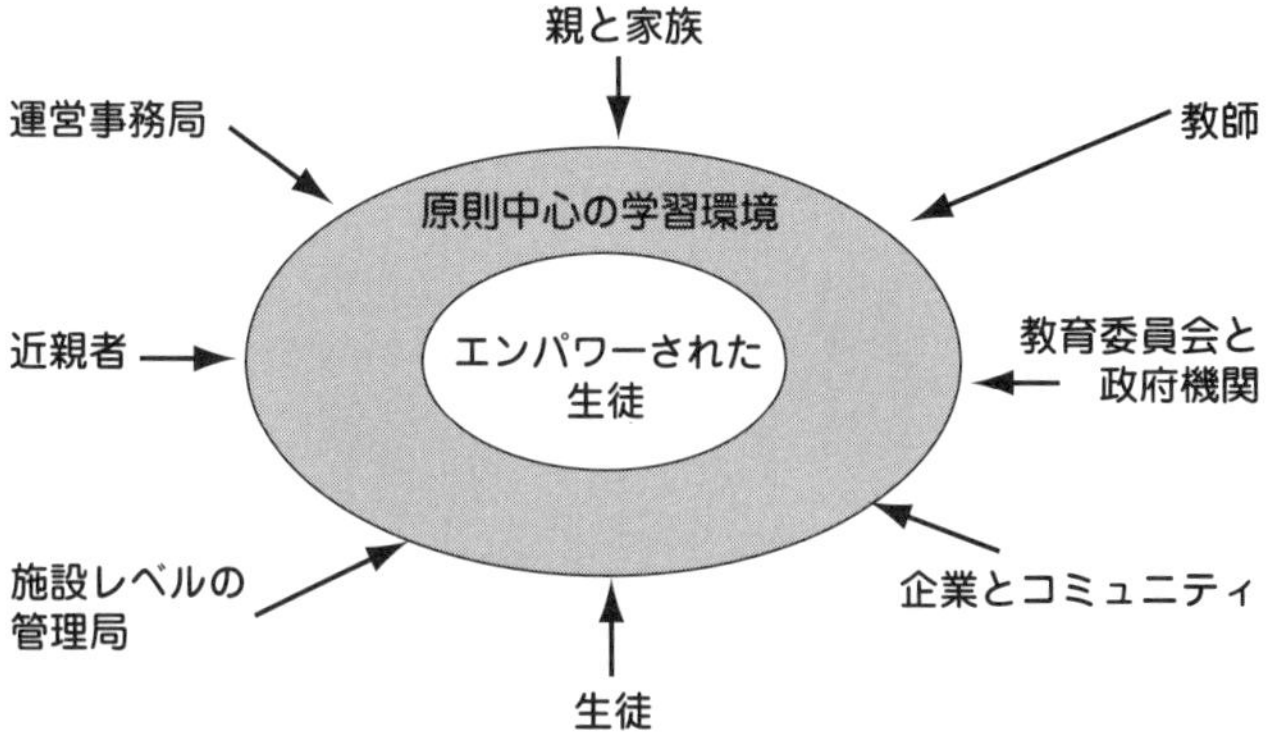

原則中心の学習環境では、私たちはすべての利害関係者が誰であるかをまず確認する。それら関係者はみな等しく、子どもたちが育ち、エンパワーされ、最高の学習環境を提供する責任を負っている。たとえば、教育ファミリーのなかには中心的な管理事務局や教育委員会、施設レベルの管理体制があり、そして教師がいる。こうした利害関係のある実体が教育環境に貢献すべく個々にそれぞれまとまった責任を有している。それぞれがやるべきことを持っているのだ。それぞれが資源を提供できるすべを持っていて、それらの資源は高いレベルにとどまっていると見ている。一般のコミュニティの中の親たちや公的なコミュニティの中のビジネス・リーダーも、学習環境に利権を持っている。

親や教育者と話をすると、「準備のパラダイム」の話題がでる。「準備」は教育の中では人気があり、多くの州でこのプログラムを実践している。つねに子供たちが次の段階に上がる「準備」が出来ているかを確認するのだ。一般的に小学校一年生から二年生に進級する際に実施されることが多い。親も同じようなパラダイムを実践できる。これは子どもが大きなシャボン玉の中に入って守られているような図を想像することができる。この動くシャボン玉は、原則中心の学習環境の理想である。

学習のためのエコシステム

子どもは身近な人々や家族から学習する。学校では学問やその他のものから、プラスとマイナスの両方を確実に学ぶのだ。生徒たちは学習環境に責任を持っている。そうした責任をまっとうすることによって得られる経験はさらに膨らむ。だから、生徒が「個人的な勝利」を手にすること、すなわち主体的になり、自尊心や自信、自己認識を高めるために何かを行い、学習環境の中で自分たちの可能性を高めることが重要なのだ。

私たちは、生徒が力を身につけ、育まれ、成長できるような学習環境を整えなければならない。エコシステムとは、生徒たちが『7つの習慣』を学び、汚染された環境に戻って触媒として行動し、エコシステム全体に衝撃を与えるような環境だ。たとえ組織全体が垂直に関係しなくても、「個人的な勝利」が自尊心をつくり始め、自己認識を高め、生徒たちは学習に対する個人的責任をとるようになるのである。この状況が必然的にもたらす果実は、生徒がより学習志向になることによる教師へのインパクトである。もしも生徒たちが教師と関わると、教師はより多く力づけられる。それは悪循環ではなく良き循環である。したがって、単独でひとつの要素に取り組んでもエコシステム全体に影響を与えることができるのだ。

私たちは学校に対して、「教師たちが原則中心の学習環境に向かって進むとき、その新しい構造のなかでは親たちも教師同様にきわめて重要である」と言っている。「生徒たちが自分の身近な人々をどう見ているか、どう感じているか、どう影響しているか、そして彼らが環境にどう反応するかは、どれもきわめて重要である。それぞれが学習環境をよくするシナリオに貢献するように、それぞれの上に努力を積み上げるのである。すべてに同じようなウェイトを置かないが、それぞれが生徒と環境の安定に寄与するものである」私たちは国全体の教育改革のリーダーになることができるのだ。原則中心の学習環境は効果的な改革の鍵なのである。

推進力対抑止力

これはインサイド・アウトへのアプローチのパワーである。教育者はカリキュラムのような外的な原動力に攻め立てられてきた。ほとんどの州は介入アプローチのようにある種の人物教育を行っているが、これはアウトサイド・インへのアプローチである。原則中心の学習アプローチは、インサイド・アウトへのアプローチによって人物教育を実現する。私たちが生徒に望むことがモデルになるような環境を創造できれば、誠実さや正直さ、信頼性などは教えなくていいのだ。これらがモデルになるようなシステムでつくられる性質であれば、生徒たちは自然に身につけるであろう。彼らは原則中心のシステムから来ているのだから一層強化されるであろう。

教育者は、このシステムがまた教えなければならない別のカリキュラムではないことがわかるだろう。それは、もしも三年から五年にわたって専念すれば、文化すらも変えてしまうのだ。その後で多くのことが起きるだろう。シカゴにいるある教育者は、「7つの習慣を使えば、子どもたちの性質についても助けてあげることができるが、もし原則を実践する環境を作ってやれれば、成績も劇的にあがるのがわかるだろう」と言った。

私たちはイリノイ州のシカゴでセミナーを開き、主体性や影響のおよぼす範囲、そして自己のコントロールについて話していた。ある黒人の若い女性が聴衆の中から立ち上がって「一年生になる前は、私はCやDやFしか取れない生徒でした。平均ではDの下の方だったでしょう。二年生になる手続きをしていたときのことを覚えていますが、与えられた授業のカリキュラムを見ながら、これからはただ投げ出すことはやめて自分をできるだけ教育しようと決心しました。それ以来、その決断を毎学期行った結果、私が優等生名簿に名前がのるようになったのです。そして今優等生として卒業しようとしています」。高校生の彼女のゴールは、高校を卒業してノースウェスタン大学の法学部に入学することである。彼女は主体的になろうと意識的に決断したことを記憶していると言った。それは彼女の行動に影響を与えたパラダイム・シフトだった。

教育者は原則中心の学習環境に焦点を合わせることによって、抑止力がより見つけやすくなることがわかるだろう。そうすることで、自分たちの目標に達成しやすくなり、それによって現場の勤務形態を自分で計画したりプログラムを更新して抑止力を排除できるのだ。彼らは自分たちにとって原則中心の学習環境とはどういうものであるかを確認し、その上でミッション・ステートメントをはじめ、その決意に関係するすべてをつくり上げるのだ。

本当の意味で、あなたは原則中心の学習環境が何をするかご存知だろうか？　それは組織の中のすべての人々に同じコンパスを与える。彼らは全員本当にどちらが北か知っているのだ。コンパスとは自然法、あるいは原則である。それは本質的に自明の理であり、議論の余地はない。価値観の釈明をめぐる多くの論争とは違い、基本的な原則なのである。誰でもがわかっているものなのだ。

私たちは組織の成績表に取り組んでいるとき、基礎となる自然の法則や原則は簡単に見いだせる。いったん自分の中にコンパスを持ったら、荒野とでも話をつけることができる。もうそこに地雷は存在しない。それは単に利害関係者がすべてコンパスの開発に参加した結果なのだ。敵対する精神は消え、相乗効果の精神が戻ったのだ。多くのものが期待されないかわりに、真に北の方向がわかり、理解できた。自分たちが本当にどこへ行こうとしているか、私たちがどんな原則を動かそうとしているのかを内面で知る能力を持ってさえいれば、人々はあらゆる未知の障害や隠れた地雷を処理することができるようになるのだ。繰り返すが、これを実行するには思いやりがあってバランスのとれたとてつもない勇気が必要だ。それが成熟したリーダーの神髄である。また、これはプロセスなのでかなりの忍耐力も必要だ。一朝一夕にできるようなものではないが、非常にパワフルで効果的である。

Epilogue

最終章

川釣り

Fishing the Stream

何年もの間、私は次の考え方を標榜してきた。

「人に魚を与えれば、一日食べさせることができる。だが魚釣りを教えれば、一生食べさせることができる」

これは古い格言であるが、どの時代にも通じるものがある。実際、私たちは今日でもセミナーでこの原則を使っている。目的は常に、管理職たち自身が川で釣りができるようになることである。川はあなたとあなたの組織が活動している職場環境——常に変動している市場の現実——である。あなたは、多くの川——企業ネットワーク、グループ企業、市場、政府、そして地域など——で釣りをするだろう。川には組織に影響を与える多くの川や水流がある。戦略、システム、共通の価値観が、流れと調和しているなら、組織は成功する可能性が高いだろう。

ルール1、ルール2

表面上は、川の流れを読み取るのは簡単そうだ。事実、基本的なところはすぐに理解できる。だが、魚釣りがそうであるように、微妙なところまで理解しようとすると一生かかってしまう。

私は管理職たちに川釣りを教える際によく使う簡単な方法がある。これを「ルール1、ルール2」と呼んでいる。ルール1とは、組織は共通の価値観、あるいは組織を支配する原則を主として考慮すべきであるということ。ルール2は、それ以外のもの――戦略、構造、システム、スキル、スタイルなど――は、すべて派生物であること。すなわち、基本的価値と流れという現実にさからわず、同じ方向へ流れなければならないということである。

次ページのPSパラダイムの図の中で、共通の価値は中心にあり、しかもそれらは流れの中に位置づけられていることがわかる。派生物を理解するためには、そのもとになるものをよく知らなければならない。実際に、共通の価値観（ミッション、役割、ゴール）が明確な管理職たちは、流れを読みとる余裕がある。なぜなら、彼らには、決して変わることのない価値観、そして原則があるからである。安定は、6つのSからくるのではなく、彼らの価値観によってもたらされているのである。

しかし、組織が正しい原則に基づいた価値観を持っていない場合、砂の上に基礎（ストラテジー、構造、システム）を構築するようなものだ。それは安心感を与えてくれるかもしれない誤った安心感である。壁にはすばらしい表彰状やトロフィーがあるかもしれないが、もしそれらが流れの方向と一致していないなら、あまり意味はない。過去の栄光に力を借りているのであって、そうすることでかえって弱さが築かれるのだ。

大手保険会社の管理職たちに、PSパラダイムとルール1とルール2の考えを説明すると、彼らは次のように述べた。「私たちは、必要な変化を成し遂げる強さと自由を得るために、共通の価値という、根本的な安全の源を確保しなければならない」。

PSパラダイム
原則中心リーダーシップの４つのレベル

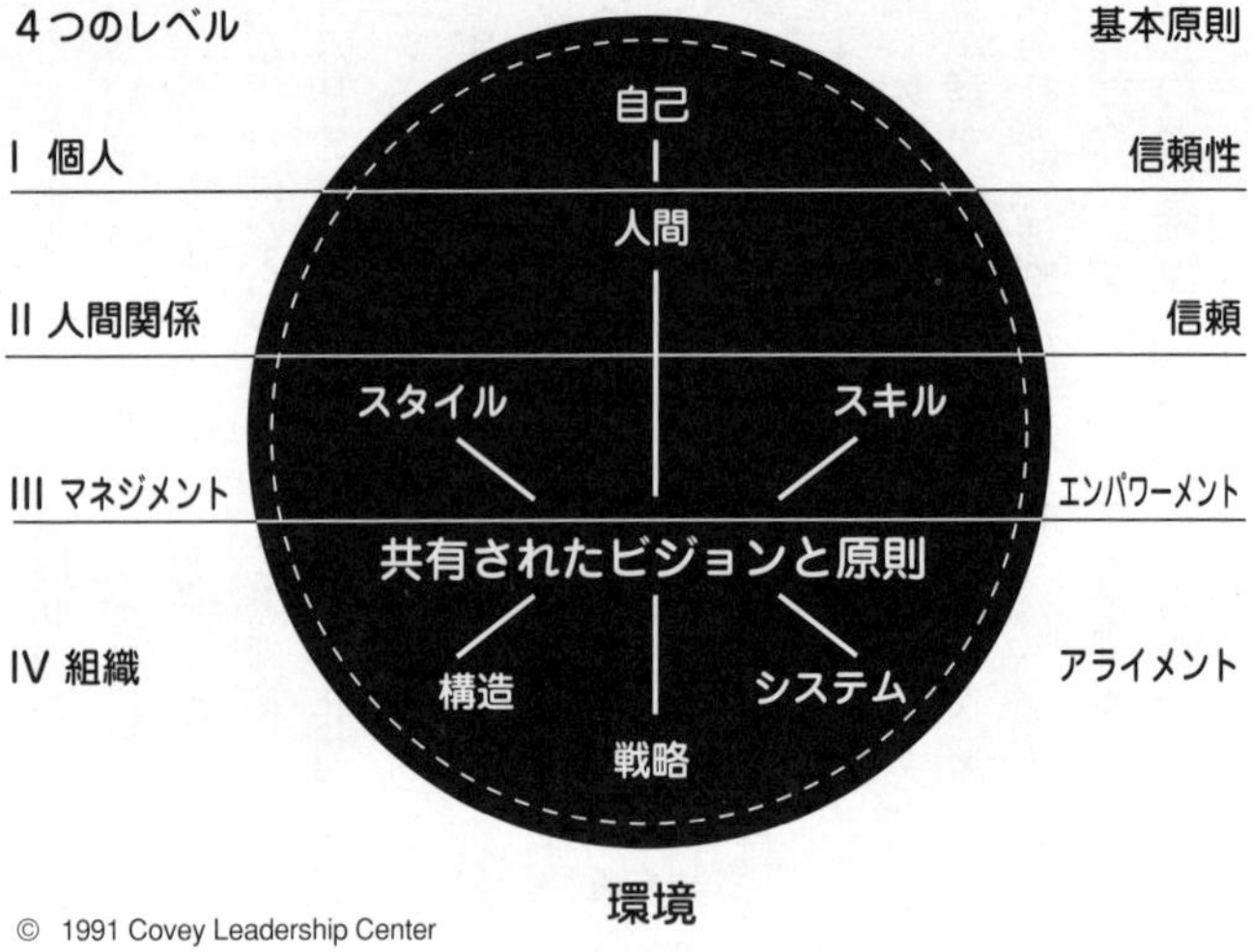

© 1991 Covey Leadership Center

私たちは、彼らのためにミッション・ステートメントを作成することによって、それを可能にするお手伝いをした。それが彼らの頭の中に入り込んでしまえば、古いやり方に戻ることはないであろう。このことは一部の管理職にとっては、不安をもたらし、気に入らないことかもしれなかった。ある管理職は、ミッション・ステートメントを作成することに苦慮していたが、しだいに原則に基づいてやるべきであるということがわかってきた。長い目で見れば、これが「川釣り」の唯一の方法だからだ。

魚釣りとマネジメント

私は長いこと、魚釣りとマネジメントの間に多くの類似点があることに強い関心を抱いてきた。上級管理職たちの中には、実際に川釣りをやっている人もいる。つまり、彼らは全体の中でビジネスを見わたし、望みどおりの結果を導き寄せるように「釣り糸をたれて」いるのだ。

私には、二種類の釣り方があるように思われる。反応的な釣り方と主体的な釣り方である。反応的方法は「待ちの勝負」である。ジェーン・ヒルがそれを次のように説明している。

私は、余暇をフライ・フィッシング——待つ釣り——で過ごすのが好きだ。フライ・フィッシングをすることは、ハンモックの上に横たわったり、ソファーでうたた寝したりして、ただ時間をつぶすより、はるかに尊敬に値する時間の使い方だと思うからだ。完全武装のベストを着て、小さな麻布のびくや網を装備し、偏光レンズをかけて、ロッドに通されたフライ・ラインが音を立てていれば、少なくてもまじめに見えるだろう。

川にたたずむ鷺のようなポーズでいる私を見たら、「真剣な男がいる」と思うだろう。とんでもない。そこには、だらしない姿の怠け者が過ぎ去った時間について思いめぐらせているだけだ。ただ鴨と視線をかわし、泥の色をした蛇についてあれこれ考えていた二、三時間前のことではなくて、五年、一〇年前のことを振り返ったり、未来のことを考えているのだ。まだやり遂げていない仕事のこと、まだ見ぬ恋人、そしてつい最近まで少年だった自分のことを。

確かに、何人かの管理職たちは、この男のようにコステュームに身を包んだ怠け者かもしれない。一方で主体的な管理職には、次の例が非常にうまく当てはまる。

常にうまくいっている釣り人は、状況に対して決まりきった対応をするのではなく、むしろ自由な発想を持って対応している。確実に魚のいる方向に釣り竿が投げられるように水の流れを読み、釣りをするための最良の場所を見つけ出している。まるで自分が魚になったつもりになるのである。ゆっくり水に近づき、低い姿勢を保ち、膝を地面につけてまでチャンスを待つ。

これは釣り人に対する良いアドバイスのようである。低い姿勢を保ち、膝を地面につけたまま釣り竿を投げる。さらにハンドブックには次のようなことが書かれている。

最近の釣り人は、些細なことや数字にこだわる前例主義者で、表面的な知識には詳しい。これまで、釣った獲物の重さやサイズを測った経験がないというくらいなら、まだ救いはある。彼らはたいてい、ものの数やサイズのチェックに忙しく、実際に釣る暇もないくらいだ。

効果的な管理職たちは、常に流れを読んでいる。彼らは、ビジネスのトレンドや、文化の「メガトレンド」を注意深く見ている。それは川の流れと似ている。彼らは、流れをモニターし、現状報告を定期的に行っている優秀な人々にやり方を合わせている。管理職は何が基本的なトレンドなのかを自分で察知し、次に何が起こりうるかを感じとっている。

天気予報のように、環境全体から流れの方向を読むことは、はっきりとした目的のために行われる。目的は今をどう切り抜けて、明日来るべきものに対してどう準備するかということである。あなたは突然暴風雨に襲われてしまうのは、かなり愚かなことだと思われるだろう。豪雨の中では、傘と撥水加工のコートがありがたい。それと同じように、景気が悪いときにも、撥水してくれるようなものを着れば、ずぶ濡れにならなくてすむ。

ハンドブックによれば、

流れの速さ、水の深さ、たぐり寄せる距離などを考慮したうえで、釣り糸、ハリス、釣り具を自分がやる釣りのタイプに合わせる。もし複数の川で釣るのであれば、糸は一本以上持っていくべきだ。そして最も注意を払うべきは、ハリスである。他の釣り具との最も重要な連結を意味するからだ。

トレンドが変化しようとしていることに気づいたら、適応すること——外的環境に調和するように内的業務をもっていくことである。注目しておくべき最も重要な項目は、チャンスと脅威である。もし流れが、あなたの生産ラインから離れはじめたら、それは脅威である。もし流れが、新たな生産ライン、新たなテクノロジー、または新たな市場の方へ流れていたら、それはチャンスである。しかし、それらのチャンスを活かせなければ、それは脅威に変わりうる。

私が見出した組織の主要な問題のひとつは、流れに対して構造とシステムが適応していないことである。実際、既存の構造やシステムを通して流れを見ているのが現状である。その結果、彼らには、流れのどこを捕らえてよいかわからない。つまり、間違ったレンズを通して物事を見ているので、チャンスも脅威もわからないのである。

たとえ動きを感じることができたとしても、誤った設備を取り替えることができず、高額の諸経費が重荷になったり、官僚的な上下関係に苦しめられたりするのだ。理由はともあれ前へ進むことができないことは同じである。近視、重荷、余分な脂肪——目先の仕事、巨額の負債、余剰人員——などは、柔軟に、自由に新たなシステムを導入することのさまたげになるのである。

また、ハンドブックから引用しよう。

時間をかけて成功を勝ち取るには、釣り人は歴史、生物学、地理学、川の生態学、そしてもちろん釣りの戦略や方策を理解しなければならない。さらに、昆虫学の短期集中コースは非常に役に立つかもしれない。マスのフライ・フィッシングの場合など、自然食品、つまり虫を真似ることが最も大切なのだ。マスは、頭がよく、臆病で、用心深く、だまされにくく、たとえばイースターハットのような昆虫には絶対に手を出さず、頑固にトビケラの妖精を追い求めるからだ。

たとえば、ゼネラルモーターズは、低価格で高性能の日本車が市場を拡大した際に、その動向を軽視したとは考えにくい。デロイトも、この動向に気づいていたが、問題は、大型車の販売に取り組んでいた上級管理職に対する特別な報酬システムにあった。そのせいで、彼らは、そのシステムを維持するために、大型車の生産をしつづけたのだ。

デロイトの管理職たちは、時代の流れに適応しなかっただけではなく、既存の構造とシステムが新しい魚（獲物）の獲得には合わず、まるでテニスのラケットでゴルフをしているようなものだったのだ。

過去を振り返って、ゼネラルモーターズの管理職たちは、いかにしてこの流れから教訓を学んだか、そしていかにして長い年月をかけたチームの競争力を回復し、そしてある一定の市場を奪回したかを振り返って話している。長期間にわたる競争に真剣に取り組んだ人は誰でも、利益を得るためにはこのような痛みを経験しなければならないと言う。それは真実である。どんな業界——鋼鉄からヘルスケアまで——でも、川釣りを学ばなければならないのだ。

どのように？　まず、６つのSを神聖な動かし難いものとして見るべきではない。これらはすべて紙の上の概念であり、変更可能な、ただのプログラムなのだ。人々は、プログラムを変更させたくはない。変更させるということは、心地よいゾーンを離れることであり、未知の領域に入ることだ。しかし、何も変えないことはむしろ、大いなる危険につながるかもしれないことなのだ。

失敗は成功のもと

失敗は成功のもと、という別の格言を思い出した。私たちは、歴史のすべてを「チャレンジとその応え」という単純な形式に凝縮して言うことができる。効果的な応えは、チャレンジに見合うものである。

流れが変化するとすぐに、新たなチャレンジが訪れ、効果的な反応はもはや作動しなくなる。失敗である。しかし失敗によって成功は導かれる。興味深い言い方だが、それは真実である。歴史家であるアーノルド・トインビーはそれをさまざまな歴史の中で立証した。彼によれば、新たなチャレンジ——流れの変化——が起こると、人々は心地よいゾーンから離れまいとする。彼らには特典があり、独自のライフ・スタイルがあるので、変化を望まない。それらに縛り付けられているのだ。

釣りのエキスパートたちが川の流れを読むのと同じように、本物の管理職たちは、釣りのための道具や魚を引き寄せるための餌を釣り竿につける前に、周囲の状況——光、気温、タイミングなどすべての環境や条件——を考える。しかし、釣り道具箱にある餌もルアーも、どれもふさわしくないのだ。管理職が道具箱に持っているものすべては、古いかもしれない。競争相手は、サーチライトやダイナマイトを使っているのに、彼が手にしているのはフライ・フィッシング用の釣り竿一本だけだ。

かつて私は、イエローストーン・リバーの土手の上で素晴らしい光景を目撃したことがある。明らかに旅行者らしき若い男が、川を見下ろす景色の良い場所で、餌やルアーを変えては熱心にキャスティングしていた。何も釣れていないようだったが、「川釣り」そのものにとても満足しているようだった。少なくとも、反対側で誰かが釣りをはじめるまでは。

もう一人の男は、帽子、ベスト、そして腰までのウェイダーを着用している姿から、この川の常連と思われた。しかも、魚を釣っていた——たくさんの魚を。しかも、釣ることで満足しているので、それらの魚は川に逃がしていた。彼はスポーツとして釣りを楽しんでいたのだ。

一方で幸運に見放された旅人は、私が見ていた限りでは、一匹の魚さえ釣れていなかったようだ。しかし彼は同じ川で、同じ場所で、同じ日に釣りをしていたようだ。時間がたつにつれて、彼はフラストレーションがたまり、自ら川に入って行き、素手で魚を捕まえようとした。

ここでの問題は、たいていの素人は、魚を釣る技法を習得するために時間を費やすことには興味がないということだ。つまり基本をすぐに飛び越えて水に入り、良い結果を期待して釣り糸を巻きはじめてしまうのだ。まさにそのような釣り人たちの欲望を満たしてくれるような学校もある。そこでは、ハリスや餌について、あっという間にわかるようになると、生徒に約束してくれるのである。

しかし、経験豊富な専門家は、川で起こりうるどんな難局や事態にも対応できる能力を身につけるためには、近道などないことを知っている。本当に優れているものは、そんなに易々と手に入るものではないのだ。本来人間が持っている能力、つまり訓練、根気、持続性という月謝は払わなくてはならないのだ。

昔の賢者からのアドバイスがもうひとつある。

人生を豊かにする

流れの中の釣り糸のわずかな動きや静止をじっくり観察することで、魚の食いつきを察知することができる。初心者であるか、エキスパートであるかに関係なく、多くの釣り人がよくおかす失敗は、突然に強く、手荒くハリスを引きすぎたり、動かしたりして、魚を逃がしてしまうことだ。単に竿先を上げ、糸をぴんとはりさえすれば、スムーズに針はかかってくれる。鋭くポイントを定めたら、どんなことがあろうとも優しくあることだ。

私はかつて、「人に魚を与えれば、一日食べさせることができる。だが魚釣りを教えれば、一生食べさせることができる」という格言をマネジメント・スタイルとして徹底したいという大手レストランで研修をしたことがある。

この会社は、何百ものレストランを経営していて、店ごとにマネージャーがいた。彼らには、大規模なレストランを経営し、多くの従業員を採用する上で、かなりの権限と責任を与えられてはいたが、単に地区担当のアシスタント・マネージャーにすぎなかった。

人材の採用、育成、そして運営上の重要な決定のほとんどが、彼らを監督している地区担当マネージャーが行っていた。また何か問題が起こると、「魚」をもらうために地区担当マネージャーのもとに出向いた。地区担当マネージャーはいくつかのレストランしか管轄せず、彼ら自身は地域担当マネージャーに管理されていたので、恒常的に、問題解決モード、あるいは緊急事態モードに陥っていた。

この運営方法の下では、ほとんどの従業員の頭の中には、たったひとつの昇進の道しかない。それは、平社員からスタートし、レストランのマネージャーになり、その延長線上で昇格していくことだ。組織の中で昇格すればするほど、出張を強いられるのが常識だ。マネージャーたちには、出張が増えれば増えるほど、結婚や家族の問題が生じてくる。はしごの頂点に到達したときには、そのはしごが間違った壁にかけられていることに気づくことになる。住みたいところに住めず、やりたいことをもやれていなかったことに。だが、これは成功のための代償だったのだ。

さらに、レストランは消費者のニーズや要望よりもむしろ会社のルールや手順をもとにして運営される傾向にあった。なぜなら、マネージャーたちは、問題を解決したり防いだりするために、自身の判断や工夫や指導力を向上させ、活用する柔軟性ややる気に欠けていたからだ。運営会議のテーマが必ずといってよいほど顧客との関係についてであるにもかかわらず、組織全体が、結果、あるいは消費者に志向せずに、むしろ方法論ばかりに志向していた。社内政治がマネージャーたちの気持ちを支配していたため、多くの決定が政治的、あるいは社会的基準に基づいて行われていた。

それでも、驚くべきことに、競争のなかで彼らは頑張った。だが、組織全体を通してトップの連中は、もっとよい方法があることを知っていた。

私たちは、彼らと問題を検討したあと、合意に達したことは、意思決定の権限や責任をできるだけ社内の階級の下の方まで押し下げ、レストランのマネージャーの役割を強化することで、運営を分権化する必要があるというものである。さらに、分権化を実現させ、利益を生み出すために、マネジメントのトレーニングと開発が必要であることが明らかになった。

変化はゆっくりと始まり、何年間も続いた。一人一人のマネージャーの重要性を大切にするという新たなコミットメントは、社内会議や書面のレトリックだけではなく、投資計画、トレーニング、そしてキャリア・カウンセリング・プログラムなどを通して浸透した。さらに、給与システムは、人材を育成したマネージャーに対し、報酬というかたちで報告ベースで調整されるように変わった。

真の分権を実現するためには、すべての階層のマネージャーが新たにスキルを開発する必要があることがすぐに判明した。全レベルでレストランのライン統括や諸経費が排除されると、これまで五、六店舗を統括していたレストランのマネージャーたちは、約二〇店に迫る数をこなし始め、日々のつまらない決定にすべてかかわることが不可能となった。今は常駐の店長が決定を下しているので、レストラン経営に関する意思決定や全責任を担うためのトレーニングが必要となった。

分権がもたらした思わぬ結果は、昇進の道がふたつに増えたことである。ひとつは伝統的なキャリアアップの道である。ふたつ目の道は、常駐のレストラン・マネージャーが地域でのステータスと認知を得、レストランを立ち上げ、中で働く従業員を教育して、他のレストランを取り込むための資金を提供してもらうというものである。たまたまこのふたつ目の道が、常駐のマネージャーにとって魅力的であったことが、同社内の結婚や家族の問題を減少させることに結びついた。

会社の上層部は、これまで重荷だった業務——指示、監督、激励、評価など——をしなくて済むようになった。そのかわり、彼らのエネルギーは、開発やトレーニング、カウンセリング、コーチング、そして指導要請に応えるなどの方向に向けられた。重要なことは、彼らがマネージャーたちに「魚」を与えることをやめ、「魚の釣り方」を教えたことだ。

こうすることで、マネージャーたちに、計画し、整理をし、そして人材を育成すること——緊急事態モードの日々には無視されていた仕事——にフォーカスできるようになった。つまり、日々緊急を要している運営で無視されがちな責任感を持たせたのである。

おそらく、分権がもたらした最大の成果は、かつては先駆者、起業家として働いていたが、代表権を持ち、人材開発やコミュニケーションに逆効果をもたらしてきたトップたちの多くを排除できたことである。

これらのパイオニアたちが、別の努力にシフトしたとき、多くの人々はどうなることかと不安を感じた。だが驚いたことに、変化はスムーズに行われただけではなく、上昇傾向、刺激、情熱、感謝の雰囲気が生まれたのだ。組織は三日間で根本的に生まれ変わり、深くて質の高いリーダーシップの存在が誰の目にも明らかになった。人々は、さらなる責任を期待され、正しい原則を適用するようになり、そして的確に仕事に立ち向かう自覚を与えられたのだ。

しかし、個人としては、この変化は容易でも単純でもない。あらゆるレベルで辛い決断や思い切り、そして痛みをともなった。ただ、これが長期的には個人にも組織にも最良の策であることが誰にもわかっていたことと、特に上層部がこの戦略にコミットしていたため、成功したのである。

実際、どんな会社にしたいかというビジョンは、まるで浸透作用のように組織中に広まり、強いミッションが社内に生まれた。そして、新たなストーリーに書き変えられた企業文化は、頻繁に話題に上り、ビジョンの強化につながったのだ。

このような一見手の届かないような結果は、正しい原則によって組織を運営し、リードすることで、自然にもたらされるのである。

フランクリン・コヴィー・ジャパン株式会社について

フランクリン・コヴィー・グループは、企業および個人の皆様向けに、パフォーマンス向上のための教育サービスを提供し、リーダーシップ能力や生産性、コミュニケーション能力、そして業績を効率的に改善するお手伝いをしています。米国ユタ州の本社を中心とし、世界三九ヵ国において展開される活動は、企業はさることながら、政府機関、各種団体、学校、個人にも広く支持されています。

米国の『Fortune』誌が指定する最優良企業上位一〇〇のうち八〇社、同じく五〇〇社の四分の三以上が名を連ね、他多数の中小企業と政府機関なども含まれています。フランクリン・プランナー（『7つの習慣』の「第三の習慣」で説明されている概念を実行するための応用ツール）の愛用者が全世界で二一〇〇万人を超えているという事実は、何よりも当社の概念とツールの効果性を物語っています。フランクリン・コヴィー社は各界より高い評価を受け、ビジネス界から数々の賞を受けたほか、セミナー向けに開発したドキュメンタリーや短編映画もニューヨーク映画祭の金賞をはじめとする多くの賞を授かってきました。

フランクリン・コヴィー・ジャパン株式会社はフランクリン・コヴィー社の日本における拠点として、公開コース、講師派遣コース、社内講師養成コースなどの各種セミナーやコンサルティング、フランクリン・プランナーおよび書籍を日本の顧客に紹介し、小売店やカタログによる販売事業を推進しています。日本におけるフランクリン・コヴィー社の活動は当初より熱烈な支持をいただいてきました。現在、当社のコースを社内研修プログラムとして取り入れている法人顧客数は数千社に上ります。その内訳は多彩で、大企業から中小企業、日系企業から外資系企業、官公庁、さらに在日米軍なども含まれています。

サービスの内容

◆ ７つの習慣
◆ プライオリティ
◆ リーダーの4つの役割
◆ ゴール・アライメント
◆ ビジネス・シンク
◆ ヘルピング・クライアンツ・サクシード
◆ ７つの習慣　ビジネスケース
◆ プランニング・クエスト
◆ ライティング・クエスト
◆ 360°プロフィール／フランクリン・プランナー

トレーニングに関するお問い合せ
◆ 03-3264-7401
フランクリン・プランナーに関するお問い合わせ
◆ 0120-01-1776
その他のお問い合わせ
◆ 代表03-3237-7711
ウェブサイト
◆ http://www.franklincovey.co.jp